KB111735

백제불교사 연구

조 경 철

연세대학교 사학과를 나와 동대학원에서 석사학위를, 한국학중앙연구원에서 박사학위를
받았다. 2013년에는 동아일보와 한국연구재단에서 선정한 영향력 있는 학자 2위에 올랐다.
한국학중앙연구원 특별연구원과 한신대학교 연구교수를 지냈고 아주대학교와 한국외국어대
학교에 출강하였다. 현재 나라이름역사연구소를 운영하면서 통일조국의 나라 이름을 고민하
고 있으며 연세대학교에서 한국사를 가르치고 있다. 항상 새로운 관점으로 역사를 바라보려
고 노력하고 있다.

백제불교사 연구

초판 제1쇄 인쇄   2015. 3. 30.
초판 제1쇄 발행   2015. 4. 6.

지은이   조 경 철
펴낸이   김 경 희
펴낸곳   (주)지식산업사
         본사 ● 413-120, 경기도 파주시 광인사길 53
              전화 (031)955-4226~7 팩스 (031)955-4228
         서울사무소 ● 110-040, 서울시 종로구 자하문로6길 18-7
              전화 (02)734-1978 팩스 (02)720-7900
         한글문패   지식산업사
         영문문패   www.jisik.co.kr
         전자우편   jsp@jisik.co.kr
         등록번호   1-363
         등록날짜   1969. 5. 8.

책값은 뒤표지에 있습니다.

ⓒ 조경철, 2015
ISBN 978-89-423-1182-8 (93910)

이 책을 읽고 저자에게 문의하고자 하는 이는
지식산업사 전자우편으로 연락바랍니다.

솔벗한국학총서 19

백제불교사 연구

조 경 철

지식산업사

고마운 마음을 전하며

한 여인이 떠지지 않은 눈을 비비고 있었다. 꽁꽁 언 손을 녹이며 한 아이를 안고 물을 길러 가고 있었다. 어려서 어머님 속을 썩이더니, 커서는 큰 수술로 무거운 짐을 안겨드렸다. 지금도 자식 몸 약한 것이 어미 탓이라고 하면서 이것저것 먹으라고 챙겨주신다.

나는 초등학교를 다섯 군데 다녔다. 농업 관련 공직을 맡으셨던 아버님이 자주 전근을 가셨기 때문이다. 4.19 때 얘기를 자주 해주셨고 나라가 발전하기 위해서는 농업이 살아야 한다고 강조하셨다. 한때 농업사를 공부할 생각도 했었다. 우리 어머니(박금례), 우리 아버지(조광훈) 두 분은 항상 내 편이셨다. 사학과를 택했을 때도 그랬다.

1984년 한 여학생이 한 권의 책을 건넸다. 과학사 수업의 과제였는데 새내기인 나보고 대신 써달라고 하였다. 그 책은 토마스 쿤의 《과학혁명의 구조》였다. 지금까지 했던 과제 가운데 처음부터 끝까지 책을 읽고 쓴 것은 이것이 유일하다. 거기서 쿤은, 과학과 학문의 발전은 패러다임의 전환에 따라 가능하다고 했다. 즉 기존의 학문은 퍼즐 맞추기에 지나지 않는다는 것이다. 이 책은 내 학문의 방향을 돌려놓았고, 내 인생을 바꿔놓았다. 그 여학생은 아내 현희다.

이 책은 2006년의 박사논문을 책으로 엮어 낸 것이다. 불교수용부터 백제 멸망까지 백제 불교사를 다루었지만 전체를 관통하는 키워드는 '대통사'라는 절이다. 기존에는 대통사가 중국 황제를 위해서 지은 절로 알려져 왔다. 나는 대통사가 백제 불국토를 실현시키기 위해서 지은 절로 보았다. 즉 패러다임의 전환이었다.

백제인은 칠지도에 '선세이래先世以來 미유차도未有此刀'란 글귀를 새겨 넣었다. '역사 이래 이런 칼은 없었다.'는 뜻이다. 칠지도를 만들 때도 그랬고, 대향로를 만들 때도 그랬고, 미륵사에 세 개의 탑을 세울 때도 그랬다. 항상 자신감에 넘치고 창조적이었다. 불교를 배우러 중국은 물론 인도까지 갔다. 개방적이고 모험적이었다.

이 책이 나오기까지 셀 수 없이 많은 사람들의 도움을 받았다. 석사논문을 지도해 주셨던 고故 하현강, 이희덕, 고故 김준석 선생님과 박사논문을 지도해 주셨던 신종원, 허홍식, 김두진, 노중국, 김주성 선생님께 감사드린다. 여러 가르침을 주신 고故 손보기, 고故 김상현, 강인구, 김용섭, 정구복, 정병삼, 정영훈 선생님께 감사드린다. 또한 학문적 스승이며 자상한 선배인 조성을, 하일식, 도현철 선생님과 이종철 선생님께 감사드린다. 연세대, 한국학중앙연구원의 선생님, 선배님, 동료, 후배들과 한성모임, 청파모임, 삼국유사모임, 북방언어모임 선생님과 동심원, 왕육사 친구들에게도 감사드린다.

큰 수술로 어려운 상황에 처했을 때 재단법인 솔벗은 나에게 큰 힘이 되었다. 그 덕분에 이렇게 책까지 낼 수 있었다. 게으른 저자를 독려하여 이렇게 아담하게 책을 만들어 준 지식산업사 대표님께 감사드리며 말끔하게 다듬어 준 윤혜인님께 감사를 드린다.

강의와 답사 때 많은 질문과 대화를 나누었던 나의 사랑하는 제자들에게도 고마움을 전한다. 권세와 이익에 따르지 않고 항상 푸르른 소나무처럼 살자했던 그때의 마음을 항상 간직하고 있다. 장무상망!

사랑하는 동생 경도 내외와 수연 내외에게도 감사드린다. 친가와 외가, 사촌동생 김민과 나의 아내 현희를 잘 보살펴준 처가의 여러 형님 내외분들에게도 감사드린다. 언제나 힘을 주는 사랑하는 딸 부용, 부나와 아들 성현 모두 고맙다.

다시 한 번 부모님의 은혜에 감사드립니다. 오래 오래 사시기 바랍니다.

2015년 3월 9일 어머님 생신 날
큰 아들 조 경철 올림

차 례

머 리 말

1) 문제제기

'역사는 항상 현대사現代史'라는 말과 '역사는 시대구분론時代區分論'
이라는 말이 있다. 역사는 과거지만, 과거는 현재 자신을 규정하는 현
대사와 다르지 않다. 그래서 역사는 과거와 현재의 끊임없는 대화라고
도 한다. 흔히 시대구분을 할 때 고대·중세·근대·현대로 구분한다.
그 기준은 경제적 요인이 가장 크겠지만 정치나 사상, 종교 등도 무시
할 수 없다. 더욱이 고대사회에서 정신적 이데올로기를 제공한 사상과
종교는 역사의 표면에 등장한 정치·경제제도의 이면에서 긍정적이든
부정적이든 커다란 구실을 해 왔다.

한국은 동아시아에서 독자적 역사와 문화를 지켜 왔다. 더욱이 고대
삼국시기를 통해서 쌓인 한국 고대인의 문화적 역량은 뛰어났다. 수·당
시기에 형성된 율령체제와 명·청시기에 형성된 중국적 중화질서에 따
라 한국의 독창적인 문화역량이 사대事大로 폄하된 느낌은 있지만, 그럼
에도 대장경·한글·실학을 바탕으로 우리 색깔의 문화전통을 지탱해
왔다. 이와 같은 원동력은 고대에 쌓인 역사적 역량에서 비롯되었다.

고대인은 중세나 근·현대인보다도 개방적이고 다양한 사유체계를
가지고 있었다. 새로운 사상과 종교에 대해서 나름대로 모방성과 독창

성을 가졌는가 하면 맹목적인 반감을 가지기도 하였다. 새로운 문화에 대한 원초적 독창성과 반감이 처음에는 발전을 더디게 했지만 일단 방향의 틀을 잡게 되면 급물살을 탔다.

고구려[1] · 백제 · 신라는 우리에게 저마다 특징적인 역사의 교훈을 전해 주었다. 고조선과 고구려는 외세에 맞선 저항의식을, 백제는 문화수용의 개방성과 독창성을 남겨 주었으며, 신라는 문화수용의 열정과 냉정한 현실외교의 중요성을 상기시켜 주었다. 고구려 · 백제 · 신라가 남겨 준 역사적 자산은 세 발이 달린 솥처럼 고려로, 그리고 조선으로 이어졌다. 우리가 한때 일제에 나라를 빼앗기게 된 원인遠因은 고구려의 저항의식, 백제의 개방성, 신라의 현실외교를 모두 계승하지 못했기 때문이라고도 저자는 생각한다.

백제역사에서 드러난 개방성과 독창성은 백제사의 전개 과정과 밀접하게 관련되어 있다. 백제는 고구려 · 신라와는 달리, 도읍을 한성에서 웅진, 웅진에서 사비로 2번 옮겼다. 또한 익산을 도읍에 버금가는 신도神都로 삼기도 하였다. 한 곳에 정착하지 않고 새로운 세상을 찾아 떠나는 백제인의 심성은 개방성과 독창성의 기반이 되었다. 그러나

---

1) 5세기를 전후하여 광개토왕 또는 장수왕 때 고구려는 나라 이름을 고려로 바꾸었다. 연가 7년명 고구려 불상에 '高麗國樂浪東寺'라 하였고, 충주고구려비에 '高麗太王'이라 한 데서 알 수 있듯이 고구려인들은 자기 나라 이름을 고려로 불렀다. 고구려를 계승한 발해도 고려를 계승하였다고 하였고, 왕건의 고려시대에 편찬한 《삼국유사》 왕력에서도 고려로 부르고, 주변 나라인 당나라에서도 고려로 부르고, 《일본서기》에서도 고려로 부르고, 왕건의 고려가 들어서서도 200년 이상이나 고려로 불렸다. 필자는 이를 입증하는 여러 편의 논문을 발표한 바 있어 이 뜻을 펼치고 싶지만, 이 책에서는 일반 독자들의 관행을 위하여 고구려로 쓰기로 한다(조경철, 〈2010년 검인정 6종 《고등학교 한국사》 교과서의 삼국시대 관련서술 검토〉, 《사총》 74, 2011; 〈역사계승의식과 정체성의 경계 ─고려국호를 중심으로─〉, 《정체성의 경계를 넘어서》, 한국학중앙연구원, 2012; 〈고려 광개토왕대 불교와 유교의 전개양상〉, 《한국고대사연구》 68, 2012: 〈한국의 나라이름과 국호계승의식〉, 《한민족연구》 15, 한민족학회, 2014).

새로운 곳에서 만나게 되는 갈등은 풀어야 할 또 하나의 숙제였다. 웅진천도·사비천도·익산경영 등은 백제사의 폭을 넓혀 주었지만, 신구세력의 갈등이나 사회 여러 계층의 갈등이 표출될 가능성이 높아 이는 해결해야 할 과제로 남았다.

백제를 포함한 삼국의 불교는 모두 중국에서 한역경전漢譯經典이나 격의불교格義佛敎 등, 중국불교의 여과장치를 거쳐서 들어왔다. 그러나 불교의 발상지인 인도불교와 불교경전에 대한 관심은 백제 나름의 불교를 성립시켰다. 겸익謙益을 인도에 파견해 산스크리트 경전을 들여와 직접 번역하였고, 중국 불상의 도상에 얽매이지 않고 경전에 근거한 나름의 새로운 도상을 구현하기도 하였다.

종래 백제문화의 특징을 논할 때 개방성과 다양성을 많이 언급했지만 중국 남조, 특히 양梁나라의 영향을 강조한 측면이 많았다. 웅진시기의 대표적 사찰인 대통사大通寺는 신라 법흥왕이 양나라 무제武帝를 위해서 세웠다는《삼국유사》의 기록을 무비판적으로 받아들인 이후 백제의 문화가 양나라의 문화에 경도되었다고 보는 시각이 일반적이었다. 하지만 사실 대통사는《법화경》에 나오는 교설에 따라 대통불大通佛을 모시기 위해 지은 사찰이었고, 무령왕의 복을 비는 원찰이기도 하였다. 곧 대통사는 대통불이 보호하는 불국토를 백제에 건설하고자 세운 사찰인데, 지금까지 양나라 무제를 위해서 지은 사찰로 잘못 이해되어 온 것이다.

익산 미륵사의 경우 3탑 3금당 양식의 가람배치로 알려져 왔다. 가람배치가 이렇게 구성된 것은《삼국유사》에 이미 미륵이 3번의 설법을 통해서 중생을 제도한다는 미륵신앙에 바탕을 두고 설명해 왔지만, 3탑 3금당이 전체적으로 하나의 회랑으로 연결되는 3원1가람三

院—伽藍[2] 구조는 백제 법화신앙의 회삼귀일會三歸— 전통에 기원한 가람배치로 볼 수 있다. 경전에 바탕을 둔 대통사나 미륵사의 창건은 이상세계理想世界를 구현하고, 미륵신앙과 법화신앙을 융화시킨 3탑 3금당 1가람 양식은 백제불교의 개방성과 독창성을 유감없이 발휘한 사원양식이었다. 백제문화의 다양성과 독창성을 모두 중요시해야 하 겠지만, 이 책에서는 그동안 도외시했던 독창성의 측면에 치중하여 서술할 것이다.

2) 연구사와 전망

한국고대사 연구에서 백제사 연구는 신라사나 고구려사에 견주어 미진한 편이었다. 그러나 고고학과 문헌사학 측면에서 백제사가 정리 되면서 연구가 촉발되었고[3] 최근 많은 연구 성과가 쌓였다. 한국 고대 불교사에서 백제불교에 대한 연구는 별반 다르지 않지만 백제불교에 관한 단행본이 나오고,[4] 이후 석사 학위논문이 제출되는 등[5] 연구 분 위기가 많이 조성되었다. 그러나 백제의 전全 시대를 포괄하는 불교사 는 여전히 연구과제로 남아 있다.

이 책에서는 백제불교사에 대한 기존의 연구 성과를 시기별 · 주제

---

2) 최근(2009) 발견된 미륵사 서탑 사리봉안기의 '조립가람造立伽藍'에서 가람을 취하 였다. (조경철, 〈백제 익산 미륵사 창건의 신앙적 배경 : 미륵신앙과 법화신앙을 중심으로〉,《한국사상사학》32, 한국사상사학회, 2009.

3) 강인구,《백제고분연구》, 일지사, 1977; 노중국, 1988,《백제정치사연구》, 일조각.

4) 김영태,《백제불교사상연구》, 동국대학교출판부, 1985.

5) 조경철, 〈백제 불교의 수용과 전개〉, 연세대학교석사학위논문, 1996; 심경순, 〈6세기 전반 겸익의 구법활동과 그 의의〉, 이화여자대학교석사학위논문, 2001.

별로 살펴보고 연구의 미진한 점과 앞으로 연구되어야 할 과제를 되짚어 보고자 한다. 시기는 한성·웅진·사비시기로 구분하고, 주제는 사찰·주요 왕·불교사상(불교신앙)으로 구분하였다.

한성시기의 불교는 384년 침류왕 즉위년에 받아들이고, 475년(개로왕 21년) 한성이 함락되어 웅진으로 천도하기까지 약 90년 동안 지속되었다. 이 시기는 웅진·사비시기에 견주어 불교에 관한 사료가 극히 미약하여 그만큼 연구 주제로 삼기에 한계가 있다.

먼저 백제의 불교수용 연대에 대한 문제제기가 있었다. 《일본서기》추고推古 32년(624)에 백제의 승려 관륵觀勒이 올린 상표문上表文에 근거하여 불교수용 연대를 침류왕 원년이 아닌 5세기나 6세기로 파악한 견해가 있다.[6] 이에 대해서는 원론적인 반론이 있었지만 관륵 상표문 자체의 해석은 유보하였다.[7] 상표문上表文 자체의 해석을 불교수용의 관점에서가 아니고 율律의 수용 관점에서 해석해야 하며, 이에 근거하여 상표문 자체의 해석을 통해서도 384년 불교수용을 받아들일 수 있다는 반론이 있었다.[8]

다음으로 불교수용 초전지初傳地와 관련한 논란이 있다. 한성시기 도읍인 위례성의 위치와 관련하여 불교초전지를 경기도 하남시 고골 일대로 비정하기도 하고,[9] 백제에 불교를 처음 전한 마라난타가 세

6) 末松保和, 〈新羅佛教傳來傳說考〉, 《新羅史の諸問題》, 東洋文庫, 1954; 田村圓澄, 〈백제불교전래고〉, 《홍순창기념사학논총》, 형설출판사, 1977; 〈漢譯佛教圈の佛教傳來〉, 《古代朝鮮佛教と日本佛教》, 吉川弘文館, 1980.

7) 이기백, 〈백제 불교 수용 연대의 검토〉, 《진단학보》71·72합집, 진단학회, 1991.

8) 조경철, 〈백제 한성시대 불교수용과 정치세력의 변화〉, 《한국사상사학》18, 한국사상사학회, 2002a.

9) 오순제, 〈백제불교 초전지에 대한 연구—하남시 고골을 중심으로—〉, 《명지사론》11·12합집, 명지사학회, 2000.

운 절을 전남 영광 불갑사로 보기도 하였다.[10] 영광의 불교초전설에
대해서는 남방불교전래설의 관점에서 가능성을 열어 둘 수는 있지
만, 이를 마라난타와 직접 연결하는 방식은 신중한 검토가 필요하다
는 의견도 있었다.[11]

불교수용은 기존의 천신天神신앙이나 귀신鬼神신앙[12]과의 갈등을 초
래했다. 신라의 경우 천경림에 흥륜사興輪寺를 세울 때 이차돈의 순교
에서 그것을 알 수 있다. 고구려 · 백제의 경우는 기존 사상과의 갈등,
왕과 귀족세력 사이의 갈등이나 귀족의 불교에 대한 입장을 구체적으
로 살필 수 없었다. 백제의 대표적인 귀족가문인 해씨解氏가 불교수용
에 적극적이었고, 그들이 맡은 내법좌평內法佐平의 업무를 불교 업무
와 관련시킨 연구가 있다.[13] 한성백제의 멸망과 관련해서는 고구려 승
도림道琳의 구실이 중요한데, 개로왕의 도림 등용은 기존의 백제불교
계를 견제하기 위한 조처였으리라는 추정이 있다.[14]

웅진시기 불교에 대해서는 겸익의 율 정비[15]와 대통사[16]가 주요 연구

10) 홍광표, 〈문화경관론적 측면에서 고찰한 백제불교 영광도래설〉, 《불교학보》
    36, 동국대학교 불교문화연구원, 1999; 김복순, 〈백제불교의 초전문제〉, 《한
    국고대불교사연구》, 민족사, 2002.
11) 조경철, 〈백제 한성시기 영광불법초전설의 비판적 검토〉, 《향토서울》65, 서
    울특별시, 2005.
12) 《삼국지》한전에 따르면 천군은 천신을 섬기고, 소도에서는 귀신을 섬긴다
    고 하였다.
13) 조경철, 앞의 글, 2002a.
14) 조경철, 〈한성백제시대의 불교문화〉, 《향토서울》63, 서울특별시, 2003.
15) 채인환, 〈겸익의 구율과 백제불교의 계율관〉, 《동국사상》16, 동국대학교,
    1983; 小玉大圓, 〈百濟求法僧謙益とその周邊〉, 《한국사상사학》6, 한국사
    상사학회, 1994; 조경철, 〈백제 성왕대 유불정치이념─육후와 겸익을 중심으
    로─〉, 《한국사상사학》15, 한국사상사학회, 2000; 심경순, 〈6세기전반 겸익
    의 구법활동과 그 의의〉, 이화여자대학교석사학위논문, 2001.
16) 經部慈恩, 《百濟美術》, 寶雲舍, 1946; 신종원, 〈6세기 신라불교의 남조적 성
    격〉, 《신라초기불교사연구》, 민족사, 1992; 이남석 · 서정석, 《대통사지》, 공
    주대학교박물관 · 충청남도공주시, 2000; 조경철, 〈백제 성왕대 대통사 창건

주제였다. 겸익이 인도로 구법求法 · 구율求律한 기사와 관련해서 그의 출국 연대와 귀국 연대에 대한 검토가 있었다. 성왕 때에 출국하여 귀국 하였다는 견해[17]와 무령왕 때에 출국하여 성왕 때에 귀국했다는 견해[18]로 크게 나뉘는데, 출국 연대를 무령왕 12년으로 앞당기기도 하였다.[19] 그 런데 겸익에 대한 기록은 1918년 이능화의 《조선불교통사》에서 인용한 〈미륵불광사사적彌勒佛光寺事蹟〉에 처음 보이기 때문에 사료적 한계를 염두에 두어야 할 것이다.

겸익의 율 정비가 성왕 때 통치체제 전반에 영향을 주었다는 데는 연구자들이 일반적으로 동의하고 있으며, 성왕의 사비천도와 관련이 있다는 지적도 있었다.[20] 성왕 때에 귀국한 겸익과 중국의 예학자 육후 陸詡의 활동에 견주어 유불정치이념을 비교하고 둘 사이의 갈등을 상 정해 보기도 하였다.[21]

웅진의 대통사는 《삼국유사》를 바탕으로 대부분의 연구자가 백제의 성왕이 527년 중국의 양무제를 위해서 지은 절로 봐 왔다. 대통사는 '대 통大通'명 인각와印刻瓦가 수습되어 그 위치가 알려졌지만,[22] 현재 대통사 지로 추정되는 공주시 반죽동 당간지주 인근에서는 백제시대의 유구가 발견되지 않아[23] 확장 발굴이 시급한 상황이다. 대통사의 창건 목적을 양 무제를 위한 것으로 보는 기존의 견해와는 다른 견해도 제시되었다. 그

의 사상적 배경〉, 《국사관논총》 98, 국사편찬위원회, 2002b.

17) 채인환, 1983, 앞의 글.

18) 小玉大圓, 앞의 글, 1994; 조경철, 앞의 글, 2000; 심경순, 앞의 글, 2002.

19) 심경순, 앞의 글, 2002.

20) 서정석, 《백제의 성곽》, 학연문화사, 2002, 131쪽.

21) 조경철, 앞의 글, 2000.

22) 經部慈恩, 앞의 책, 1946.

23) 이남석 · 서정석, 앞의 책, 2000.

것은《법화경》의 전륜성왕이 아들 대통불을 예배한 교설에 바탕을 두고
전륜성왕을 자처한 백제의 성왕이 아들 창昌(위덕왕威德王)과 돌아간 부왕
(무령왕)을 위하여 525년 왕실원찰로 지었다는 견해이다.[24] 한편 사비천
도의 일환으로 부여 용정리에 사찰을 조성했다는 착안도 있었다.[25]

　　백제불교사에 대한 본격적인 연구는 사비시기에 집중되었다. 사비
시기에는 구체적인 불교사상에 대한 연구도 진행되었다.《삼국유사》
에 등장하는 대부분의 백제승려는 법화승려이므로 법화신앙에 대한
연구가 활발하였다.[26] 법화신앙이 유행하게 된 원인을 잦은 천도로 말
미암은 사회 불안을 회삼귀일에 따라 통합할 필요성에서 찾기도 하였
다.[27] 성왕 때 대통사 창건 목적과 사택지적비의 주인공인 사택지적砂
宅智積의 불교신앙을 법화신앙으로 보기도 하였다.[28]

　　다음으로는 익산의 미륵사에 대한 연구가 많았다. 미륵신앙과 이를
통한 왕권강화, 그리고 익산천도와의 관계를 검토한 바 있었다. 미륵
신앙과 계율의 관련성이 언급되었고,[29] 미륵신앙은 전륜성왕과도 관련
이 있었으며, 미륵사 창건을 무왕의 익산경영과 관련짓기도 하였다.[30]

---

24) 조경철, 앞의 글, 2002b.

25) 조원창,〈백제 웅진기 부여 용정리 하층 사원의 성격〉,《한국상고사학보》42,
　　한국상고사학회, 2003.

26) 김동화,〈백제시대의 불교사상〉,《아세아연구》5, 고려대학교 아세아문제연
　　구소, 1962; ,《삼국시대의 불교사상》, 민족문화사, 1987; 안계현,〈백제불교
　　에 관한 제문제〉,《백제연구》8, 충남대학교 백제연구소, 1977;《한국불교사
　　상사연구》, 동국대학교출판부, 1990(재판); 김영태,〈삼국시대의 법화수용과
　　그 신앙〉,《한국천태사상연구》, 동국대학교출판부, 1983.

27) 조경철,〈백제의 지배세력과 법화사상〉,《한국사상사학》12, 한국사상사학회,
　　1999.

28) 조경철,〈백제 사택지적비에 나타난 불교신앙〉,《역사와현실》52, 한국역사
　　연구회, 2004.

29) 김두진,〈백제의 미륵신앙과 계율〉,《백제연구총서》3, 충남대학교 백제연구
　　소, 1993.

30) 김주성,〈백제 무왕의 사찰건립과 권력강화〉,《한국고대사연구》6, 한국고대

법화신앙, 겸익의 율, 익산의 미륵사를 중심으로 펼쳐지던 백제의 불교연구는 구체적이고 다양한 측면에서 확대되어 나갔다. 사비시기 왕대별로 구체적인 연구가 진행되기도 하였다. 위덕왕 때에 대해서는 위덕왕의 능산리 사원창건을 다루었고,[31] 성왕 추복追福의 일환으로 몽전관음夢殿觀音을 조성했다는 연구가 있었다.[32] 혜왕과 법왕에 대해서는 오합사烏合寺를 중심으로 한 연구가 있었다.[33] 무왕 때의 불교에 대해서는 지명知命의 미륵신앙과 혜현惠現(慧顯)의 법화신앙을 대비시키거나,[34] 의자왕 초기의 정치 상황과 불교 상황의 대비를 사택지적을 통해서 유추해 보기도 하였다.[35] 불교신앙을 구체화하여 사천왕신앙에 대한 연구가 있었고,[36] 사비시기 도승度僧을 통한 불교대중화를 검토하기도 하였다.[37]

이상 한성 · 웅진 · 사비시기의 불교연구에 대한 성과를 정리해 보았다. 크게는 논쟁 부분과 연구영역의 확대 부분으로 나눌 수 있다.

먼저 논쟁 부분은 한성시기 불교초전지와 불교수용 연대, 웅진시기 대통사의 창건 목적과 관련된 문제다. 사비시기 종래 도교적 영향을 강조한 사택지적비에서 사택지적의 정신세계를 불교적 측면으로 볼

사학회, 1992.

31) 조경철, 앞의 석사 논문, 1996; 김수태, 〈백제 위덕왕대 부여 능산리 사원의 창건〉, 《백제연구》 27, 공주대학교 백제문화연구소, 1998.

32) 김상현, 〈백제 위덕왕의 부왕을 위한 추복과 몽전관음〉, 《한국고대사연구》 15, 한국고대사학회, 1999.

33) 김수태, 〈백제 법왕대의 불교〉, 《선사와 고대》 15, 한국고대학회, 2000.

34) 노중국, 〈백제 무왕과 지명법사〉, 《한국사연구》 107, 한국사연구회, 1999.

35) 조경철, 앞의 글, 2004.

36) 길기태, 〈백제의 사천왕신앙〉, 《백제연구》 39, 충남대학교 백제연구소, 2004.

37) 길기태, 〈백제 사비기의 불교정책과 도승〉, 《백제연구》 41, 충남대학교 백제연구소, 2005.

수 있는가, 없는가이다.

연구 영역이 확대되어 가는 측면은 한성시기에 백제의 불교수용을 왕과 귀족의 갈등 관계가 아닌 공조 관계로 본 점이다. 웅진시기에는 대통사 창건 목적에 대하여 왕실원찰의 성격을 강조하고,[38] 중국 양나라의 문화를 수용한 결과라고 보기도 하였다.[39] 사비시기에는 고고학적 성과가 쌓이면서 익산경영을 중심으로 한 미륵사 · 제석사 · 대관사에 대한 논의가 활발하다.[40]

이상 백제불교에 대한 논쟁과 연구영역의 확대는 연구에 깊이를 더하고 외연을 넓혔지만 아쉬움이 남는 면도 있다. 논쟁 부분에 대해서는 상대방의 연구에 대한 성과와 한계를 동시에 짚어 주는 포용력이 부족하였다. 연구영역의 확대 측면에서는 불교의 연구가 획일적으로 왕권과 연관성만을 강조한 면이 없지 않다. 왕권과 연관성을 강조하더라도 불교의 구체적인 사상과 접목되어야만 한다.

백제불교사에 대한 연구가 어느 정도 쌓였다고 하더라도 아직은 한계가 있을 수밖에 없다. 그 중요한 이유가 자료의 절대적 부족이라고 할 수 있다. 겸익의 인도구법 자료도 20세기에 처음 보이는 자료라 엄밀한 사료비판이 전제되어야 한다. 이 책을 준비하면서 새로운 자료 발굴을 통한 접근이 필요했지만 거기까진 이르지 못했다. 불교신앙의 결과로 나타난 탑이나 불상 등의 예술품도 문헌자료의 공백을 채워 줄 수 있지만, 이를 전반적으로 이용하지 못하고 선택적으로 이용할 수밖에 없었다.

---

38) 조경철, 〈백제 성왕대 대통사 창건의 사상적 배경〉, 《국사관논총》 98, 국사편찬위원회, 2002.

39) 권오영, 《무령왕릉》, 돌베개, 2005.

40) 원광대학교 마한 · 백제문화연구소, 《고대도성과 익산 왕궁성》, 2005.

　다만 기존에 알려진 자료를 새로운 각도에서 조명해 보고자 한다. 한성시기 불교에서는 내법좌평의 '내법內法'의 의미에 주목하였고,《일본서기》관륵의 상표문에 나타난 불교수용 연대에 대해서는 독법을 달리하여 해석해 보았다. 웅진시기 불교에서는 '대통'의 의미를 불경에서 찾아보고, 대통불이 언급된 고려시대 금석문을 활용해 보았다.《일본서기》에 주공과 공자를 소승小乘으로 폄하한 것에 주목하여 유불의 관계를 유추하였다. 사비시기 불교에서는 지적智積의 의미를 불경의 지적보살智積菩薩과 관련지어 보기도 하였다. 고대사에 대한 새로운 자료의 발굴을 언제까지 기다릴 수 없는 형편을 생각할 때 불경과 같은 자료에서 역사의 작은 조각을 찾아 역사상을 재구성하는 방법은 자료가 없는 백제불교사 연구에 하나의 유효한 연구방법이라고 생각한다.

　고대사회의 국가운영은 왕실과 귀족중심으로 이루어졌으므로 이들과 불교의 관계를 밝히는 과정은 고대국가의 성격을 이해하는 데 많은 도움을 준다. 한성시기에는 불교수용을 왕실과 해씨를 중심으로, 성왕 때는 불교와 왕실의 성족관념을 중심으로, 사비시기는 왕실과 사씨의 관계와 무왕과 익산과의 관계를 중심으로 이해하고자 한다. 백제 멸망 뒤 백제 유민들의 정신세계는 아미타신앙이 중심이었다. 불교사상의 측면에서 한성시기는 격의불교, 웅진시기는 법화신앙, 사비시기에는 법화·열반·미륵신앙, 백제 멸망기에는 아미타신앙의 관점에서 검토할 것이다. 백제 전 시기를 포괄하여 서술하는 것은 백제불교에 대한 자료가 부족하다는 근본적인 한계점에 부딪힌 이유이기도 하지만, 이 책에서는 현재까지 연구된 백제불교사를 나름대로 정리함으로써 더 구체적인 논의의 준비 단계로 삼고자 한다.

제1장   한성시기 불교

제1절. 불교수용의 배경과 의의

1) 근초고왕계의 확립과 불교수용의 배경

백제의 불교수용은 384년 침류왕 원년이다. 여기서 백제가 불교를 받아들이게 된 배경을 몇 가지 측면에서 살펴보고자 한다.

첫째, 국제정세의 변화이다. 4세기 전반에 낙랑·대방이 차례로 멸망함에 따라 고구려와 백제는 직접 충돌의 기회가 많아졌다. 초기에는 백제가 우위에 있어 근초고왕이 371년 평양성에서 고구려의 고국원왕을 전사시키기도 하였다. 고구려는 고국원왕이 전사한 이듬해 소수림왕 2년(372) 6월 전진前秦으로부터 불교를 받아들여[1] 국내 민심수습에 주력했으며, 백제도 372년 정월 동진에 사신을 파견하고 6월에 '진동장군영낙랑태수鎭東將軍領樂浪太守'라는 작호를 받았다.[2]

고구려가 전진으로부터 불교를 받아들인 때와 백제가 동진으로부터 낙랑태수의 작호를 받은 때가 372년 6월로 일치하고 있는 데서 알수 있듯이, 당시 백제와 고구려는 안으로는 전쟁, 밖으로는 외교로 치열하게 대립하고 있었다. 근초고왕은 중국과 외교관계뿐만 아니라 일

---

1) 秦王苻堅遣使及浮屠順道 送佛像經文 王遣使廻謝 以貢方物(《삼국사기》 권18 고구려본기 소수림왕 2년 6월).
2) 春正月 遣使入晉朝貢(《삼국사기》 권24 백제본기 근초고왕 27년). 遣使拜百濟王餘句 爲鎭東將軍領樂浪太守(《진서》 권9 간문제 함안 2년 6월).

본과 관계 개선에도 주력하였다.

> 지금 내가 통하고 있는 바다 동쪽의 귀국(일본-저자 주)은 하늘이 열
> 어준 나라이다. 그래서 천은을 내려, 바다 서쪽을 떼어 나에게 주셨
> 다. 이 때문에 나라의 기틀이 영원히 단단하게 되었다. 너도 마땅히 우
> 호를 닦고 토산물을 모아서 봉헌하기를 끊이지 않는다면 죽어도 한이
> 있겠느냐.[3]

위 기록은 일본의 입장에서 윤색한 내용이지만, 근초고왕이 자
신의 손자인 침류왕에게 일본과의 우호 관계를 맺도록 권고하는
내용을 전하고 있다.

둘째, 사상적인 측면이다. 근초고왕과 근구수왕 때 유교와 도교 등에
관심을 기울이고 있었음을 볼 수 있다. 당시 유교에 대한 수준은 박사
고흥의 《서기》라는 역사책 편찬,[4] 유교경전을 잘 읽어 일본 태자의 스
승이 된 아직기阿直岐, 《논어》와 《천자문》을 일본에 전한 왕인王仁의 활
약[5] 등에서 유추할 수 있다.[6] 근구수왕이 태자시절 고구려군을 격파한

---

3) 乃謂孫枕流王曰 今我所通 海東貴國 是天所啓 是以 垂天恩 割海西而賜我
　由是 國基永固 汝當善修和好 聚斂土物 奉貢不絶 雖死何恨 自是後 每年相
　續朝貢焉(《일본서기》 권9 신공황후 52년 9월).

4) 古記云 百濟開國已來 未有以文字記事 至是得博士高興 始有書記(《삼국사기》
　권24 백제본기 근초고왕 30년). 《서기》에 대해서는 역사책이 아닌 '기록'이라는
　의미로 보기도 하지만, '기록'으로 보더라도 기록의 내용에 역사가 포함되었을 것
　이다. 그래서 여기에서는 《서기》를 역사책으로 보았다. 《서기》라는 책 이름은 중
　국의 《사기史記》와 《한서漢書》에서 이름을 취한 것으로 생각된다.

5) 《일본서기》 응신기 15 · 16년. 《고사기》 중권 응신기.

6) 이형구, 〈인천 계양산성 동문지내 집수정 출토 목간 보존처리 결과 보고〉, 선
　문대학교 고고연구소, 2005.6.27. 최근 계양산성에서 한성시기로 추정되는 목
　간이 출토되었는데, 편년에 대해서는 논란이 있다. 출토된 5각형의 목간에는
　각 면마다 논어 구절이 쓰여져 있다. 2면에는 공자가 칠조개에게 벼슬을 주려
　고 하자 아직 벼슬을 감당할 만한 자신이 없다고 사양하니 공자가 크게 기뻐

뒤 장군 막고해가 인용한 도가의 '지족불욕知足不辱 지지불태知止不殆'[7]
라는 말을 듣고 군사를 돌린 예에서 백제에 도교도 어느 정도 알려졌음
을 알 수 있다. 또한 침류왕의 어머니, 곧 근구수왕의 부인의 이름은 아
이부인阿尒夫人으로 아이阿尒가 아니阿尼, 곧 비구니를 뜻하는 말이라면
침류왕의 불교수용 이전에 왕실에서 불교를 접했을 가능성도 있다.[8]

백제의 불교수용은 근초고왕의 손자인 침류왕 때에 이루어지지만,
백제에 들어온 불교는 중국에서 도가나 유가의 입장에서 재해석된 '격
의불교格義佛敎'[9]의 형태였다. 이처럼 근초고왕과 근구수왕 때의 유교
와 도교에 대한 이해는 불교수용을 뒷받침하는 사상적 토대가 되었다.

셋째, 여러 차례 변화를 겪은 한성시기 백제의 왕계가 근초고왕 때
에 이르러 확립되는 것을 지적할 수 있다.《삼국사기》에 나타난 한성
시기의 왕계를 제시하면 다음과 같다.

했다는 내용이 적혀 있다. 위 내용 가운데 목간에서 확인되는 글자는 다음 밑
줄 친 부분이다. 子使漆雕開仕對曰吾斯之未能信子說(《논어》권5 공야장).

7) 將軍莫古解諫曰 嘗聞道家之言 知足不辱 知止不殆 今所得多矣 何必求多
(《삼국사기》권24 백제본기 근구수왕 즉위년).《도덕경》의 원문은 다음과 같
다. 名與身孰親 身與貨孰多 得與亡孰病 是故甚愛必大費 多藏必厚亡 知足
不辱 知止不殆 可以長久.

8) 阿尒는 阿尒兮(《삼국사기》권2 신라본기 조분니사금 즉위년)의 아이, 아니부
인의 아니(《삼국유사》왕력 신라 진덕여왕) 등과 같은 말임이 분명하며 여성
을 표시하는 우리의 고어인 것으로 생각된다. 신라본기와는 달리 모계의 표시
가 없는 백제본기에서 침류왕의 어머니가 기록되어 있는 것은 주의를 요한다.
범어에서 여승을 아니라고 부른다는데, 만일 이 범어의 차용이라면 이것은 혹
침류왕 때의 불교전래와 관련을 가졌는지도 모르겠다(이병도,《역주 삼국사
기》下, 을유문화사, 1983, 35쪽). 그러나 이러한 추정은 아이와 아니가 같은
의미임을 전제할 때 가능하다.

9) '격의불교'란 불교의 '공空'을 도교의 '무無'로, 불교의 '오계五戒'를 유교의 '오
상五常' 등으로 이해했던 불교를 말한다.

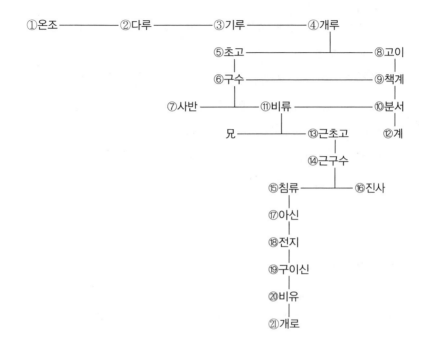

도 1. 한성시기 왕계

《삼국사기》에 나타난 한성시기 왕계는 온조계로 정리되어 있다. 온조계는 5대 초고왕계와 8대 고이왕계 두 계보로 나뉘어 나타나다가 13대 근초고왕 때에 다시 초고계를 이은 근초고왕계로 통합된다.

백제의 왕계가 온조계에서 초고계와 고이계 두 개로 나뉘고 다시 근초고왕계로 통합되는 과정은 백제의 시조가 비류와 온조라는 전승과 연관되어 많은 논의의 대상이 되어 왔다. 고이계는 8대 고이왕을 비롯하여 9대, 10대, 12대, 이렇게 4명의 왕을 배출하는 데에 그쳤으므로 자연스럽게 온조계에 흡수된 비류계로 비정되기도 하였다. 13대 근초고왕 때 이전에는 초고계와 고이계가 병립하다가 근초고왕 때 고이계

가 초고계에 병합되는 과정은 비류가 온조에 병합되는 과정과 일맥상
통하기 때문이다.

비류계를 고이계로 보지 않을 경우 주목되는 점은 백제 왕계에서 온
조계가 초고계와 고이계로 분화되기 앞서 1대 온조왕 다음의 2·3·4
대의 다루·기루·개루왕의 이름이 '○婁'라는 '루'자 어미를 띠고 있다
는 것이다. 이들 3왕을 비류계로 비정할 수 있다면 고이계는 온조계와
다른 비류계가 아니라 온조계의 방계傍系가 된다.[10]

결국 비류계를 보는 관점은 고이계 혹은 다루·기루·개루계가 되
겠는데, 현 상황에서는 단정을 내리기 힘들다. 그런데 온조의 형으로
나오는 비류沸流와 13대 근초고왕의 아버지로 나오는 11대 비류왕比
流王이 주목된다. 13대 근초고왕近肖古王은 멀리 5대 초고왕肖古王의
이름에 '근近'자를 덧붙인 왕호이므로 그가 초고계를 계승했다는 것을
단적으로 드러내고 있지만, 그의 아버지의 왕호인 비류比流가 비류沸
流와 글자는 다르나 음音은 서로 같다(音相似)는 데서 비류계의 영향력
이 어느 정도 남아 있음을 유추할 수 있다.[11] 비류왕–근초고왕의 계보
로 짜여진 이유는 근초고왕이 온조계일 경우 비류계를 무시할 수 없었
고, 그가 초고계일 경우 고이계를 무시할 수 없었기 때문이었다.[12] 근
초고왕이 온조계나 초고계 어느 한쪽을 강조함으로써 자신의 권위를

---

10) 노중국, 〈해씨와 부여씨의 왕실교체와 초기백제의 성장〉, 《김철준박사 화갑
    기념 논총》, 지식산업사, 1985.

11) 비류왕과 근초고왕과의 관계에 대해서는 다음을 참조.
    김두진, 〈백제시조 온조신화의 형성과 그 전승〉, 《한국고대의 건국신화와 제
    의》, 일조각, 1999; 김기섭, 《백제와 근초고왕》, 학연문화사, 2000, 44~77쪽;
    강종원, 《4세기백제사연구》, 서경, 2002, 33~59쪽.

12) 근초고왕대까지 고이왕계와 비류왕계의 정치적 대결이 지속되었으므로, 온조
    신화 속에 비류 시조 전승이 상당히 배려되어 자리 잡은 것으로 생각된다(김
    두진, 앞의 글, 1999, 221쪽).

찾는 것은 한계가 있다. 따라서 근초고왕은 초고계나 고이계를 뛰어넘는 새로운 이념체계가 필요했다.

넷째, 역사 계승의식의 면에서 볼 때 백제의 건국신화는 가깝게는 고구려, 멀리는 부여로 이어진다. 낙랑과 대방이 고구려와 백제 사이의 완충지대 구실을 하여 직접적인 충돌이 없었던 4세기 초반까지 백제는 고구려를 계승하려는 의식이 강했다. 그러나 낙랑과 대방이 멸망한 뒤 고구려와 백제의 충돌이 시작되고, 근초고왕이 고구려의 고국원왕을 전사시킨 뒤 백제는 부여 계승의식으로 선회하였다.[13] 중국 사서에 처음 등장하는 백제의 왕은 근초고왕인데, 그의 성이 부여扶餘의 여씨餘氏로 나오는 것도[14] 이와 관련이 있다. 이후 백제사에서는 기본적으로 부여 계승의식을 가졌으며, 때에 따라 고구려 계승의식도 가졌다.

백제의 왕성王姓을 보통 부여씨扶餘氏로 보지만 해씨로도 나오고 있다.[15] 그리고 고구려의 왕성은 해씨와 고씨高氏로 나온다.[16] 고구려와 백제 두 나라의 출자는 멀리 부여와 연결되는데, 두 나라의 공통점은

---

13) 서울 석촌동 3호분 적석총은 근초고왕의 무덤으로 추정되는데(김원용·이희준, 〈서울석촌동3호분의 연대〉,《두계이병도박사구순기념한국사논총》, 1987), 이 무덤이 고구려계 묘제이므로 근초고왕이 고구려 계승의식을 가졌다고 볼 수도 있겠으나 묘제와 역사계승의식을 일대일로 대응시키기는 곤란하지 않나 생각된다. 한편 백제가 고구려 묘제를 수용하게 된 이유를 대등정체간 교호작용설(對等政體間 交互作用說, peer polity interaction theory)에 바탕을 두어 부여계의 적통적 지위를 표방하기 위해서였다고 보기도 한다(박순발,《한성백제의 탄생》, 서경문화사, 2002, 214쪽).

14) 遣使拜百濟王餘句 爲鎭東將軍領樂浪太守(《진서》권9 간문제 함안 2년 6월).

15) 其世系與高句麗同出扶餘 故以扶餘爲氏(《삼국사기》권23 백제본기 시조온조왕).
百濟王姓扶氏(《삼국유사》기이 남부여전백제).
其世系與高句麗同出扶餘 故以解爲氏(《삼국유사》기이 남부여전백제).

16) 國號高句麗 因以高爲氏(本姓解也 今自言是天帝子 承日光而生 故自以高爲氏)(《삼국유사》기이 고구려 소인 국사고려본기).

왕성이 해씨라는 점이다. 부여의 왕성은 부여씨나 해씨[17]로 추정
되는데, 부여를 계승한 고구려와 백제에서 왕성으로 해씨가 보이
는 점이 주목된다.

　고구려는 왕성을 한동안 부여와 같은 해씨로 부르다가[18] 고씨로 바
꿈으로써 부여 계승의식에서 어느 정도 벗어났다. 이와 달리 백제에서
는 한동안 해씨가 왕위를 이어갔는지는 알 수 없지만, 적어도 근초고
왕 이후에는 부여씨가 왕위를 이어 나갔다. 더 나아가 나중에 사비시
기 남부여로 일시 국호를 변경한 데에서[19] 볼 수 있듯이 부여 계승의식
을 적극적으로 내세웠다.

　지금까지 백제가 불교를 받아들이기 전의 상황에 대해 살펴보았다.
백제는 대외적으로 낙랑·대방고지를 놓고 고구려와 격돌하고 있었
고, 중국과 교류를 통해 외교적 우위를 확보하고자 하였다. 정치적으
로 온조·초고계의 기반 위에 고이계·비류계를 포섭해야 했다. 또한
역사계승의식 측면에서 본다면 고구려 계승의식에서 부여 계승의식으
로 선회하는 전환기였다. 근초고왕은 이러한 여러 문제를 해결하고자
새로운 사상체계를 도입하려고 하였다. 그에 대한 결실로 근초고왕의
손자인 침류왕 때에 동진으로부터 불교를 받아들이게 되었다.

---

17) 扶餘王解夫婁 (《삼국사기》 권13 고구려본기 동명성왕 즉위원년).

18) 제1대 동명성왕은 고씨로 나오지만 이름은 중해이고, 제2대 유리왕~제5대 모본
　　왕까지 해씨를 칭했고, 제6대 태조왕대 고씨를 칭한 것으로 보기도 한다(김철준,
　　《한국고대사회연구》, 서울대학교출판부, 1990, 92~93쪽).

19) 春 移都於泗沘(一名所夫里) 國號南扶餘(《삼국사기》 권26 백제본기 성왕
　　16년).

2) 불교수용의 의의

사상은 홀로 존재하지 않는다. 서로 영향을 주고받는다는 뜻이다.
마찬가지로 불교사상도 영향을 주고받는다. 새로운 사상은 다른 지역
에 어떻게 옮겨지는가? 전래인가 수용인가? 전래는 전해 주는 입장이
고, 수용은 받아들이는 입장이다. 사상의 경우 전래라는 말은 조심해서
써야 할 필요가 있다. 전래라는 말에 강조를 두다 보면 사상은 전해 주
는 측의 의지에 좌우된다는 생각을 갖기 쉽기 때문이다. 그래서 불교의
경우 전래의 입장에서 불교를 하사했다거나 증여했다거나 하는 말이
나오는 것이다. 그러나 새로운 사상을 전해 주고 싶어도 수용하는 입장
에서 받아들일 여건이 조성되어 있지 않으면 전해 주기가 어렵다.

일본의 다무라 엔쵸田村圓澄는 삼국과 일본의 불교를 하사설과 증여
설이라는 전래의 입장에서 검토하였다.[20] 곧 372년 전진의 부견符堅에
의해서 전래된 고구려의 불교는 종주국인 전진의 부견이 신하국인 고
구려의 소수림왕에게 하사한 것으로, 이는 전연前燕의 멸망에 협력[21]
한 것에 대한 '은상恩賞'의 의미가 담긴 것으로 파악하였다. 따라서 소
수림왕은 이를 받아들일 수밖에 없었으며, 만약 귀족의 반발이 있었다
면 이는 소수림왕뿐만 아니라 전진에 대한 반발로 여겨졌다고 한다.
그래서 귀족들은 감히 불교 전래를 반대하지 못한 것으로 파악하였다.

---

20) 田村圓澄,《古代朝鮮佛敎と日本佛敎》, 吉川弘文館, 1980; 田村圓澄,
〈日本古代國家と宗敎〉,《半迦像の道》, 學生社, 1983.《古代朝鮮佛敎と
日本佛敎》는 노성환,《고대 한국과 일본불교》, 울산대학교출판부, 1997 번
역본이 나왔다.

21) 전연은 370년 전진에 의해 멸망했는데, 그의 일족인 모용평이 고구려로 도망
쳐 왔고 소수림왕의 아버지인 고국원왕은 그를 붙잡아 전진으로 돌려보낸 적
이 있다(《삼국사기》권18 고구려본기 고국원왕 40년).

백제의 경우 384년 동진에서 불교를 전할 때 침류왕이나 귀족들의 반발이 없었던 것도 이와 같은 이유에서라고 보았다. 즉 백제가 동진의 책봉 체제로 들어간 때가 372년이기 때문에 384년의 불교전래도 정치 차원의 하사로 보고, 침류왕에게는 자유롭게 불교를 선택하고 말 자유는 없었고, 다만 불교를 받아들일 뿐이며, 동시에 백제의 귀족층도 국왕의 불교수용에 이의를 제기하는 일은 허용되지 않았다고 하였다.

이와 달리 신라는 불교가 중국이 아닌 고구려로부터 전래되었고, 중국의 책봉 체제에 들어간 때가 565년이다. 따라서 527년 불교의 전래는 하사가 아니었기 때문에 왕이나 귀족들이 마음대로 불교수용에 대해서 반대할 수 있었으며, 실지로 귀족들의 반대와 이차돈의 순교가 있었다고 하였다.

또한 일본의 경우는 하사가 아닌 증여로 보았다. 백제는 성왕이 538년 사비천도를 단행하면서 고구려의 위협을 자력으로 벗어날 수가 없어 일본에게 군사적 원조 등에 의존할 수밖에 없었다. 일본과 백제는 대등한 관계였으므로, 백제의 성왕이 538년 일본에 불교를 전해준 것은 하사가 아니라 증여라고 본 것이다. 일본의 천황은 백제의 눈치를 보지 않고 소아씨蘇我氏에게 불교를 믿게도 하고 동시에 물부씨物部氏의 반대도 용납했다는 것이다.

위와 같은 불교의 하사·증여에 대한 다무라 엔쵸의 관점은 불교를 전해 주는 입장에서 강제성이 있느냐, 없느냐로 귀결되며, 받아들이는 입장은 부차적인 문제가 될 수밖에 없다. 신라나 일본의 불교수용은 고구려나 백제에 견주어 150~170년의 차이가 난다. 신라의 경우 귀족들의 격렬한 반대가 있었고, 일본의 경우 물부씨의 반대가 있었던 것은 각 나라의 왕권의 강약에 따른 국가의 발전단계의 차이로 보아야

지, 이를 하사 · 증여의 입장으로 보기는 어렵다.[22]

불교에 대한 격의불교적 접근은 불교와 도교, 불교와 유교간의 호의적인 관계를 유지하게 하였다. 불교수용기 불교와 유교의 유대 관계는 고구려 덕흥리고분 묵서명의 경우 석가문불釋加文佛의 제자인 유주자사幽州刺史 진鎭의 무덤을 쓸 때 주공이 땅을 점지해 주고 공자가 날을 받아주었으며 무왕이 시간을 택해 주었다고 한 데서 알 수 있다.[23]

《삼국사기》에 따르면 백제가 정식으로 중국과 외교관계를 맺은 것은 근초고왕 27년(372)이었다. 이후 백제는 침류왕 원년인 384년에 진晉, 즉 동진으로부터 불교를 받아들이기 2개월 전에 사신을 보냈고, 그에 대한 답례로 동진은 호승 마라난타를 백제에 보냈다. 백제의 침류왕은 친히 그를 예로써 맞이하였다. 즉각적인 회답과 왕의 환대가 이어져 백제와 동진 사이에는 불교수용에 대해서 쌍방의 사전교감이 있었던 것으로 여겨진다. 불교를 받아들인 이듬해 385년 한산에 절을 짓고 10명의 승려를 도승度僧[24]하는 등 불교수용 이후 불교의 진흥에 노력하였다.

삼보三寶, 곧 불佛 · 법法 · 승僧의 불은 붓다, 법은 붓다의 가르침, 승은 붓다를 따르는 승려를 말한다. 그러나 불은 붓다의 열반 이후 예배의 대상인 불상으로 대체되었고, 붓다의 가르침은 나중에 경전으로 결집되었다. 고구려의 경우 소수림왕 때 불교수용 시에는 승려 순도가

---

22) 다무라 엔쵸의 하사설에 대한 비판은 〈삼국시대 불교수용의 실제 : 불교 '하사설' 비판〉(이기백, 《백제연구》29호, 충남대학교 백제연구소, 1999) 참조.

23) 서영대, 〈덕흥리고분묵서명〉, 《역주 한국고대금석문》 1(한국고대사연구소 편), 가락국사적개발연구원, 1992, 76~77쪽.

24) 도승은 정식으로 절차를 밟아 승려가 되는 것을 말한다. 度僧: 度者 出世俗 離生死 卽擧行一定之儀式 令俗人出家爲僧(《佛光大辭典》書目文獻出版社, 1988).

경전과 불상을 가져와서 불·법·승 3보가 모두 갖추어졌지만,[25] 도승의 기록은 나타나 있지 않다.[26] 일본의 경우 불상과 경전은 전래되었으나 승려는 파견되지 않았다.

백제는 호승 마라난타와 10명의 승려, 곧 삼보 가운데 승보만이 언급되어 있고, 나머지 불상과 경전은 나타나 있지 않다. 그러나 마라난타가 백제에 들어온 이듬해 한산에 절을 창건한 사실을 주목할 필요가 있다. 절이란 승려들이 모이는 예배공간이며 동시에 경전을 독송하거나 배우는 강경공간이다. 자연히 예배대상인 불상이 절에 안치되었고 붓다를 찬탄하거나 승려들이 독송할 경전도 갖춰져 있었을 것이다. 그러므로 백제의 불교수용에도 불교에 기본적으로 필요한 불·법·승 3보가 갖추어졌다고 봐야 한다.

더욱 주목할 것은 10명의 승려를 만들었다는 점이다. 불교가 수용·정착되고 대중화되기 위해서는 무엇보다도 3보 가운데 승보인 승려들의 공동체, 곧 승가가 정비되어야 한다. 그러기 위해서는 승려를

---

25) 夏六月 秦王苻堅遣使及浮屠順道 送佛像經文(《삼국사기》 권17 고구려본기 소수림왕 2년).

26) 고구려의 불교수용은 372년 순도가 불상과 불경을 가지고 온 것을 기점으로 한다. 다만 《삼국유사》 흥법 순도조려에서는 374년 아도의 입국과 375년 초문사와 이불란사 두 절을 지은 사건을 종합하여 고구려 불교의 시초라 하였다. 고구려에서는 백제와 달리 도승한 기록이 보이지 않아 구체적인 승가의 모습을 알 수가 없다. 이후 광개토왕 때 '불법을 믿어 복을 구하라(崇信佛法求福).'라는 교서를 내리고 평양에 9사를 창건하는 등 불교보급에 박차를 가한다. 〈봉암사지증대사비〉에 보이는 담시에 대해 《양고승전》에서는 태원(376~396)의 말년 경율수십부를 가지고 요동에서 교화하였는데 이를 고구려가 佛道를 들은 시초라고 하였다. 이때의 시초라는 의미는 불교수용이 아니고 불교 가운데 율의 수용을 강조한 것으로 생각된다. 따라서 적어도 4세기 말에 이르게 되면 고구려도 10인의 승려에 의해 승려를 배출하거나 20인의 승려에 의해 출죄할 수 있는 승가가 성립되었다고 생각된다. 이에 대해서는 〈광개토왕대 영락 연호와 불교〉(조경철, 《동북아역사논총》 20, 동북아역사재단, 2008) 참조.

배출하는 시스템과 승려들을 단속할 율의 정비가 필수적이다.[27] 바로 10명의 승려는 이것과 관련이 있다.

정식으로 승려가 되기 위해서는 구족계具足戒를 받아야 한다. 이 구족계를 줄 수 있는 최소한의 승가 구성인원은 10명이다.[28] 10명은 삼사칠증三師七證으로, 3사師는 주관자로서 계화상戒和尙, 갈마사羯磨師, 교수사敎授師이고, 7증證은 입회하여 증명하는 자이다. 백제불교는 이들 10인 승가를 통해 승가내의 포살布薩 등의 여러 갈마羯磨[29]를 행함은 물론 승려들을 계속 배출할 수 있게 되었다.

백제가 불교를 수용할 때 받아들인 불교의 교설에 대해서는, 앞서 '격의불교'적 성격을 언급한 바 있지만, 구체적인 경전이나 신앙 형태를 알 수 없기 때문에 규명하기가 힘들다. 불교의 기본교설인 업설이나 윤회설이 들어왔을 것이며, 현실의 복을 비는 기복적 요소도 한 몫을 담당했다. 침류왕의 손자인 아신왕 즉위년(392) 12월에 '불법을 믿어 복을 구하라.'는 교서를 내렸고, 고구려도 이보다 앞선 광개토왕 영락 2년(392) 3월에 '불법을 믿어 복을 구하라.'[30]는 교서를 내리기도 하였다.

불법을 믿으면 개인적으로 무량한 복덕을 얻게 되지만, 국가의 입

---

27) 佐藤密雄 지음·김호성 옮김, 《초기불교교단과 계율》, 민족사, 1991, 54~72쪽.

28) 경우에 따라 5명이 구족계를 줄 수도 있다.

29) 승가에서 '의사결정의 방법'을 갈마라 한다.

30) 又阿莘王卽位太元十七年二月 下敎崇信佛法求福(《삼국유사》 흥법 난타벽제). 아신왕이 태원 17년 11월에 즉위했으므로 2월은 12월의 잘못이다(김영태, 《삼국시대불교신앙연구》, 불광출판부, 1990, 21쪽; 조경철, 앞의 글, 2002a, 251쪽). 그런데 공교롭게도 《삼국유사》에 아신왕이 392년 내린 '불법을 믿어 복을 구하라[崇信佛法求福].'는 교서를 내린 것과 똑같은 내용의 '불법을 믿어 복을 구하라[崇信佛法求福].'는 교서가 《삼국사기》 고구려본기 고국양왕 9년조(실은 광개토왕 영락 2년 392)에도 실려 있다. 이에 대해서는 '조경철, 앞의 글, 2008' 참조)에도 실려 있다. 더구나 아신왕은 전왕인 숙부 진사왕이 392년 11월에 죽었으므로 태원 17년(392) 2월에 교서를 내릴 수 없어 고구려의 '崇信佛法求福'의 내용이 난타벽제조에 잘못 들어갔다고 볼 수도 있지만, 다른 증거가 나오지 않는 이상 《삼국유사》의 기록을 부정할 수는 없다.

장에서는 바로 이 불교가 나라를 지켜주는 구실도 담당하게 된다. 성왕이 일본에 불교를 전하면서 올린 표문에는《금광명경》또는《금광명경최승왕경》을 인용하고 있는데, 이 경들은 나라를 침범하는 외적들을 물리쳐 준다는 내용을 설하고 있다.《금광명경》의 금고金鼓에서 나는 빛은 나라 전체를 따스하게 비춰준다고 하여《금광명경》을 금고경金鼓經이라고도 한다.[31]

불교에는 왕의 권위를 백성(民)으로부터 얻으려 하는 단초가 보이고 있다.《사분율》에 따르면 '왕을 세우는 까닭은 세상에 쟁송이 있는 탓이니 뭇사람이 천거함은 예로부터 떳떳한 법칙이니라.'[32]고 하였다. 이는 왕의 권위를 근대의 사회계약설 측면에서 해석하고 있음을 유추할 수 있다.

또한 왕의 권위를 눈에 보이지 않는 관습법보다는 성문화된 율령 체제로 전환해 나갔다. 고구려의 경우 372년 불교수용 이듬해인 373년에 율령을 제정했고, 신라의 경우 528년 불교수용 몇 년 전에 율령이 제정되었다. 백제의 경우 율령제정 기사가 보이지 않지만, 고구려·신라의 경우와 마찬가지로 384년 불교수용을 전후하여 율령이 제정된 것으로 생각된다. 세속의 율령(法)은 출세간出世間의 계율에 대입할 수 있다.《사분율》에 '죄를 범하는 이는 법을 알게 하고 법에 순하는 이는 성취케 하나니, 계율도 이와 같아서 왕이 바른 법으

---

31) 이 금고는 치지 않아도 저절로 울린다고 한다. 一切天鼓及諸音樂 不鼓自鳴 放金色光 遍滿世界 出妙音聲 (《금광명최승왕경》권3 멸업장품, 대정장 16-416c). 고구려 호동왕자와 낙랑공주에 나오는 고각鼓角은 전쟁에 쓰이는 악기이지만, 저절로 울려 나라를 지킨다는 자명自鳴의 모티브는 바로 이 금고와 통하는 바가 있다.

32) 所以立王者 由世諍訟故 衆人之所擧 古昔之常法(《사분율》, 대정장 22-0567c).

로 다스리는 것과 같네.'[33] 라는 구절에서와 같이 법과 계율을 같은 맥락에서 다루고 있다.

불교를 받아들이는 왕의 입장에서는 불교가 출세간의 종교이기 때문에 세간의 주인인 자신의 권위를 뒷받침할 수 있는 신앙 형태에 주목했다. 석가도 출가하여 붓다가 되기 전에는 왕위를 이어받을 태자였다. 석가가 출가하지 않았다면 세속의 왕인 전륜성왕이 되었을 것이라는 교설과, 석가는 출가하여 붓다가 되었지만 나중에 전륜성왕이 다스리는 국토에 미륵의 형태로 하생한다[34]는 미륵신앙의 구도는 세속의 왕에게 매력적으로 받아들여졌다.

세속의 왕은 출세간의 붓다가 아니라 미륵의 하생을 기다리는 전륜성왕에게서 자신의 권위를 빌어 왔다. 출가하지 않았다면 전륜성왕이 됐을 붓다와 출가하여 깨달은 붓다는 서로 다른 인물이 아니었다. 세속의 왕인 전륜성왕과 출세간에서 깨달은 법왕法王인 붓다는 마치 동전의 양면과 같았고 그 둘이 동격이라는, 왕이 곧 부처(왕즉불王卽佛)라는 사상이 자연스럽게 생겨나기 마련이었다.[35] 인간에 대한 붓다의 사랑은 의제적인 부자 관계나 사제 관계로 바뀌어 인간을 불자佛子나 불제자佛弟子로 인식하고, 세속의 왕과 백성의 관계도 의제적인 부자 관계로 형상화하여 왕의 통치행위를 어버이의 사랑으로 전화하는 측면이 있었다.

---

33) 犯罪者知法 順法者成就 戒律亦如是 如王治正法(《사분율》, 대정장 22-0567c).

34) 보통 석가를 현세불, 미륵을 미래불이라 하여 석가와 미륵을 별개의 부처로 보지만 미륵은 석가의 또 다른 분신이다.

35) 다음의 고려시대 민지閔漬의 말과 상통한다. 세속군주인 인왕이나 진리의 군주인 법왕이 세간법과 출세간법에 있어서는 비록 다르나 혼일되면 왕이 되고 귀일하면 불이 되는 측면에서는 서로 멀리 있지 않다(人王法王 世出世之法 雖殊 其以混一爲王 歸一爲佛 則亦不相遠矣(閔漬, 〈國淸寺金堂主佛釋迦如來舍利靈異記〉, 《동문선》)).

인간은 자신과 자신을 둘러싼 세계에 대해서 어떠한 형태로든지 설명을 하려고 한다. 특히 자신의 사회적 지위나 계급에 대해서는 더욱 그렇다. 왕은 왕대로, 귀족은 귀족대로, 평민은 평민대로, 그리고 노비는 노비대로 자신의 사회적 처지에 대한 나름대로의 해석을 하려한다. 물론 전근대사회, 더욱이 고대사회에서 그러한 나름대로의 해석이 가능한 계층은 왕이나 귀족 등의 지배계층이었고, 평민이나 노비는 그들이 만들어 놓은 해석을 따라야 했다.

불교수용 이전의 왕이나 귀족은 그들 지위의 정당성을 시조신이나 조상신에서 찾았다. 왕과 귀족으로 계층 분화되기 이전의 지배계층은 각자의 조상신에게서 권위를 이어받았으나, 왕과 귀족으로 분화되면서 왕은 천신天神의 권위를 받은 것으로 격상되었다. 처음에는 왕과 귀족의 권위가 보장되었지만, 왕계가 바뀌고 새로운 귀족들이 정치 일선에 나서면서 천신이나 조상신의 권위를 통하여 정당성을 보장받기에는 한계가 있었다. 더구나 사회기층을 이루는 평민이나 노비의 사회적 처지를 천신이나 조상신만의 권위로 포섭할 수도 없었다.

불교는 인간의 사회적 처지를 업설과 윤회설로 설명하고 있다.[36] 물론 업설은 불교만의 고유한 이론은 아니며, 불교 이전의 인도사회에 광범위하게 퍼졌던 이론이다. 불교에서의 업설과 윤회설의 특질은 윤회의 주체를 설정하지 않는 것에 있다. 불교에서는 고정불변의 아我가 없다는 무아無我를 주장하는데, 아가 없다면 '윤회의 주체는 무엇인가?'라는 의문이 생기며 이를 풀기 위하여 여러 논의가 있었다.[37]

---

36) 불교수용기 업설에 대해서는 〈신라 중고기 업설의 수용과 의의〉(김상현, 《한국고대사연구》 4, 한국고대사학회, 1991) 참조.

37) 윤호진, 《무아윤회문제의연구》, 민족사, 1992.

보통 업설과 윤회설은 자신이 쌓은 업에 따라 육도를 돌고 돈다는 이론이다. 악업을 지으면 지옥이나 아귀·축생에 떨어지며, 선업을 지으면 아수라·인간人間·천天에 낳는다고 한다. 물론 윤회를 벗어나는 것이 궁극의 목적이긴 하지만, 현실세계의 인간은 적어도 자신의 지위를 그대로 유지하는 것이 1차적인 목표였다. 곧 왕이나 귀족은 과거의 선업에 따라 현세의 지위를 누리게 되었고, 평민이나 노비는 과거의 악업에 따라 지금 정도의 지위밖에 얻지 못하였음을 설명하여 현실의 처지를 합리화하는 데 매우 유용하게 작용하였다.

한편 이전의 업설은 그들의 처지가 자신의 업에 따라 규정되지 않고 자신 이외의 초월적인 존재, 곧 천신이나 조상신에 따라서 타율적으로 결정된다고 생각했으나, 자신의 선업에 따라서 현실적인 지위가 윤회 속에서나마 극복될 수 있다는 적극적인 의미도 내포하고 있었다.

제2절. 불교수용의 연대와 경로

1) 불교수용의 연대와 관륵觀勒 상표문의 재해석

다음은 백제의 불교수용을 전하는 《삼국사기》와 《삼국유사》의 기록이다.

> (384년) 가을 7월에 사신을 진나라에 보내 조공하였다. 9월에 호승 마라난타가 진나라에서 왔다. 왕이 그를 맞이하여 궁궐 안으로 모셔 예우하고 공경하니, 불교가 이로부터 시작되었다. (385년) 왕 2년 봄 2월에 한산에 절을 세우고 열 사람이 승려가 되는 것을 허락하였다.[38]

> 백제본기에 이르기를, 제15대 침류왕 즉위년(384)에 호승 마라난타가 진晉나라에서 오자 궁중에 맞아들여 예경하고 이듬해 385년에 새 도읍 한산주에 절을 짓고 10인을 도승度僧하였으니 이것이 백제 불법의 처음이며, 또 아신왕 즉위년(392)에 교서를 내려 불법을 믿어 복을 구하라고 하였다.[39]

---

38) 《삼국사기》 권24 백제본기 침류왕 즉위년·2년.
39) 《삼국유사》 흥법 난타벽제.

《삼국사기》와《삼국유사》에 기록된 백제의 불교수용 연도는 침류왕 즉위년인 384년이다. 그해에 호승 마라난타가 진나라에서 백제로 오자, 침류왕은 그를 궁내로 맞이하였다. 384년 7월 백제 사신의 진나라 조공에 이어서 9월에 마라난타가 백제에 왔으므로, 백제의 불교수용은 진나라와 공식적인 외교절차를 밟아서 이루어졌거나 또는 7월 진나라로 건너간 백제의 사신단을 따라서 9월에 마라난타가 동행하여 이루어졌을 가능성이 있다.[40]

백제의 불교수용은 마치 준비된 과정을 밟듯이 순조롭게 진행되어 나갔다. 불교수용 이후 6개월만인 385년 2월에 한산에 절을 짓고, 10인의 승려를 두는 등 본격적인 흥불의 의지가 펼쳐졌다. 또한 침류왕의 아들인 아신왕이 진사왕의 뒤를 이어 392년 즉위하면서 불법을 믿어 복을 구하라는 교서를 내렸다. 부왕의 불교수용 의지를 계승하려는 것이었다.

이러한 백제 침류왕과 아신왕의 불교수용과 흥법사실을 국내의 학자들은 당연한 사실로 받아들이고 있다. 그러나 대부분의 일본 연구자들은《일본서기》관륵의 상표문에 따라 백제의 불교수용 연대를 5·6세기로 주장한다.[41] 혹자는 6세기 백제 겸익謙益의 율 수용을 관륵이

---

40) 이병도,《역주 삼국사기》下, 을유문화사, 1983, 35쪽.

41) 末松保和,〈新羅佛教傳來傳說高〉,《新羅史の諸問題》, 東洋文庫, 1954, 210쪽; 田村圓澄,〈백제불교전래고〉,《홍순창기념사학논총》, 형설출판사, 1977, 104~105쪽; 田村圓澄,〈漢譯佛教圈の佛教傳來〉,《古代朝鮮佛教と日本佛教》, 吉川弘文館, 1980; 鎌田武雄 지음·장휘옥 옮김,《중국불교사》1, 장승, 1992, 71쪽; 村上四男,《三國遺事考證下之二》, 塙書房, 1994, 30~31쪽; 한국유학생인도불교학연구회,《일본의 한국불교 연구동향》, 장경각, 2001, 208~210쪽.
한편 현재 일본의 불교수용을 〈원흥사가람연기〉[大倭國佛法 創自斯歸嶋宮治天下……七年歲次戊午十二月到來 百濟國聖明王時……時天皇受而諸臣等告 此自他國送度之物 加用耶不用耶 ……(〈元興寺伽藍緣起〉,《일본불교전서》(新) 85권 사지부3, 1쪽 上)]에 따라 538년으로 보는 설도 있으나 관륵의

불교초전佛教初傳으로 오해했다고 보기도 한다.[42) 다음은 관륵의 상표
문을 담고 있는《일본서기》의 기록이다.

> 추고 32년(624) 4월 병오삭 무신일에 한 승려가 도끼로 조부를 구
> 타하였다. 이때 천황이 이 사실을 듣고 대신을 불러 조서를 내려 말
> 하였다. "대저 출가자는 삼보에 귀의하여 계법을 준수해야 하거늘
> 어찌 참회하고 삼감이 없이 쉽게 악역을 저지르는가? 짐은 한 승려
> 가 조부를 구타하였다는 말을 들었으니 모든 절의 승니를 모아서 심
> 문하겠다. 만약 사실이라면 중죄를 내리겠다." 이에 모든 승니들을
> 모아서 심문하고 악역승과 모든 승니들을 모두 벌주려 하였다. 이에
> 백제승 관륵이 글을 올려 말하였다. "대저 불법은 서국으로부터 한
> 에 이르러 300년을 지나 이를 백제국에 전했는데, 겨우 100년밖에
> 되지 않았습니다. 그런데 우리 임금이 일본천황의 현철함을 듣고 불
> 상 및 경전(內典)을 공상貢上했는데 아직 100년이 차지 않았습니다.
> 그러므로 지금까지 승니들이 아직 법률을 익히지 않아 문득 악역을
> 저지르게 되었습니다. 그리하여 여러 승니들이 두려워 어찌할 바를
> 모르고 있습니다. 바라건대, 악역을 저지르지 않은 승니들은 모두 용
> 서하고 죄를 주지 마소서. 그리하면 큰 공덕이 될 것입니다." 천황이
> 받아들였다. 무오일에 조서를 내려 말하였다. "대저 도인이 법을 어
> 기면서 어떻게 속인을 가르칠 수 있겠는가? 고로 지금 이후에는 승

상표문이《일본서기》에 실렸으므로 일본의 불교수용 연도를《일본서기》의 견
해인 552년을 편의상 따랐다. 538년 설을 따라도 논지에는 영향을 주지 않는
다. 일본이 불교를 받아들인 초전시기에 대한 여러 견해는 〈백제불교의 일본
초전문제〉(김영태,《삼국시대불교신앙연구》, 불광출판부, 1990) 참조.

42) 松林弘之, 〈朝鮮三國鼎立時代の佛教〉,《佛教史學》 제14권 1호, 1968, 65
쪽, 각주 25.

정승正과 승도僧都를 임명하여 승니들을 감찰하라." 임술일에 관륵

을 승정으로 삼고 인부덕적鞍部德積을 승도로 삼았다. 같은 날 아담

련阿曇連을 법두法頭로 삼았다.[43]

위 기사는 일본의 승관僧官의 설치를 보여 주는 사료로 일찍부터 주

목되어 왔다. 624년 일본의 한 승려가 도끼로 조부祖父[44]를 때린 사건

이 발생하자 추고천황이 이를 계기로 승려에 대한 통제와 탄압을 하려

했다. 이에 백제승 관륵은 승관을 두어 승려에 대한 통제를 해야 한다

고 주장하였다. 관륵은 이미 20여 년 전에 역법과 천문지리 및 둔갑방

술의 서적을 가지고 일본으로 건너와 가르칠 정도로[45] 인망을 얻고 있

는 상태였다. 관륵의 주장을 받아들여 일본에는 승정과 승도, 그리고

법두가 임명되었다. 그런데 관륵이 올린 글 가운데는 중국과 백제, 그

리고 일본의 불교 사정을 전하는 내용에 문제가 있다. 그 부분의 해석

---

43) 밑줄 친 부분은 이기백의 해석을 따랐다(이기백, 〈백제 불교 수용 연대의 검
    토〉, 《진단학보》 71 · 72합집, 진단학회, 1991; 이기백, 《한국고대정치사회사
    연구》, 일조각(재수록), 1996, 197쪽). 인용문의 원문은 다음과 같다. "戊申
    有一僧 執斧毆祖父 時天皇聞之 召大臣 詔之曰 夫出家者 頓歸三寶 其懷戒
    法何無懷忌 輒犯惡逆 令朕聞 有僧以毆祖父 故悉聚諸寺僧尼 以推問之 若
    事實者重罪之 於是 集諸僧尼 而推之 則惡逆僧及諸僧尼 並將罪 於是 百
    濟觀勒僧 表上以言 夫佛法 自西國至于漢 經三百歲 乃傳之於百濟國 而僅
    一百年矣 然我王聞日本天皇之賢哲 而貢上佛像及內典 未滿百歲 故當今時
    以僧尼未習法律 輒犯惡逆 是以 諸僧尼惶懼 以不知所如 仰願 其除惡逆者
    以外僧尼 悉赦而勿罪 是大功德也 天皇乃聽之 戊午 詔曰 夫道人尙犯法 何
    以誨俗人 故自今已後 任僧正僧都 仍應檢校僧尼 壬戌 以觀勒爲僧正 鞍部
    德積爲僧都 卽日 以阿曇連(闕名)爲法頭(《일본서기》 권22 추고 32년 4월)."

44) 조부를 할아버지로 해석하지 않고 옹 · 노옹 · 기로 등의 뜻으로 푼 것에 대해
    서는 다음 글을 참조. 新川登龜男, 《日本古代文化史の構想–祖父毆打傳承
    を讀む》, 名著刊行會, 東京, 1994. 조부가 단순히 할아버지가 아니라면 승려
    가 조부를 때려 죽인 사건은 불교와 다른 종교사상(고유신앙 또는 유교)과의
    대립을 반영하므로 또 다른 논의가 필요하다.

45) 冬十月 百濟僧觀勒來之 仍貢曆本及天文地理書 幷遁甲方術之書也 是時 選
    書生三四人 以俾學習於觀勒矣 陽胡史祖玉陳習曆法 大友村主高聰學天文
    遁甲 山背臣日立學方術 皆學以成業(《일본서기》 권22 추고 10년).

이 백제 불교수용에 대한 논란거리가 되므로 원문을 다시 인용하여 검토하기로 한다.

夫佛法 自西國至于漢 經三百年 乃傳之於百濟國 而僅一百年矣
然我王聞日本天皇之賢哲 而貢上佛像及內典 未滿百歲

먼저 일본 학자의 견해로 백제에 불교가 452년 또는 524년에 전래되었다는 설을 따라서 해석하면 다음과 같다.

452년설 : 대저 불법은 서국(인도)으로부터 (152년에) 한漢에 이르렀고 300년이 지나 (452년에) 백제에 전해졌다. (452년으로부터) 겨우 일백년이 지나 (552년에) 우리의 왕(백제 성왕)이 일본천황이 현철함을 알고 불상과 내전(불경)을 바쳤으나 (지금 624년으로부터) 아직 100년이 되지 못했다.

524년설 : 대저 불법은 서국(인도)으로부터 (224년에) 한漢에 이르렀고 300년이 지나 (524년에) 백제에 전해졌으니 (지금 624년으로부터) 겨우 100년이 되었다. 우리의 왕(백제 성왕)이 (552년에) 일본천황이 현철함을 알고 불상과 내전(불경)을 바쳤으나 (지금 624년으로부터) 아직 100년이 되지 않았다.

452년설과 524년설 해석의 주안점은 다음 두 가지이다. 첫째, 중국에 불교가 전래된 연도를 통설인 서기 67년[46]으로 보지 않고, 152년

---

46) 《해동고승전》의 저자 각훈도 백제는 고구려 다음으로 불교를 일으켰는데 마

전후 안세고安世高의 활약 연대와 224년 전후 지겸支謙의 활약 연대로 본 점이다. 통설인 67년으로 볼 경우 불교가 서국-한-백제-일본으로 전해지는 연대가 맞지 않기 때문에 152년, 224년의 연대를 취한 것이다. 둘째, 원문 가운데 '이근일백년의而僅一百年矣'라는 구句를 어떻게 해석하느냐의 문제이다. 곧 452년설은 '이근일백년의'를 뒤의 구에 붙여 '(백제에 불교가 전해진 452으로부터) 겨우 일백 년이 지나 (552년) 성왕이 일본에 불교를 전했으나…….'로 해석하였다. 524년설은 '이근일백년의'를 앞의 구에 붙여 '……300년이 지나 524년에 백제에 불교가 전래되었으니 (지금 624년으로부터) 아직 100년이 되지 않았다.'로 해석하였다.

그러나 위의 해석은 백제에 불교가 수용된 것이 《삼국사기》의 기록대로 384년임을 감안할 때 받아들이기 어렵다. 게다가 이를 뒷받침할 만한 근거가 빈약하다. 물론 뚝섬에서 출토된 불상 등의 고고학적 자료를 가지고 384년을 주장한 바가 있지만,[47] 위 문장의 해석이 풀리지 않아 여전히 석연치 않은 점이 남아 있다.

384년설을 고고학적 자료뿐만 아니라 위 사료를 다른 관점에서 해석하고자 한다.[48] 해석의 주안점은 다음 3가지이다. 첫째, 관륵이 위

등〔葉摩騰〕이 후한에 들어온 지 280여 년이 지나서 백제에 전해졌다고 보았다 《해동고승전》 권1 마라난타). 또한 관륵보다 50년 앞서 고구려의 승 의연이 북제 무평 7년(576)에 정국사의 승 法上에게 불법의 전래 연대를 물었을 때 후한 명제 영평 연간(58~75)에 경법經法이 처음 왔다고 대답한 바도 있다(《해동고승전》 권1, 의연). 고구려 승 의연에 대해서는 다음을 참조. 정선여, 〈고구려 승려 의연의 활동과 사상, 2000〉, 《한국고대사연구》 20, 한국고대사학회; 남무희, 〈고구려후기 불교사상연구 : 의연의 지론종사상 수용을 중심으로〉, 《국사관논총》 95, 국사편찬위원회, 2001.

47) 이기백, 《신라사상사연구》 일조각, 1986, 7~9쪽 ; 〈백제 불교 수용 연대의 검토〉, 《진단학보》 71·72합집, 진단학회, 1991 ; 《한국고대정치사상사연구》, 일조각(재수록), 1996.

48) 다음의 논의는 '조경철, 앞의 글, 1999, 30~34쪽.'에서 다루어진 바 있다.

글을 올린 목적은 중국·백제·일본의 불교전래를 언급하는 데 있는 것이 아니기 때문에 불교전래만을 가지고 해석할 수 없다는 점이다. 둘째, 관륵의 관심은 율의 정비와 승관을 설치하는 것이므로 백제와 일본의 율과 승관에 대한 이해가 필요하다는 것이다. 곧 불교전래의 문제가 아니라 율의 문제인 것이다. 셋째, '이근일백년의'와 '미만백세未滿百歲'가 대구가 된다는 것이다. 이 3가지를 염두에 두고 해석을 하면 다음과 같다.

> 384년설 : 대저 불법은 서국(인도)으로부터 (67년에) 한漢에 이르렀고 300년이 지나 (384년에) 백제에 전해졌지만 (율律이 정비된 지는 지금 624년으로부터) 겨우 100년이 되었다. 우리의 왕(백제 성왕)이 (552년에) 일본천황의 현철함을 알고 불상과 내전(불경)을 바쳤으나 (지금 624년으로부터 율은 말할 것도 없고 불교가 들어온 지) 채 100년도 되지 않았다.

해석의 초점은 '지금으로부터 겨우 일백 년이 되었다(而僅一百年矣).'의 주어를 백제의 불교전래가 아닌 '백제의 율과 승관이 정비된 연대'로 파악한 점에 있다. 혹자는 이런 해석이 한문의 문맥을 자의적으로 바꿨다고 할지도 모른다. 그런데 관륵의 상표문 글귀가 애매모호하게 된 이유는《일본서기》에 실린 관륵의 상표문이 당시에 올린 전문이 아니고 축약되어 실렸기 때문일 수도 있다. 상표문의 전문은 백제의 율의 전래 과정에 초점을 맞추어 서술되었는데, 그것이《일본서기》에 실리면서 축약되어 문맥이 모호하게 된 것은 아닐까.[49]

---

49) 백제 성왕이 일본에 불교를 전하면서 보낸 표문도《일본서기》에 실리면서 변

624년이 백제에서 율과 승관이 정비된 지 100년이 된 시기라면, 결국 백제의 율과 승관의 정비는 524년이 된다. 겸익이 526년 무렵 인도에서 5년 동안 범어 등을 배우고 율장을 갖고 귀국했으므로 정확히 시기가 일치한다. 해석의 기점이 된 524년을 전후하여 백제에 율이 정비되고 독자적으로 만든 신율新律이 있었다는 기록은 〈미륵불광사사적〉에 나타나 있다.[50] 그리고 승관은 공덕부功德部·공덕사功德司가 보이고 있다.[51] 하지만 그 당시 일본은 아직 승관이 설치되어 있지 않았다. 그리고 율은 있었어도 습득하지 않아 쓸모없는 상황이었다.[52]

관륵의 상표문은 이런 뜻을 문맥에 깔고 한시라도 빨리 일본의 불교계율을 정비하고 승관제도를 확립할 것을 주장하고 있는 데에 그 요점이 있다.[53] 이에 관륵은 성왕 때 율과 승관제의 정비에 대한 역사적 경험을 바탕으로 일본의 승려에게 율을 습득할 것과 승관을 설치할 것을 주장하였고, 그 결과 일본에 승정·승도·법두를 두게 되었다. 따라서 백제의 불교수용 연대를《일본서기》관륵 상표문의 기사를 근거로

용을 거쳤다. '조경철, 앞의 글, 2000, 21~26쪽; 이 책 제2장 3절' 참조.

50) 백제의 계율 및 겸익에 대해서는 다음 논문을 참조하기 바란다.
   채인환, 〈백제불교 계율사상 연구〉,《불교학보》28, 동국대학교 불교문화연구원, 1991; 小玉大圓, 〈求法僧謙益とその周邊(上·下)〉,《마한백제문화》8·10, 원광대학교 마한·백제문화연구소, 1985·1987; 김두진, 〈백제의 미륵신앙과 계율〉,《백제연구총서》3, 충남대학교 백제연구소, 1993; 조경철, 〈백제성왕대 유불정치이념—겸익과 육후를 중심으로—〉,《한국사상사학》15, 한국사상사학회, 2000; 심경순, 〈6세기 전반 겸익의 구법활동과 그 의의〉, 이화여대석사학위논문, 2001.

51) 이 책 제2장 3절 참조.

52) 以僧尼未習法律 輒犯惡役(《일본서기》권22 추고 32년 4월).

53) 일본보다 10~20여 년 앞서 527년 불교를 공인한 신라의 경우, 백제의 관륵이 활약한 시기에 신라에서도 원광이 활약하고 있었다. 법흥왕이 불법을 받아들여 진량津梁은 설치되었으나 당오堂奧에는 이르지 못하여 원광은 귀계멸참歸戒滅懺의 법으로 우매한 중생을 깨우치게 하고자 가서갑에 점찰보를 두어 계율을 보급하였다(《삼국유사》의해, 원광서학).

5 · 6세기로 보는 것은 무리다.

　다음 도 2는 관륵의 상표문에 나타난 백제의 불교수용 연대를 정리한 것이다.

① 末松保和의 견해; 452년과 524년설

(452년설)

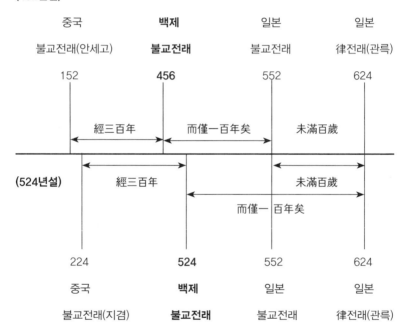

② 저자의 견해; 384년설

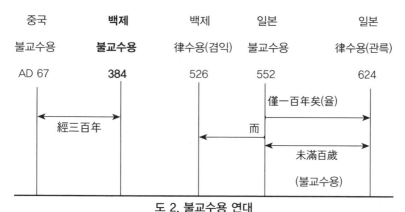

도 2. 불교수용 연대

2) 영광불법초전설靈光佛法初傳說의 재검토

한성시기 백제불교에 대해서는 몇 가지 논란거리가 있다. 백제의 불교수용 연대가 한성시기가 아니라 웅진시기라는 견해와 침류왕 원년(384) 백제에 불교를 전한 마라난타가 전남 영광에 들러 불법을 전파했다는 견해 등이 그것이다.

전자에 대해서는 앞 절에서 이미 언급을 하였다. 후자인 영광불법초전설은 말 그대로 백제의 불교는 침류왕 원년(384) 마라난타에 의해 한성에 전해지기 이전에 마라난타가 전남 영광에 들러서 불법을 전했다는 주장이다. 백제의 도읍인 한성에 불교가 수용되기 이전 지방에 불교가 전파되었다는 것에 대해서는 그 가능성을 열어 두고 싶지만, 그 지방이 영광이라든가, 그 불법전파의 주인공이 마라난타라는 견해에 대해서는 좀 더 면밀한 검토가 필요하다.

(1) 문헌자료의 검토

영광불법초전설을 직접 전하고 있는 자료는 없다. 《삼국사기》, 《삼국유사》, 《해동고승전》 등의 고려시대 편찬자료와 금석문, 《신증동국여지승람》이나 문집 등 조선시대 몇 자료에서 유추할 수 있을 뿐이다. 영광불법초전설은 종래 백제불교수용을 다루면서 언급한 사료들에 대한 새로운 해석에서 출발하고 있다. 일단 이들 자료를 먼저 검토해 보기로 하겠다.

A. 384년 7월 진나라에 사신을 보내 조공하였다. 9월 호승 마라난타가 진나라에서 오자 왕이 맞이하여 궁내에서 예로써 공경하니 불법이 여기서 비롯되었다.[54]

B. 385년 2월 한산에 절을 짓고 10인을 도승하였다. 11월 왕이 죽었다.[55]

C. 백제본기에 이르기를, 제15대(승전에서는 14대라고 했으나 잘못이다) 침류왕 즉위 갑신(동진의 효무제 태원 9년)에 호승 마라난타가 진나라에서 오자 궁중에 맞아들여 예경하였다. 이듬해 새 도읍 한산주에 절을 짓고 10인을 도승하였으니 이것이 백제 불법의 처음이다. 또 아신왕이 즉위한 태원 17년 2월(12월의 착오인 듯—저자 주[56])에 교

---

54) 秋七月 遣使入晉朝貢 九月 胡僧摩羅難陀 自晉至 王迎之 致宮內禮敬焉 佛法始於此(《삼국사기》 권24 백제본기 침류왕 즉위년).
55) 春二月 創佛寺於漢山 度僧十人 冬十一月 王薨(《삼국사기》 권24 백제본기 침류왕 2년).
56) 진사왕이 392년 11월에 죽었으므로 태원 17년(392) 2월에 아신왕이 교서를 내릴 수가 없다. 아마도 '태원 17년 2월'의 2월은 12월의 착오인 듯하다.

서를 내려서 '불법을 믿어 복을 구하라.'고 하였다. 마라난타는 번역
하면 동학이다(그의 특이한 행적은 승전에 자세히 나타나 있다).[57]

위 기록은 백제의 불교수용 사실을 전하고 있는《삼국사기》와《삼
국유사》의 기록이다. 침류왕 동진(東晉, 317~420)의 마라난타가 백제
로 오자 왕이 예로써 맞이했고 이로써 불법이 비롯되었다고 한다. 그
리고 이듬해인 385년 한산에 절을 짓고 승려 10명을 두었다는 내용이
들어 있다. 7월에 사신을 보냈고, 9월에 마라난타가 왔고, 왕이 직접
맞이한 점에서 마라난타가 공식사절로서의 성격을 띠었음을 알 수 있
다. 이듬해 한산에 절을 짓고 승려를 배출할 수 있는 10명[58]의 승려를
두었다는 데서 백제의 불교홍포 의지를 엿볼 수 있다. 절을 짓고 10명
의 승려를 둘 정도라면 384년 불교공인 이전 백제에 불교가 들어와 있
었다고 볼 수도 있겠다. 아래 몇 가지는 영광불법초전설에서 제기하는
문제점이다.

먼저 384년 7월에 동진으로 떠난 사신이 귀국할 때, 마라난타가 사
신과 함께 9월에 같이 올 수 있는 시간적 여건이 될 수 있는가라는 문
제이다. 지금까지《삼국사기》침류왕 원년의 내용은 동진과 백제 사이
의 공식적인 교류로 말미암아 불교가 오간 것으로, 단순한 불교전파가
아니라 불교공인의 성격이 강한 것으로 이해되어 왔다. 이러한 관점은
고구려가 불교를 받아들인 전진前秦(351~394)과의 관계에서도 그대로

---

57) 百濟本記云 第十五(僧傳云十四誤)枕流王卽位甲申(東晉孝武帝太元九年)
胡僧摩羅難陁至自晉 迎置宮中禮敬 明年乙酉 創佛寺於新都漢山州 度僧十
人 此百濟佛法之始 又阿莘王卽位太元十七年 二月 下敎崇信佛法求福 摩羅
難陁 譯云童學(其異迹詳見僧傳)(《삼국유사》홍법 난타벽제).

58) 10인의 승려는 승려의 자격인 구족계를 줄 수 있는 최소 인원이다(조경철,
〈한성백제시대의 불교문화〉,《향토서울》63, 서울특별시, 2003, 188쪽).

드러난다고 볼 수 있다. 전진왕 부견(357~385)이 372년 승려 순도를 보내서 불상과 경문經文을 보냈고 이에 답하여 소수림왕(371~384)이 곧바로 사신을 보내 사례하였다.[59]

마찬가지로 백제의 경우도 공식적인 교류의 성격이 384년 7월 진나라에 사신을 보냈고, 같은 해 9월 마라난타가 동진에서 왔고, 왕이 극진하게 맞이한 점에서 드러나고 있다. 그런데 여기서 7월에 백제를 떠난 사신의 말을 듣고 9월에 마라난타가 왔다고 한다면, 그것이 백제와 동진의 거리를 감안할 때 시간상 가능할까라는 의문이 제기될 수 있다.[60] 백제와 동진을 오가는 데 걸린 시간이 2~3달이라면, 당시로서는 매우 짧은 기간이기 때문이다.

백제와 동진이 서로 사신을 주고받을 때 얼마만큼의 시간이 걸렸는가에 대해서는 백제 측의 직접적인 자료가 없다. 그러나 이 점은 일본과 당, 신라와 당의 사신 왕래 사례를 참조하여 유추할 수 있다.

신라의 경주에서 당의 장안까지 가는 데는 북로와 남로 두 길이 있었다. 북로는 경주-경기도 남양만 당은포-산동 등주-장안에 이르는 황해 횡단로이고, 남로는 경주-나주 회진-황해 남부-초주·양주·명주-장안을 잇는 길이다.

북로의 경우, 경주에서 당은포까지는 육로로 약 15일이 걸리고, 또 당은포에서 중국의 등주에 이르는 해로海路는 덕적도나 교동도를 거쳐 황해도 서단까지 북상하고 중국의 산동반도를 향하여 황해를 횡단하는 것으로 약 15일이 걸린다. 또 등주에서 장안까지는 육로로 60일 정도 걸린다. 북

---

59) 夏六月 秦王苻堅 遣使及浮屠順道 送佛像經文 王遣使廻謝 以貢方物(《삼국사기》 권18 고구려본기 소수림왕 2년).

60) 홍광표, 〈문화경관론적 측면에서 고찰한 백제불교 영광도래설〉, 《불교학보》 36, 동국대학교 불교문화연구원, 1999, 172쪽.

로의 총 소요일수는 약 90일 정도였고 왕복은 180일, 즉 6개월 정도였다.

남로의 경우, 경주에서 회진까지는 육로로 약 12일, 회진에서 중국 장강 하구까지 황해 남부를 횡단하는 데 약 15일, 장강 하구에서 장안까지는 약 46~64일이 걸린다. 남로의 총 소요일수는 73~91일 정도가 되며 왕복 5~6개월 정도가 소요된다.

북로나 남로의 경우 순수 여정을 감안하여 계산하면 6개월이지만, 실제 문헌에 나타난 신라와 당 사이의 사신 왕래 일수를 살펴보면 왕복에 2개월 정도가 더 걸려 실제 8개월 정도의 시간이 걸렸다.[61]

앞서 살펴본 《삼국사기》의 기록을 정리해보자면, 백제와 동진의 경우 7월 초에 백제를 떠난 사신이 9월 말에 마라난타와 함께 돌아왔다고 본 것으로 왕복 소요 기간은 3개월이다. 7월 말에 떠나서 9월 초에 돌아왔다면 2개월이 걸린 셈이고, 평균을 내면 왕복 약 2개월 반이다. 따라서 순수 여정인 왕복 6개월이나 문헌에 나타난 실제 일수인 8개월과는 상당한 차이가 나고 있다. 그러므로 백제의 7월 사신 파견과 9월의 마라난타 백제 입국은 연관된 사실이 아니라고 주장할 수도 있겠다.

그런데 신라와 당의 왕복거리와 백제와 동진의 왕복거리를 단순 비교할 수는 없다. 백제에서 동진의 건업까지 가려면 신라처럼 경주-당은포까지의 육로 일정과 중국 해안에서 장안까지의 거리 일정이 필요 없는 것이다. 한성시기의 백제의 경우 한강을 통해서 곧바로 서해로 나갈 수 있으며, 동진의 수도인 건업도 양자강 하구에서 며칠 걸리지 않기 때문이다.

신라의 경우 당은포에서 등주까지 15일, 회진에서 중국 양자강 하구까지 12일 걸린다고 했다. 그러므로 백제의 경우 북로를 따른다

---

61) 권덕영, 《한중외교사연구》, 일조각, 1997, 214~231쪽.

면 한강에서 등주까지 15일, 등주에서 중국해안을 따라 양자강의 건업에 이르기까지 약 5~10일로 잡아 총 20~25일이 소요되고, 왕복은 40~50일이 걸린다. 남로를 따른다면 한강에서 나주 인근까지 5~10일, 나주에서 양자강을 거쳐 건업까지 12일로 잡아 총 17~22일이 걸리고, 왕복은 34~44일이 걸린다. 실제로 여유시간을 감안해 여정을 염두에 두더라도 마음만 먹는다면 두 달로 족하다. 따라서 7월에 백제를 떠난 사신과 함께 마라난타가 9월에 돌아올 수 있는 시간은 확보된 셈이다.[62]

침류왕은 부왕인 근구수왕이 384년 4월에 죽자 왕위를 계승하였다. 같은 해 7월에 동진으로 사신을 파견했는데, 아마도 침류왕의 즉위를 알리기 위한 것으로 생각된다. 7월의 사신 파견과 관련 없이 9월에 마라난타가 왔다면, 그는 침류왕이 아니라 근구수왕을 만나러 온 것이 되겠다. 그렇다고 해도 백제와 동진과는 근구수왕의 아버지인 근초고왕 때부터 정식 국교를 맺었으므로 근구수왕 때 백제와 동진 사이에는 불교수용에 대한 논의가 있었으리라 추정된다. 따라서 호승 마라난타의 입국도 근구수왕의 정식 요청에 따라 이루어졌을 가능성이 있다.

C의 《삼국유사》 난타벽제조의 내용은 《삼국사기》와 별반 다르지 않다. 그러나 여기에는 《삼국사기》의 7월 동진으로의 사신 파견 사실이 빠져 있고, '불법을 믿어 복을 구하라.'고 한 교서의 내용과 마라난타의 뜻이 동학童學이라는 내용이 새로 들어가 있다. 그리고 《삼국사기》

---

62) 선덕왕 12년(643) 정월에 입조한 신라 견당사는 자장법사의 방환을 요청하는 표문을 올려 허락을 받고, 같은 해 3월에 자장과 함께 신라에 돌아왔다. 만 2개월 걸린 셈이다. 2개월에는 경주-당은포(회진), 등주, 양자강-장안까지의 육로가 한 달 이상 걸렸으므로 육로를 제외한 해로에서 걸린 시간은 한 달이 채 안 된다. 따라서 백제에서 동진의 건업까지는 주요 경로가 해로이므로 2~3달 내에 왕복할 수 없는 거리가 아니다.

에는 불사를 한산에 세웠다고 했는데,《삼국유사》에서는 새 도읍 한산
주(新都漢山州)에 세웠다고 하였다.《삼국유사》에서는 마라난타의 입
국만을 언급하고 《삼국사기》에서 언급한 백제의 동진 사신파견 기사
는 생략되어 있다.

그런데 어디에 근거한 것인지는 모르지만 영광 불갑사를 창건한 마
라난타에게 행사존자行士尊者라는 다른 이름이 있다고 한다.[63] 이에 대
한 출처는 알 수 없지만 추측해 보자면, 전남 함평 용천사에 관한 기
록 가운데 '당나라의 행사존자行思尊者가 이 절에 거주했다.'는 내용과
관련된 듯하다.[64] 행사行思(?~740)는 6조 혜능의 제자이다. 따라서 불
갑사의 행사존자行士尊者는 용천사의 행사존자行思尊者가 잘못 알려진
것으로 생각된다.

또한 영광 불갑사는 백제 웅진시기 문주왕 때 행은幸恩이라는 승려
가 창건하였다는 설도 있다.[65] '恩'은 행사존자의 '思'의 와전이며 '幸'
은 '行'이 와전된 것으로 여겨진다. 결국, 行士나 幸恩는 모두 근거가
부족한 용천사 관계 자료에 나오는 당나라 승려 행사行思에서 와전된
것이라 마라난타와는 관련이 없다.

다음은《해동고승전》의 마라난타조이다.

A. 승려 마라난타는 호승이다. 신이와 감통은 정도를 짐작할 수 없었
으며, 여기저기 돌아다니기로 뜻을 굳혀 한 곳에 머무르지 않았다. 옛
기록을 살펴보면 그는 원래 천축의 건타라에서 중국으로 들어와 말뚝

63) 사찰문화연구원,《전통사찰총서》7―광주 전남의 전통사찰 II, 1996.
64) 성총,〈咸平龍泉寺熟石壘階勸文〉,《백암집》, 한국불교전서 8-481b. 행사존
    자行思尊者가 용천사에 머물렀다는 것도 사료 비판이 필요하다.
65) 정의행,《한국불교통사》, 한마당, 1991, 77쪽.

을 박아 신身을 전하고 향의 연기를 증거로 하여 벗을 불러들였다. 그는 위험에 부딪히고 험난한 일을 겪었지만 어려움과 괴로움을 무릅쓰고 인연이 있으면 따라나서니 아무리 먼 곳이라도 밟지 않은 곳이 없었다.

　B. 백제 제14대(15대의 잘못) 침류왕이 즉위한 원년(384) 9월에 마라난타가 진나라에서 들어오니 왕은 교외에까지 나가 그를 맞이하였으며, 궁중에 모시고 공경히 받들어 공양하면서 그의 설법을 들었다. 윗사람들이 좋아하니 아랫 사람들도 교화되어 불사를 크게 일으켜 함께 찬송하고 봉행하니 불법의 전파는 마치 파발을 두어 명을 전하는 것같이 빨랐다. 2년(385) 봄, 한산에 절을 창건하고 승려 10명을 출가시키니 법사를 존경했기 때문이다. 이로 말미암아 백제는 고구려 다음으로 불교를 일으켰으니 거슬러 계산하면 마등이 후한에 들어온 지 280여 년이 되는 셈이다.[66]

　위 내용은《삼국사기》나《삼국유사》의 내용을 부연한 것으로 별다른 내용은 드러나 있지 않다. 호승 마라난타의 출신지를 축건竺乾, 곧 인도 건타라로 보았고, 마라난타가 백제에 불교를 전한 것은 섭마등이 한나라에 불교를 전한 것과 280년의 차가 있다고 하면서 그가 백제에 불법을 전한 것을 섭마등의 한나라 불법 전파와 대비시키고 있다. 또한 마라난타의 공식사절로서의 위치도 '왕이 교외에 나가 맞이했다[王

---

66) 장휘옥(역주),《해동고승전》, 민족사, 1991, 150~153쪽.
　A. 釋摩羅難陀 胡僧也 神異感通 莫測階位 約志遊方 不滯一隅 按古記 本從竺乾入乎中國 附枝傳身 徵煙召侶 乘危駕險 任歷艱辛 有緣則隨 無遠不履 B. 當百濟第十四枕流王 卽位元年九月 從晉乃來 王出郊迎之 邀致宮中 敬奉供養稟受其說 上好下化 大弘佛事 共贊奉行 如置郵而傳命 二年春刱寺於漢山 度僧十人 尊法師故也 由是百濟次高麗而興佛教焉 逆數至摩騰入後漢二百八十有年矣(《해동고승전》).

出郊迎之).'라는 점에서 잘 드러난다.

마라난타의 활동 반경은 인도(쁘乾)-중국-백제였다. 그런데《해동
고승전》의 '위험에 부딪히고 험난한 일을 겪었지만 어려움과 괴로움을
무릅쓰고 인연이 있으면 따라나서니 아무리 먼 곳이라도 밟지 않은 곳
이 없었다(乘危駕險 任歷艱辛 有緣則隨 無遠不履).'는 내용에서 '아무리
먼 곳이라고 밟지 않은 곳이 없었다.'의 '먼 곳'의 하나로 영광 불갑사
를 들고 있는 듯하다.[67]

A의 내용은 마라난타의 인도 · 중국 · 백제의 활동을 포괄적으로 설
명한 전치문前置文으로도 볼 수 있지만, 그것은 백제에 오기 전의 활동
으로 보아야 한다. 그리고 B에서 보듯이 마라난타가 들여온 불법은 온
나라에 파발이 달리듯 퍼지게 되었다.

이상《삼국사기》,《삼국유사》,《해동고승전》등에서 살펴본 바에 따
르면 마라난타가 영광의 불갑사를 창건했다고 하는 영광불법초전설을
뒷받침할 만한 근거를 찾기가 어려웠다. 다만 마라난타가 귀국할 때
중국 양자강 하구에서 황해 남단항로를 따라 한반도 서남해안을 끼
고 거슬러 올라 한성으로 온 경로를 따랐다면 영광의 법성을 잠시 들
렀을 가능성은 있다. 그러나 잠깐 들를 정도를 넘어서 불갑사를 창건
하는 등의 실질적인 불사를 하기에는, 새로 왕위에 오른 침류왕을 만
나러 가는 공식사절로서 취할 행동은 아니라고 생각된다.[68]

불갑사가 최초로 등장하는 믿을 만한 기록은 고려 말 문인 이달충

---

67) 홍광표, 앞의 글, 1999.

68) 김복순도 '불갑사를 창건하고 불회사를 창건한 뒤 한성으로 갔다고 하기에는
첫째 시일이 너무 단시간이고, 둘째는 임금도 보기 전에 지방에 사찰을 건립
하기는 어렵다.'고 하였다. 다만 침류왕이 죽자 마라난타는 동진으로 돌아갔는
데 그때 영광에 들러 사찰을 건립했을 가능성은 있다고 보았다(김복순,〈백제
불교의 초전문제〉,《한국고대불교사연구》, 민족사, 2002, 53~54쪽).

(?~1385)이 1359년 찬한 〈각진국사비명〉이다. 이 비문에는 각진국사 (1270~1355)가 불갑사에 머물렀다는 기록이 보인다. 현재 영광 불갑사에 는 그의 탑비가 남아 있다. 물론 불갑사를 언제 창건했다는 언급은 없다.

이후 고려시대 불갑사에 대한 언급은 없고 조선시대에 들어서야《신 증동국여지승람》(1530) 영광군 불우조에 불갑사에 대한 간단한 기록을 찾을 수 있는데, 모악산에 있으며 묵은 비석이 있다는 내용이다.[69]

불갑사의 창건에 대해 최초로 언급한 자료는 1608년경 전남 영광 출 신 수은 강항의 〈불갑사중수권시문〉[70]이다. 이 글에는 불갑사의 초창 初創은 알 수 없지만 법당을 수리할 때 '정원원년개조貞元元年改造'라는 묵서명이 나왔다는 전언을 싣고 있다. 정원 원년은 785년으로 신라 원 성왕 원년이다. 이러한 사실을 알고 있었는지는 모르지만, 반계 유형원 의《동국여지지》(1656)에서도 불갑사의 창건을 신라시대라고 했다.

불갑사의 초창 시기에 대해서 처음 언급한 자료는 1741년 이만석의 〈불갑사고적기〉[71]이다. 여기서는 불갑사의 초창을 '라제지시 한위지간 羅濟之始 漢魏之間'이라 하였는데, 이는 '신라와 백제가 나라를 세울 때 요, 중국 한나라와 위나라 사이'라는 말이다.《삼국사기》에 따르면 신 라는 기원전 57년, 백제는 기원전 18년에 나라를 열었다. 중국 한나라

---

69) 불갑사; 모악산의 골짜기가 그윽하고 경치 좋은 곳에 있다. 묵은 비석이 있는 데 글자가 안 보인다. 뜰 앞에 동백나무가 있는데 매우 기이하다(《신증동국여 지승람》 권36 영광군 불우).

70) 厥初之經營 孰爲而孰傳之 其重創 則老僧因法堂改椽時 得見上樑 則有大書 六字曰 貞元元年改造 高麗忠烈王朝有王師覺眞 自京師至卓錫 而居之(《조 선사찰사료》, 〈佛甲寺重修勸施文〉).

71) 惟其佛法東來之後 始有伽藍之築 則厥初經營 想在羅濟之始 漢魏之間 而 飛鳥過空 往事炳沉 則果未知何世而何年 孰爲而孰傳之耶 其重創 則在於唐 德宗貞元元年己酉(정원원년은 기유년이 아니고 을축년임-저자 주) 有法堂 開椽時 樑間大書六字可徵 其三創 則似在高麗忠烈王朝 而王師覺眞者 …… 其四創 …… (《조선사찰사료》, 〈불갑사고적기〉).

는 220년에 멸망했고 위나라는 220년에 섰으므로 한위지간은 3세기 초중반을 말한다.

그런데 불갑사의 창건 시기를 한국의 '라제지시'라 하여 삼국시대로, 중국의 '한위지간'이라 하여 한위시대로 말하고 있어 그 시기가 일치하지 않고 있다. 그뿐만 아니라 '라제지시'가 가리키는 연대와 '한위지간'이 가리키는 연대 또한 기원전 1세기에서 기원후 3세기로 200~300년 이상 차이가 나고 있다.

'라제지시'의 기원을 전후한 시기와 '한위지간'의 3세기 초중반은 한국의 불교보다는 중국불교와 관련이 있는 연대이다. '라제지시'는 중국 한나라에 불교가 들어온 시기(67년)와 비슷하며, '한위지간'의 3세기는 중국 불교를 한 단계 높인 지겸이 활동한 시대이다.

결국 불갑사의 초창을 '라제지시 한위지간'이라 언급한 것은 불갑사가 중국에 불교가 들어온 연대만큼이나 오래전에 창건되었음을 강조한 수사적 표현이라고 볼 수 있다.

〈불갑사중수권시문〉에 '정원원년개조'라는 부분이 〈불갑사고적기〉에는 당나라 덕종과 기유라는 간지를 덧붙인 '당덕종정원원년기유唐德宗貞元元年己酉'로 나와 있다. 그런데 정원 원년은 785년으로 간지가 기유년이 아니고 을축년이다. 또한 당나라 덕종 연간에는 기유년이 없다. 따라서 〈불갑사중수권시문〉의 노인의 말을 인용해서 언급한 '정원원년개조'라는 말도 선뜻 믿기는 어렵다.

또 하나 마라난타와 불갑사의 관계를 유추할 수 있다고 주장하는 자료는 조선시대 승려 백암 성총이 지은 〈호남담양법운산옥천사사적〉이다.

신승神僧 순도가 고구려에 왔다(진 함안 2년 임신에 진왕 부견이 보냈다.
소수림왕 때다). 눌지왕 때 사문 묵호자가 고구려로부터 왔다(신라 제 19
대왕이다). 또 호승 마라난타가 진에서 마한으로 왔다(진 태원太元 9년 갑
신이다. 백제 침류왕 때이다). 이에 삼국이 서로 경쟁하며 받들었다.[72]

중국에 불교가 들어온 뒤 삼국에 불교가 전파되었는데 영광불법초
전설의 입장에서는 위 자료에서 백제를 마한이라 언급한 것을 주목하
였다. 백제라 하지 않고 마한이라 한 것은 마한 지역인 전남에 불교가
들어왔다고 본 것이다. 그러나 여기서의 마한은 그저 백제를 달리 말
한 것으로 보아야 한다. '호승마라난타자진래마한胡僧摩羅難陀自晋來馬
韓 어시삼국於是三國 경상준상競相遵尙'에서 마한 바로 다음에 '이에 삼
국이 경쟁적으로 믿었다.'고 하여 고구려·신라·마한을 삼국이라 하
였다. 그러므로 〈옥천사사적〉은 옥천사의 역사를 말하기 전에 삼국의
불교 초전역사를 간략히 서술한 것뿐이다.

다음 자료는 1798년으로 추정되는 나주 불회사의 대법당 상량
문과 대용문 상량문이다.

A. 초창주初創主 마라난타 존자는 백제의 초조初祖이며 삼한의 고
승이다. …… 연대는 동진 태화 원년이다.[73]

---

72) 自白馬西來 象敎東流 名山勝境鮮 不營梵宇華宮 棊錯星分 煙火相望 鼓鐘
相聞 在在稱雄 以配蘭陁給孤園竹林精舍 像法之興崇 有如此矣 爰及海外
有神僧順道 來高句麗(晋咸安二年壬申 秦王符堅送之 卽小獸林王時也) 訥
祇王時 沙門黑胡子 自高句麗至(卽新羅第十九王也) 又胡僧摩羅難陀自晋
來馬韓(晋太元九年甲申 卽百濟枕流王時也) 於是三國 競相遵尙 綿綿然未
嘗絶 國雖褊小 比中州爲甚盛矣(栢庵 性聰,〈湖南潭陽法雲山玉泉寺事蹟〉,
《한국불교전서》 8, 477쪽).

73) 初創主 摩羅難陀尊者 百濟初祖 三韓高僧 …… 年代卽東晉太和元年也

B. 백제의 초조인 마라난타존자가 비로소 개창했다.[74]

A는 초창주 마라난타가 백제불교의 초조이자 삼한의 고승이며 그가 불법을 전한 연도는 동진의 태원 원년(366)[75]이라는 내용이고, B는 백제의 초조인 마라난타 존자에 의해 비로소 불법이 열렸다는 내용이다.

A와 B의 상량문의 마라난타가 초창주, 초조라는 내용은 불회사를 창건한 초창주, 초조라기보다는, 절의 역사를 말할 때 절의 역사가 오래되었다고 강조할 때 쓰는 상투적인 표현이다. 물론 원효나 의상 등 신라의 고승과 연관시키지 않고 백제 마라난타와 연관시킨 점은 주목할 필요가 있다.[76] 백 보 양보하여 옥천사나 불회사가 마라난타와 관련이 있다고 해도, 위 상량문에 전혀 언급되지 않은 불갑사를 직접 마라난타와 연결시킬 수 있는지는 의문이다.

마라난타가 불갑사를 창건했다는 최초의 자료는 1988년의 불갑사 간행 〈백제불교의 초전법륜성지初傳法輪聖地 영광 불갑사(불갑사의 연혁)〉이다. 이후의 자료로는 《전통사찰총서》 7—광주 전남의 전통사찰 II(사찰문화연구원, 1992)와 《사찰조경연구》 6집(동국대학교사찰조경연구소, 1998), 《영광모악산불갑사—지표조사보고서—》(동국대학교박물관, 2001) 등이 있다. 마라난타가 불갑사를 창건했다고 보지는 않지만 《한국불교

(〈불회사대법당상량문〉; 홍광표, 앞의 글에서 재인용, 1999).

74) 百濟之初祖難陀尊者始開(〈불회사대웅문상량문〉; 홍광표, 앞의 글에서 재인용, 1999).

75) 《삼국사기》 권24 백제본기 침류왕조에 의하면 마라난타가 백제에 온 연도는 384년으로 동진 태원 9년이다. 동진 태화 원년은 근초고왕 21년 366년이다. 상량문의 태화 원년元年은 태원 9년九年의 오기인 듯하다. 元과 九는 모양이 비슷하여 종종 서로 혼동되기도 한다.

76) 백제 때 지어진 사찰이기 때문인지, 혹은 18세기 후반 이 지역의 불교계 인식과 관련 있는 것인지 검토의 여지는 있다.

통사》(정의행, 1991)에서는 백제 문주왕 때 행은이 창건했다고 하였다.

불갑사 간행의 〈불갑사의 연혁〉은 마라난타가 불갑사를 창건했음을 주장한 최초의 글이지만 논문의 형식을 띠지 않은 일반 사적기의 모습을 벗어나지 못하고 있다. 본격적인 논문이면서 마라난타의 불갑사 창건설을 주장하고 있는 것은 《사찰조경연구》[77]와 《영광모악산불갑사─지표조사보고서─》이며, 앞에서 언급한 비판적 검토의 대상이 되었던 글도 주로 불갑사 간행의 글과 위 2개의 글들이 전부다.[78]

(2) 지명자료의 검토

앞에서는 문헌자료에 따른 영광불법초전설에 관한 타당성 여부를 검토하였다. 이번에는 영광 지역의 지명에서 영광불법초전설을 유추할 수 있는지 살펴보고자 한다. 마라난타존자가 최초 상륙한 아무포阿無浦는 백제시대의 옛 지명이다. 고려시대인 922년에 부용포芙蓉浦로 바뀌었으며, 고려 말 이후 법성포法聖浦가 되었다고 한다.[79] 그리고 아무포는 '나무아미타불南無阿彌陀佛'의 음을 담고 있으며 마라난타존자가 정토신앙을 중심으로 불법을 전했음을 보여 주는 것이라 하였다. 부용포의 부용도 연꽃과 같은 말이며, 법성포의 법성도 불법과 중생을 교화하는 성인聖人을 의미한다고 보았다.

그러나 아무포나 부용포가 백제나 고려의 지명이었다는 견해는 1988년의 〈불갑사의 연혁〉이라는 글에 바탕을 둔 것이며 법성포는 조선시대 《신증동국여지승람》에 법성포영法聖浦營, 법성창法聖倉이

---

77) 사찰조경연구소, 《사찰조경연구》 6, 동국대학교 사찰조경연구소, 1998.
78) 뒤에서 언급할 지명 검토의 대상도 주로 이들 글임.
79) 〈불갑사의 연혁〉(1988); 《전통사찰총서》(1992).

라는 이름으로 나온다. 이러한 지명이 설사 불교와 관련이 있다고
하여 백제시대까지 거슬러 올라가는 것은 무리이며 더구나 마라난
타와 연관시키는 것은 더욱 힘들다. 영광군의 백제 때 이름은 무시
이군武尸伊郡이고 신라 때는 무령군武靈郡이었다.[80] 또한 아무포가
'나무아미타불'의 음을 함축적으로 표현하고 있다는 주장은 작의적
성격이 강하며 적어도 아미포阿彌浦 정도의 표기는 되어야 아미타신
앙과 연관을 지을 수 있다.

영광靈光이라는 지명은 우주법계와 억만생력이 본래부터 함유하고
있는 깨달음의 빛이라는 뜻이며, 불법을 들여온 은혜로운 고장이라는
의미도 담겨져 있다고 한다. 그리고 아미타불의 다른 이름인 '무량광
불無量光佛'과도 의미가 통한다고 한다. 곧 영광이란 '신령스러운 깨달
음의 빛'이라는 불교적 의미의 지명이라는 것이다.

그러나 영광은 고려 초에 신라 때의 무령에서 바뀐 지명이기 때
문에 영광을 불교와 관련짓더라도, 그 시기는 고려 초 이전으로 거
슬러 올라갈 수 없다. 따라서 이를 백제의 불교초전과 연결시키기
에는 한계가 있다.

갑甲이 십간十干의 처음이므로 불갑사佛甲寺는 '부처님의 첫번째
절'이라는 의미로 볼 수 있지만, 첫 번째 절이란 처음 세웠다는 절
보다는 으뜸이 되는 절이라는 의미가 더 강하다. 결국 불갑사의 사
격을 높이려는 목적의 이름으로는 볼 수 있겠지만, 그 이름이 마라
난타가 백제에서 처음 세운 절이라는 의미에서 유래했다고 보는 것
은 무리이다.

마지막으로 불갑사 대웅전 용마루의 건축양식에 관한 문제이다. 불

---

80)《삼국사기》권36 지리3 무령군.

갑사 대웅전 용마루에 얹힌 보주의 형식은 남방불교권에서 부처님 열
반 뒤에 만들어져 예배의 대상이 되었던 스투파(Stūpa)에서 비롯되었
으며, 현재 우리나라의 어느 사찰에서도 찾아 볼 수 없다고 한다.[81] 불
갑사 대웅전의 마지막 보수는 1909년에 이루어졌지만 건물 지붕 암막
새 기와에 '건륭이십구년갑신乾隆二十九年甲申(1764)'이라는 기년표시가
있으므로 적어도 18세기 중반 이전의 것으로 추정된다. 불갑사는 인
도승려인 마라난타가 창건한 절이므로 특이한 용마루 보주의 전통이
남아 있는 것으로 보았다.[82] 용마루 보주가 인도전통의 양식이라면,
마라난타가 창건했다고 하는 나주 불회사에 이러한 것이 나타나지 않
는 이유에 대해서도 설명이 필요하다.[83]

(3) 영광불법초전설의 역사적 배경

마라난타가 전남 영광의 불갑사를 창건했다는 영광불법초전설, 그
역사적 배경이 되는 요소가 몇 가지 있다.

마라난타가 인도승려였다는 점을 영광 불갑사 대웅전 용마루 보
주와 연결시킨 것은 백제불교의 인도불교적 요소를 강조한 것이다.
백제 성왕 때 활약한 겸익은 한역불경에 만족하지 않고 직접 인도에
가서 범본 율장을 가져와 번역하였으며, 성왕은 그 서문을 쓰기도
하였다.[84] 겸익의 인도 유학도 백제에서 인도불교의 요소가 나타날

---

81) 홍광표, 앞의 글, 1999.

82) 위의 글.

83) 불갑사 대웅전 용마루의 보주와 비슷한 형태는 통도사 대웅전과 금산사 보장
전이 있다. 참고로 법당의 지붕에 구멍이 뚫린 내용을 전하는 설화는《삼국유
사》욱면비염불서승조에 보인다. 이에 대해서는 〈삼국유사 〈郁面婢念佛西昇〉
조 역해〉(신종원,《신라문화》5, 동국대학교 신라문화연구소, 1988) 참조.

84) 이능화, 〈미륵불광사사적〉,《조선불교통사》(上·中), 보련각, 1918, 33~34쪽.

수 있는 요소다. 성왕 때 백제의 영역은 전라도 지방을 포괄하고 있었으므로 영광 불갑사에 인도의 보주양식이 남아 있었을 가능성이 없다고 할 수는 없다.

영광에 불법이 전파되었을 가능성은 한성시기보다는 웅진시기일 가능성이 높다. 웅진으로 천도한 백제는 금강 이남 지역에 대한 정치적 · 경제적 지배권을 장악할 필요가 있었으며 이와 아울러 불교 홍포를 통해서 정신적 지배권도 장악하려 하였을 것이다. 백제의 동성왕(479~501)은 탐라[85]가 공물과 조세를 바치지 않자 친히 정벌하려고 무진주까지 이르렀다.[86] 무진주는 지금의 광주로, 이때 영광을 거쳤을 가능성이 있다. 만약 동성왕이 웅진에서 해로를 이용했다면 영광을 지났을 확률은 더 높다. 또한 백제의 익산경영에 대해서는 웅진시기부터였다는 설과 사비시기부터였다는 설이 있는데, 익산에 미륵사가 창건된 시점에 이르게 되면 적어도 영광 지역에 사찰이 조영될 여건은 마련된 것으로 볼 수 있다.

한성시기 385년 한산에 절이 창건되고 불교가 유포되었으리라 생각되지만 기록이나 유물을 통해서 그 구체성을 파악하기가 쉽지 않다. 더욱이 한성을 벗어난 지방에 사찰이 건립되었다는 증거는 아직 없다. 현재까지 알려진 한성 이외의 사찰은 한때 수도나 별도(신도神都)였던 공주 · 부여 · 익산을 제외하고는 예산의 수덕사 정도이다. 불상(마애불)의 분포 예나 승려의 활동을 참조하더라도 예산(사방불) · 태안(마애삼존불) · 서산(마애삼존불)과 승려 혜현惠現이 활약한 영암(달나산(월출산)) 정도이다.

---

85) 지금의 제주도 또는 전남 강진.
86) 《삼국사기》 권26 백제본기 동성왕 20년.

혜현은 주로 무왕 때 활약했으며 법화경 독송에 능했다. 북부 수덕사에 머물다 강남의 달나산(월출산)으로 옮겨 법화경을 독송했다.[87] 영암의 월출산 북쪽으로는 나주 반남 고분군이 널리 분포하는데, 고분군의 분포로 보아 이 지역에 독자적인 세력이 상당기간 존속했음을 알 수 있다. 백제는 이 지역을 점령한 뒤 민심을 수습하고자 승려 혜현을 영암 월출산에 머물게 한 것으로 생각된다. 다소 시간적 격차가 있지만 전남 구례 화엄사 각황전의 7존불 가운데 다보불과 지적보살이 보이는데, 이로 말미암아 구례에 백제 법화신앙의 흔적이 남아 있음을 유추할 수 있다.[88]

혜현이나 화엄사 각황전의 예를 보듯이 사비시기에 가면 영암이나 구례 등 지방으로 백제불교가 확대되어 가는 것을 확인할 수 있다. 영광 불갑사나 나주 불회사, 또는 담양 옥천사의 창건역사로 올라간다면 사비시기로 추정된다. 만약 이 절들이 백제시기에 창건된 절이라면 당연히 그 초창 연대를 신라의 원효나 의상 등이 아니라 백제의 마라난타 등에 가탁하였을 것이다.

백제의 불교수용은 4세기 후반인 384년이다. 그러나 384년은 불교 공인의 해이고, 불교가 공인되기 이전에 어떤 형태로든지 백제에 불교가 소개되었을 것이다. 고구려의 경우 372년 불교가 공인되기 이전 중국의 고승이었던 지둔 도림과 편지를 주고받은 고구려 승려가 있었고, 신라의 경우 이차돈의 순교 이전에 경주가 아닌 선산 지방에 이미 불교가 들어온 것을 유념할 필요가 있다.[89]

---

87) 《속고승전》석혜현전, 대정장 50-687c; 《삼국유사》피은 혜현구정.
88) 조경철, 〈백제 사택지적비에 나타난 불교신앙〉, 《역사와 현실》 52, 한국역사연구회, 2004.
89) 신종원, 〈신라불교의 전래와 수용〉, 《신라초기불교사연구》, 민족사, 1992.

가야의 경우도 《삼국유사》 가락국기의 사료적 비판이 선행되어야
하겠지만 기원 1세기에 불교가 들어왔다는 기록이 있다. 불갑사의 창
건시기를 언급한 〈불갑사고적기〉의 '라제지시'를 굳이 영광의 불갑사
에 한정할 것이 아니라 가야를 포함한 서남해안 지역까지 확대시켜 본
다면 달리 해석할 여지는 있다. 만약 가야에 불교가 1세기에 들어왔다
고 본다면 영광 지역 인근까지도 불교가 소개되었을 가능성이 높아지
기 때문이다. 가야 지역을 통한 불교의 전래 외에도 낙랑·대방 지역
을 통해서 영광을 포함한 서남해안 지역에 불교가 소개되었을 가능성
이 있다. 낙랑·대방은 한반도 서남해안뿐만 아니라 일본과도 교역을
했는데 영광 지역이 만약 교역의 한 기착지였다면 이때 불교가 소개되
었을 가능성이 있다.

　낙랑·대방과 활발한 교류를 했던 고이왕은 6좌평제와 관등세를 정
비하였고 다음 왕인 책계왕은 대방과 혼인 관계를 맺기도 하였다. 6좌평
가운데 내법좌평은 후대 6전조직 가운데 하나이면서 주로 예의와 종교에
관한 업무를 관장하였다고 한다. 내법좌평의 내법內法은 불법佛法을 달
리 이르는 말이기 때문에 내법좌평의 설치를 통해서 불교와 관련성을 엿
볼 수 있다.[90] 고이왕 27년(260) 6좌평이 설치된 이후 이듬해 261년 최초
의 내법좌평으로 우두가 임명되었다. 3세기 말경에 이르러 불교가 한성
에 소개되었지만 지방에도 소개되었을 가능성도 있다. 〈불갑사고적기〉
의 불갑사 창건 연대를 3세기인 '한위지간'이라 언급한 것도 영광을 포함
한 서남해안에 낙랑·대방의 불교가 소개되었음을 말한 것인지도 모르
겠다. 《삼국지》 위지 동이전 한전에 소도蘇塗를 설명하면서 그것이 부도
浮屠와 비슷하다고 하고, 최치원은 이것을 백제소도百濟蘇塗라 하며 금인

---

90) 조경철, 앞의 글, 2002a.

金人(불상)에게 제사를 드리는 것과 견주고 있는 점을 고려하면, 불교공인 이전 지방의 불교에 대해서도 재검토의 여지가 남아 있음은 물론이다.

그렇다고 하여 영광불법초전설을 굳이 마라난타의 불갑사 창건과 연관을 맺을 필요는 없다고 생각한다. 마라난타 이전에 영광을 포함한 서남해안 지역에 불교가 소개되었고 이 지역에 불갑사를 비롯한 사찰이 조영되었다면 당연히 그 초창주를 백제에서 활약한 최초의 승려인 마라난타에게 가탁하였을 것은 자명하기 때문이다. 영광불법초전설은 384년 백제의 불교공인 이전 불교의 모습을 되짚어 볼 여지를 마련했다는 측면에서 앞으로 더 논의할 필요는 있다. 전남 영광의 불교는 한반도 서남해안, 더욱이 영산강 유역의 독특한 문화와 중국과의 활발한 교류를 염두에 두고, 백제시대뿐만 아니라 고려와 조선시기까지 시기를 확대하여 폭넓게 접근해야 하지 않을까.

제3절. 불교의 홍포와 해씨

1) 아신왕의 교서 반포와 해씨세력

백제의 불교수용을 살펴보기 위해서는 불교를 받아들인 침류왕 때부터 거론하는 것이 순서이겠으나, 진씨에서 해씨로 정치세력의 교체가 확연히 드러나는 전지왕 때부터 논의를 진행하고자 한다. 다음은 전지왕이 왕위에 오르는 과정을 나타내고 있는 사료다.

> 전지왕(또는 직지直支라고 한다) 양서에는 이름을 영映이라 하였다. 아신왕의 원자로, 아신왕 3년에 태자가 되었고 동왕 6년에 왜국에 인질로 나갔다. 동왕 14년 아신왕이 죽자 왕의 중제仲弟 훈해訓解가 섭정을 하면서 태자가 돌아오기를 기다렸는데, 계제季弟 설례磔禮가 훈해를 죽이고 자립하여 왕이 되었다. 전지가 왜에 있으면서 왕의 부음을 듣고 귀국하기를 청하자, 왜왕이 병사 100인으로 호송케 하였다. 이윽고 국계國界에 이르렀는데 한성인 해충解忠이 와서 고하기를, "대왕大王이 세상을 떠나자 왕제 설례가 형을 죽이고 자립하였으니 바라건대 태자는 경솔히 들어오지 마십시오."라고 하였다. 이에 전지는 머물렀고 왜인이 호위하였다. 해도에 의지하여 때를 기다렸다. 이윽고 국인이 설례를 죽이고 전지를 맞아들였고 이에 즉위

하였다. 비妃는 팔수부인八須夫人으로 아들 구이신을 낳았다.[91]

전지왕은 아신왕 3년(394)에 태자로 책봉되었으나 동왕 6년에 왜국에 인질로 가게 되었다. 왜국에 있을 때 부왕인 아신왕이 죽자 전지왕의 숙부인 설례가 스스로 왕위에 올랐고, 전지는 왜 군사 100인을 이끌고 백제로 돌아왔다. 처음에 형세가 여의치 않았지만 한성인 해충과 국인의 도움으로 설례를 제거하고 왕위에 오를 수 있었다.[92] 전지가 왕위에 오르는 데 결정적인 구실을 한 해씨는 전지왕 3년에 해수解須가 내법좌평에 임명되고 해구解丘가 병관좌평兵官佐平에 임명되는 등 정계에 두각을 나타내게 되었다. 해수와 해구를 모두 왕척王戚이라 하였으므로 위 전지왕 즉위년조에 보이는 팔수부인도 당연히 해씨로 보아 왔다. 전지왕 때 이후를 해씨 왕비족시대로 부르기도 하였다.[93]

그런데 '비는 팔수부인으로 아들 구이신을 낳았다.'는 기사는 재검토의 여지가 있다. 전지왕이 왕위에 오른 때는 부왕인 아신왕이 죽은 405년 9월에서 12월 사이의 일인데, 이때 해씨인 팔수부인을 맞이하여 아들 구이신을 낳을 수 없기 때문이다. 그래서 전지왕이 팔수부인을 맞이한 때를 전지왕이 일본에 인질로 가 있던 태자시절 말년으로 보거나,[94] 전지가 태자로 책봉되고 왜국에 인질로 가기 전에 팔

---

91) 腆支王(或云直支) 梁書名映 阿莘之元子 阿莘在位第三年立爲太子 六年出質於倭國 十四年王薨 王仲弟訓解攝政 以待太子還國 季弟碟禮殺訓解 自立爲王 腆支在倭 聞訃哭泣 請歸 倭王以兵士百人衛送 旣至國界 漢城人解忠來告曰 大王棄世 王弟碟禮 殺兄自立 願太子無輕入 腆支留倭人自衛 依海島以待之 國人殺碟禮 迎腆支卽位 妃八須夫人生子久尒辛(《삼국사기》권25 백제본기 전지왕 원년).

92) 전지왕 때 정치 상황에 대해서는 〈백제 전지왕대의 정치적 변혁〉(양기석,《역사와 담론》10, 호서사학회, 1982) 참조.

93) 이기백, 〈백제왕위계승고〉,《역사학보》11, 역사학회, 1959, 32~33쪽.

94) 이도학, 〈한성 후기의 백제 왕권과 지배체제의 정비〉,《백제논총》2, 백제문

수부인을 태자비로 맞이한 것으로 보기도 하였다.[95] 전지왕이 왕위에 오르기 전 해씨인 팔수부인을 태자비로 맞이해야만 적어도 전지가 왕이 오르는 해에 구이신이 태어날 수가 있는 것이다. 또한 한성인 해씨 해충이 설례 편이 아닌 전지 편에 선 것도 자연스럽게 이해된다. 왜냐하면 전지가 왕위에 오르면 해씨는 왕비족으로 권력을 누릴 수 있기 때문이다.[96]

그런데 해씨인 팔수부인이 태자비로 들어간 때를 아신왕 말년으로 보는 입장에서는 백제에 있던 팔수부인이 어떤 경로를 통해서 왜국에 있던 전지와 결혼을 했는지에 대한 설명이 부족했다. 또한 전지가 왜국에 인질로 가기 전에 팔수부인을 태자비로 맞이했다는 저자의 견해는 당시 전지의 나이가 9~12세[97]에 이르는 어린 나이라는 점에서 실득력을 얻지 못했던 것으로 보인다. 그러나 아신왕이 재위 3년에 어린 전지를 태자로 책립하여 왕권을 공고히 할 요량이었다면, 10세를 전후하여 태자비를 맞이한다는 것이 전혀 불가능한 일은 아니라고 생각한다.

전지가 왜국에 인질로 가기 전, 결혼하기에는 어린 나이라면 왜국에 있는 동안 해씨인 팔수부인과 결혼하는 것도 불가능한 것은 아니다. 더욱이 아신왕 11년에 왜국에 사신을 보냈고 이듬해인 아신왕 12년에 왜국에서 사신이 온 것을 감안하면, 아신왕 11년과 12년 즈음에 팔수

화 연구원, 1990, 12쪽.

95) 조경철, 〈백제 한성시대 불교수용과 정치세력의 변화〉, 《한국사상사학》 18, 한국사상사학회, 2002a, 252~255쪽.

96) 전근대 사회에서 왕비족의 정치적 영향력은 상당하였다. 조선시대에도 광해군을 몰아 낸 인조반정의 주도자인 서인들은 "왕비를 다른 세력에게 잃지 말고 재야의 지도자인 산림을 높여 쓰자(이건창, 《당의통략》)."고 할 정도로 왕비(외척)의 세력을 경계하고 있었다.

97) 이도학, 앞의 글, 1990.

부인이 전지의 태자비로 들어갔다고 볼 수도 있다.

위 논의는 팔수부인이 해씨라는 전제 아래 성립되는 것인데 최근 팔수부인이 해씨가 아니라 왜계일 가능성이 제기되었다.[98] 일본서기에 보이는 '팔전황녀八田皇女'나 '우전팔대숙녜羽田八代宿禰'처럼 당시 왜에서는 '팔전八田'이나 '팔대八代'와 같은 이름을 즐겨 사용하였고, 팔번신八幡神을 받드는 등 '팔八'자를 선호하는 관념이 있었다고 하여 팔수부인의 이름인 '팔수八須'도 이와 관련이 있다는 것이다. 또한 팔수부인이 왜계 여자이기 때문에 전지가 귀국할 때 100인의 군사로 호위를 받아 왕위에 오를 수 있었다고 하였다.

그런데 팔수부인의 이름인 '팔수'는《일본서기》에 나오는 이름이 아니고《삼국사기》에만 보이는 이름이므로 이를 왜국의 이름과 견주기보다는 먼저 삼국의 이름과 비교하는 것이 순서라고 생각한다. 삼국사기에 의하면 '팔수'라는 이름은 물론 팔수부인 하나지만, '수須' 자가 이름에 들어가 있는 경우는 많다. 신라의 예로 군주軍主 구수혜仇須兮와 사찬沙湌 수미산須彌山 등이 있고, 고구려의 예로 비류인沸流人 제수祭須와 매구곡인買溝谷人 상수尙須와 위수尉須, 왕자王子 계수罽須 등이 있으며, 백제의 예로 귀수貴須, 수須, 팔수八須, 해수解須 등이 있고, 후백제의 예로 수미강須彌强이 있다. 신라의 사찬 수미산과 후백제의 견훤의 아들 수미강의 수미須彌는 불교의 수미산에서 이름을 따온 말이지만 나머지의 예들은 고유어 이름이라고 볼 수 있다. 특히 신라의 구수혜를 제외하고는 모두 고구려와 백제의 이름에 쓰인 것이 눈에 띠며 더욱이 백제의 경우는 모두 왕실과 관련된 인물들이다. 이렇듯

---

98) 김기섭, 〈5세기 무렵 백제 도왜인의 활동과 문화 전파〉,《왜 5왕 문제와 한일관계》(한일관계사연구논집편찬위원회 편), 경인문화사, 2005, 226~229쪽.

'수須'의 예로 볼 때 수須는 삼국 가운데 특히, 고구려와 백제에서 흔하게 쓰이는 이름자인 것 같다.[99] '팔수부인'의 부인夫人이라는 호칭도 백제의 왕비를 지칭할 때 사용되지만, 일본에서는 8세기 이후에야 나타난다고 한다.[100] 따라서 백제 팔수부인의 팔수라는 이름도 왜식 이름이기보다는 백제의 이름일 가능성이 높다.[101]

또 한 가지 이해하기 힘든 것은 팔수부인이 왜계 여자라면 왜《일본서기》에 그녀에 대해 일언반구一言半句도 언급되지 않았는지 그 이유를 설명하기 어렵다. 아신왕과 전지왕에 대해 자세한 내용을 담고 있는《일본서기》에는 당연히 왜계 팔수부인이 언급되어야 하기 때문이다.

해씨인 팔수부인이 태자비가 된 것은 부왕인 아신왕 때이다. 당시는

---

99) 八이 이름에 들어가 있는 경우는《삼국사기》에 보이지 않는다.《삼국유사》감통 욱면비염불서승 소인《승전》에 동량 팔진의 용례는 있다.

100) 이근우, 〈《일본서기》에 인용된 백제삼서에 관한 연구〉, 한국정신문화연구원 박사학위논문, 1994, 105~106쪽.

101) 팔수부인이 해씨가 아니라면 전지왕 3년에 왕척으로 해수와 해구가 등장하므로 새로운 해씨 여자가 전지왕의 비로 들어가야만 한다. 구이신왕이 즉위한 뒤 목만치와 간음한 왕모(《일본서기》권10 응신 25년)가 팔수부인이라면, 팔수부인이 전지왕 즉위년 구이신왕을 낳고 살아 있는데, 또 다른 해씨 여자를 비로 맞이하기는 어렵지 않나 생각된다.
한편, 팔수부인이 구이신왕을 낳았다는 기사가 전지왕 즉위년조에 실려 있기 때문에 구이신왕을 낳은 연대를 세 가지로 가정해 볼 수 있다. 첫째, 가장 무난한 해석으로 즉위년에 구이신을 낳았다는 것이고, 둘째, 즉위년 이전에 낳았다는 것이고, 셋째, 즉위년 이후에 낳았다는 것이다.《삼국사기》에 보이는 즉위년과 재위 연간에 아들을 낳은 기사를 분석해 보면 재위 연간에 아이를 낳았을 경우에는 그 내용을 재위한 왕의 해당 年月에 기술하였고 즉위년에 싣지 않았다. 따라서 팔수부인이 구이신왕을 전지왕 즉위년이 아닌 다른 재위 연간에 낳았다면 전지왕 몇 년 몇 월에 낳았다고 기록했을 것이다. 따라서 팔수부인이 구이신왕을 낳은 해는 전지왕 즉위년이나 그 이전일 가능성이 높다. 전지왕 즉위년에 아들 구이신을 낳았다는 기사는《삼국사기》의 모든 기록을 통해서 유일하고 특별한 기사이다. 특별한 경우란 전지가 백제로 귀국하여 설례와 왕위계승전을 벌일 때 팔수부인이 만삭으로 있었고 전지왕 즉위년에 아이를 낳았을 경우이거나 아니면 전지가 왜국에 인질로 있을 때 왜국에서 구이신을 낳았을 경우이다. 극적인 경우를 동반한 특별한 경우는 전자의 경우이겠는데, 현 상태로서는 어느 쪽이 보다 가능성이 있을지 결정을 내리긴 힘들다.

진씨가 대대로 왕비족이 되었던 상황이라 아신왕이 장래 왕위에 오를 태자 전지의 비로 해씨인 팔수부인을 맞이한 것은 정치적 의미가 크다고 볼 수 있다. 아신왕이 이러한 결단을 내릴 수 있었던 것은 아신왕의 즉위 과정에 해씨가 일조한 정치적인 배경에서 연유하지 않았나 한다. 다음은 아신왕의 숙부인 진사왕에 대한 기록이다.

> 침류왕이 죽자 왕자 아화阿花가 연소年少하다고 하여 숙부 진사辰 斯가 왕위를 빼앗았다.[102]

> 진사왕이 구원狗原에 사냥을 나갔는데 10일이 지나도 돌아오지 않았다. 다음달 11월에 구원행궁狗原行宮에서 죽었다.[103]

> 이해 백제 진사왕이 귀국의 천황에게 실례하였다. …… 이에 기각 숙녀紀角宿禰 등을 보내 그 무례함을 꾸짖었다. 이로 말미암아 백제 국이 진사왕을 죽이고 사죄하였다. 기각숙녀 등이 아화를 왕으로 세우고 돌아갔다.[104]

진사왕은 형인 침류왕이 죽자 왕자인 조카 아신阿莘이 어리다는 이유로 대신 왕위를 탈취하였다. 그렇기 때문에 형의 아들인 아신은 진사왕에게 늘 부담이 되는 존재였다. 이러한 부담에 처한 진사왕이 구

---

102) 百濟枕流王薨 王子阿花年少 叔父辰斯奪立爲王(《일본서기》 권9 신공 65년).

103) 冬十月 高句麗攻拔關彌城 王田於狗原 經旬不返 十一月 薨於狗原行宮 (《삼국사기》 권25 백제본기 진사왕 8년).

104) 是歲 百濟辰斯王立之 失禮於貴國天皇 故遣紀角宿禰 · 羽田矢代宿禰 · 石 川宿禰 · 木菟宿禰 嘖讓其無禮狀 由是 百濟國殺辰斯王以謝之 紀角宿禰等 便立阿花爲王而歸(《일본서기》 권10 응신 3년).

원에 사냥을 나가 10일[105])이 넘도록 돌아오지 않고 죽음을 맞이한 것
은 아무래도 석연치 않다. 《일본서기》응신 3년의 백제국에서 진사왕
을 죽이고 사죄하였다는 기록도 이를 뒷받침해 주고 있다. 침류왕과
동생인 진사왕의 알력은 다음의 사료에서 유추할 수 있다.

384년 7월 사신을 진나라에 보내 조공하였다. 9월 호승 마라난타
가 진나라에서 오자 왕이 맞이하여 궁내에서 예로써 공경하였다. 불
법이 여기서 비롯되었다.[106])

385년 2월 한산에 절을 짓고 10인을 도승하였다. 11월 왕이 죽
었다.[107])

392년 아신왕이 즉위하여 불법을 믿어 복을 구하라는 교서를 내
렸다.[108])

위 《삼국사기》와 《삼국유사》의 기록은 백제의 불교수용을 보여 주
는 기사다. 384년 9월 불교를 받아들인 침류왕은 이듬해 11월 죽음을

---

105) 삼국시대 보통 사냥 기일은 5~7일이다(김영하, 〈백제·신라왕의 군사훈
련과 통수〉, 《태동고전연구》6, 한림대학교 태동고전연구소, 1990). 진사왕
은 여러 차례 사냥을 나갔는데 구원으로 갔을 경우 7일만에 돌아온 적이 있다
(《삼국사기》권25 백제본기 진사왕 6년). 사냥을 나갔다 왕이 변을 당한 경우
로 고구려 봉상왕이 있다. 봉상왕은 후산에 전렵을 나갔다가 국상 창조리와
중인衆人에 의해 폐위 당하였다(《삼국사기》권5 고구려본기 미천왕 즉위년).

106) 秋七月 遣使入晉朝貢 九月 胡僧 摩羅難陀自晉至 王迎之 致宮內禮敬焉
佛法始於此(《삼국사기》권24 백제본기 침류왕 즉위년).

107) 春二月 創佛寺於漢山 度僧十人 冬十一月 王薨(《삼국사기》권24 백제본기
침류왕 2년).

108) 阿莘王卽位 下教崇信佛法求福(《삼국유사》홍법 난타벽제).

맞이하고 동생 진사가 태자 아신을 제치고 왕위에 오른다. 진사왕의 즉위는 이전 백제 왕위계승에서 보이는 형제상속의 자연스런 계승으로 보일 수도 있지만, 침류왕 때 불교수용을 반대한 세력과 관련이 있을 수도 있다. 그래서인지는 몰라도 불교를 받아들인 침류왕의 아들인 아신왕은 왕위에 오르자마자 불법을 믿어 복을 구하라는 교서를 내려 불교수용의 의지를 재확인하였다.

아신왕이 즉위하고 나서 동왕 3년에 전지를 태자로 삼았다. 이후 태자비로 해씨인 팔수부인을 맞이함은 당시 왕비족인 진씨의 입장에서 커다란 정치적 타격이 아닐 수 없었으며 이에 당연히 진씨의 반발을 예상할 수 있다. 아신왕 6년 전지가 왜국에 인질로 가게 된 것은 고구려 광개토왕의 침입에 따른 청병의 목적도 있었겠지만, 태자비가 된 해씨의 세력을 견제하기 위한 진씨 세력의 의도가 반영된 것으로 보인다.

아신왕이 죽자 전지왕의 숙부이며 아신왕의 동생인 설례[109]가 한때 왕위에 올랐다. 이를 후원한 세력은 진씨일 가능성이 높다.[110] 전지는 왕의 부고를 듣고 귀국하였고 해씨의 도움으로 말미암아 왕위에 올랐다. 태자비에서 왕비족이 된 해씨는 전지왕 때 해충이 달솔達率에, 해수가 내법좌평에, 해구가 병관좌평에 임명되고, 비유왕 때에는 해수가 상좌평上佐平에 임명되는 등 정치의 실권을 잡게 된다.[111]

해씨가 내법좌평, 병관좌평, 상좌평 등 백제의 요직을 차지하고 정치의 실권을 잡게 된 시기는 표면적으로 전지왕 때부터이지만 정치 일선에 대두한 시기는 적어도 아신왕 때로 거슬러 올라갈 수 있다.

---

109) 설례는 미혼일 것으로 추정되는데, 기혼일 경우 부인은 해씨보다 진씨일 가능성이 높다.
110) 노중국도 설례 일파를 진씨로 추정하였다(앞의 글, 1985, 136쪽).
111)《삼국사기》권25 백제본기 전지왕 2년과 3년.

그 추정의 근거 가운데 하나는 해씨인 팔수부인이 태자 전지의 태자 비로 들어간 것을 들 수 있다. 당시 진씨가 왕비족을 독점하고 있는 상황에서 해씨가 태자비가 된다는 것은 장차 지각변동을 예고하는 것이기 때문이다. 해씨가 태자비가 되기 위해서는 아신왕과 밀접한 관계가 설정되어야 한다.

아신왕 때 가장 중요한 정치적 변수는 국내적으로는 불교수용, 대외 적으로는 고구려 광개토왕과의 전쟁이었다. 대외적으로 고구려 광개 토왕과의 전쟁이 격화되고, 마침내 아신왕이 396년(광개토왕 영락 6년) 항복을 선언하는 참패를 당했다. 결국 고구려와 전선을 주도했던 진씨 가 몰락하게 되어 해씨가 일어날 수 있는 여건이 마련되었다.[112]

해씨의 대두를 396년보다 앞당겨 볼 수도 있다. 고구려와 전쟁 외 에 아신왕 때 중요했던 정치적 사건은 아신왕의 숙부인 진사왕이 구 원행궁에서 죽은 것과 아신왕이 즉위하자마자 '불법을 믿어 복을 구하 라.'는 교서를 내린 것이다. 진사왕이 조카 아신을 제치고 왕위에 오른 것을 탈취라고 하며 그 부당성을 지적하기도 했지만, 그런 진사왕이 사냥을 나갔다 한동안 돌아오지 않다가 죽었다는 점에서 진사왕의 죽 음도 정변과의 관련성을 배제하지 않을 수 없다. 진사왕의 죽음이 정 변과 관련이 있다면 아신왕을 도운 세력을 설정할 수 있다. 아마도 그 세력은 아신왕 때 해씨 태자비를 들인 해씨일 가능성이 높다. 이러한 추정이 가능하다면, 진사왕이 392년 11월 구원행궁에서 죽은 뒤 즉위 한 아신왕이 12월에 첫 번째 내린 조치,[113] 불법을 믿어 복을 구하라는

---

112) 이도학, 앞의 글, 1990, 13쪽.

113) 又阿莘王卽位太元十七年二月 下敎崇信佛法求福(《삼국유사》흥법 난타벽 제). 아신왕이 태원 17년 11월에 즉위했으므로 2월은 12월의 잘못이다(김영태, 《불교사상사론》, 민족사, 1992, 281쪽; 조경철, 앞의 글, 2002a, 251쪽).

교서는 바로 아신왕이 정변을 일으킨 대의명분이자 즉위명분으로 보아야 할 것이다. 이러한 명분은 아신왕과 정변의 뜻을 같이 한 해씨가 적극적으로 건의했을 것이다. '불법을 믿어 복을 구하라.'는 교서와 관련 있는 해씨가 불교를 받아들인 침류왕의 아들인 아신왕이 왕위에 오르는 것을 돕고, 당연히 침류왕의 불교수용에도 일정한 역할을 했을 것으로 추정되지만 더 이상의 자료를 찾을 수 없다.

2) 내법좌평과 불교

지금까지 해씨가 왕비족으로 실권을 장악하는 과정을 살펴보았다. 다음은 해씨와 불교의 관련성을 살펴보겠다. 한성시기 백제불교에 관한 사료는 침류왕 때 마라난타에 대한 기록과 아신왕 때 '숭신불법구복崇信佛法求福'의 교서 기록이 전부이기 때문에 사실 해씨와 불교의 관련 기록은 보이지 않는다. 다만 여기서는 몇 개의 단서를 매개로 하여 접근할 것이다.

첫 번째는 한성백제가 근초고왕 때 이후 국가 체제를 정비하고 비약적으로 발전할 수 있었던 배경에는 불교가 일정 부분의 구실을 담당했을 것이라는 가정이다.

두 번째는 근초고왕 때 이후 백제의 대표적인 정치세력은 진씨와 해씨인데, 아신왕 때를 시작으로 세력의 주축이 진씨에서 해씨로 옮겨갔다는 것이다. 특히, 불교를 받아들인 침류왕의 아들 아신왕 때에 해씨가 두각을 나타냈다는 점이다.

세 번째는 해씨가 속한 북부의 지역범위를 한강의 북쪽, 즉 예성강,

임진강 유역과 한성의 서쪽 해안인 인천, 강화 지역을 아우르는 서·
북해안으로 설정한다면, 해씨가 낙랑·대방이나 중국 본토와 외교적
정보에 밝았을 것이라는 가정이다. 백제의 불교수용이 활발한 외교관
계의 성과임을 염두에 두어야 하지 않을까.

　위 세 가지의 거시적 안목을 바탕에 깔고 해씨와 불교의 관련성을
추적해 보겠다. 불교를 받아들인 침류왕 때 이후에 보이는 해씨는 한
성인 해충과 내법좌평 해수, 그리고 병관좌평 해구이며 전지의 태자비
로 들어가 왕비가 된 팔수부인 등이다. 이 가운데 내법좌평 해수를 주
목할 필요가 있다.

　내법좌평은 백제의 6좌평의 하나로《구당서》를 인용한《삼국사기》직
관지에 따르면[114] 그 구실이 '예의에 관한 일을 맡는다(掌禮儀事).'라 하
였다. 내법좌평이 맡은 일을 후대 당대의 6전 조직의 하나인 예부와 내
비시킨 것이다. 그렇다면 당대 예부가 맡은 일을 살펴볼 필요가 있다.

　예부의 기원이 되는《주례》춘관春官은 태종백太宗伯이 천신天神, 인
귀人鬼, 지지地祇에 관한 예禮를 맡았다. 6좌평의 직임을 언급하고 있
는《구당서》에는 예부상서의 업무로 예의禮儀·제향祭享·공거貢擧 등
을 들었다. 예부상서 소속으로 예부禮部·사부祠部·선부膳部·주객主
客이 있다.[115] 예부의 업무는 앞에서 언급한 대로이며, 사부는 사사祠
祀·향제享祭·천문天文·누각漏刻·국기國忌·묘휘廟諱·복서卜筮·

---

114) 唐書云 百濟所置內官曰 內臣佐平掌宣納事 內頭佐平掌庫藏事 內法佐平
　　掌禮儀事 衛士佐平 掌宿衛兵事 朝廷佐平掌刑獄事 兵官佐平掌外兵馬事
　　(《삼국사기》권40 직관지 무관 외관).
　　　置內臣佐平 掌宣納事 內頭佐平 掌庫藏事 內法佐平 掌禮儀事 衛士佐平
　　掌宿衛兵事 朝廷佐平 掌刑獄事 兵官佐平 掌外兵馬事(《삼국사기》권24 백
　　제본기 고이왕 27년).
115) 其屬有四 一曰禮部 二曰祠部 三曰膳部 四曰主客(《구당서》권43 직관지 예
　　부상서).

의약醫藥·승니僧尼 등의 일을 맡았고,[116] 선부膳部는 제기·생두·주선·장빙·식료 등의 일을 맡았으며, 주객主客은 조빙朝聘 등의 일을 맡았다.

위 부서 가운데 사부에서 불교의 승니에 관한 일을 맡았다고 하면서 구체적으로 절의 정수와 승니의 수, 삼강三綱을 거론하고, 승적僧籍을 3년마다 만들며, 국기일國忌日에 재齋를 올린다는 내용도 언급하고 있다. 곧 당의 6전조직 가운데 예부 소속의 사부에서 주로 불교에 관한 일을 맡았음을 알 수 있다.

그런데 주객에서는 제번諸蕃의 조빙朝聘을 맡았다고 하면서 예전의 홍려시鴻臚寺의 역할과 대비시키고 있다. 불교는 번방의 종교이기 때문에 중국에서 처음 불교를 받아들일 때 이를 홍려시에서 맡은 적이 있었다.《구당서》직관지에서 주객의 업무에 직접적으로 불교를 언급하지 않지만 회창 폐불 연간에 불교가 외국의 종교임을 명확히 하기 위하여 불교 업무를 주객에 맡긴 적[117]도 있었다.

이상 상서 6부의 예부 소속의 사부와 주객에서 불교 관련 업무를 맡았음을 살펴보았다. 이 외에도 예부(춘관) 소속의 관부에서 불교 업무를 맡기도 하였다.《주례》춘관 소속에 전명典命이 있는데, 이 전명[118]이 불교가 들어온 후대에 사문沙門(불교)과 도사道士(도교)에 관한 일도 맡았

---

116) 祠部郎中員外郎職掌 祠祀享祭天文漏刻國忌廟諱卜筮醫藥僧尼之事……凡天下寺有定數 每歲立三綱 以行業高者充 凡僧簿籍三年一造(《구당서》권43 직관지 예부상서).

117) 隷僧尼屬主客顯明外國之敎(《구당서》권18 무종 회창 5년).

118) 又春官之屬有典命(掌內外九族之差 及玉器衣服之令 沙門道士之法) 後改典命爲大司禮 俄改大司禮復爲禮部 謂之禮部大夫(《통전》권23 직관5 예부상서). 春官禮部 小守廟小典祀司郊掌次小內史著作小典命司寇小史馮相保章小司樂太學助敎小學博士樂師小卜小祝司車路守陵等上士(《책부원귀》권457 대성부총서).

으며 춘관예부春官禮部의 사적司寂[119]이 법문의 일을 맡기도 하였다.

신라의 경우 예부 소속의 대도서大道署가 있는데, 이것을 사전寺典 또는 내도감內道監이라고도 했다.[120] 대도서가 사전 또는 내도감이라 불릴 때의 소속은 예부 소속이 아니라 궁정업무를 총괄하던 내성內省 소속으로 보기도 하지만,[121] 대도서의 다른 이름인 사전의 '사寺'[122]와 내도감의 '내도內道'라는 명칭에서 대도서가 절(또는 불교)에 관한 일을 맡았음을 유추할 수 있다.

위 사례로 볼 때 예부가 맡은 일 가운데 하나가 불교에 관한 일이었음을 알 수 있었다. 후대 예부에 비견되는 백제의 내법좌평도 마찬가지였을 것으로 생각된다. 특히 고대 삼국에서 불교가 차지하는 비중을 고려할 때 더욱 그렇다.

---

119) 崇玄署 令一人 初後魏天興二年 置仙人博士 掌煮鍊百藥 北齊置昭玄等寺 掌諸佛敎 有大統一人 都維那三人 兼置功曹 主簿等員 以管諸州縣沙門之法 後周置司寂上士中士 掌法門之政 又置司玄中士下士 掌道門之政(《통전》 권25 직관7 종정경).

120) 大道署(或云寺典, 或云內道監) 屬禮部 大正一人 眞平王四十六年置 景德王改爲正 後復稱大正 位自級湌至阿湌爲之(一云 大正下有大舍二人) 主書二人 景德王改爲主事 位自舍知至奈麻爲之 史八人(《삼국사기》 권38 직관지 上).

121) 남동신, 〈신라의 승정기구와 승정제도〉,《한국고대사논총》9, 2000.

122)《삼국사기》 권40 직관지 下의 국통조에 따르면 국통을 사주라고 하였다(國統一人(一云寺主) 眞興王十二年 以高句麗惠亮法師爲寺主). 寺는 절과 관서의 2가지 의미로 쓰이지만 寺典과 寺主의 寺는 절과 관련 있는 관서로 생각된다. 일본의 경우 추고천황 4년 법흥사가 완공되자 소아마자대신의 아들 선덕신을 寺司로 임명했다(法興寺造竟 則以大臣男善德臣拜寺司《일본서기》 권22 추고 4년). 중국 남조의 양무제가 동태사에 사신하고서 머문 방을 便省 혹은 寺省이라 하였다. 便省 또는 寺省은 임시 거처의 구실뿐 아니라 절에 있는·동안 국가의 중대사를 결정한 임시관서로 생각된다. 幸同泰寺 設四部無遮大會 上釋御服披法衣 行淸淨大捨 以便省爲房(《남사》 권7 양무제 중대통원년).
上幸同泰寺 設四部無遮大會 上釋御服持法衣 行淸淨大捨 以便省爲房(便省在同泰寺 上臨幸時居之 故曰便省)(《자치통감》 권153 양무제 중대통원년).
上幸同泰寺 遂停寺省 講三慧經(《자치통감》 권159 양무제 중대동원년).

좌평제의 실시 시기에 대해서는 논란의 여지가 있지만,[123] 백제에서 내법좌평에 임명된 인물은 모두 3명이다. 고이왕 때의 우두(優頭)[124], 전지왕 때의 해수,[125] 문주왕 때의 사약사(沙若思)[126]가 그들이다.

전지왕 때의 해수에 대해서는 후술할 예정이며, 문주왕 때(475~477) 활약한 사약사는 남제에 조공을 가려다 고구려군에게 길이 막혀 되돌아 온 인물이다. 내법좌평 사약사는 예부가 맡은 일의 하나였던 조빙·외교와 관련된 업무를 맡았음을 알 수 있다.

사약사를 비롯한 사씨는 웅진천도 이후 새롭게 대두한 신진귀족으로 사비천도를 전후하여 백제의 대표적인 귀족세력으로 성장하였다.[127] 사씨의 사상적 경향에 대해서는 해방과 더불어 우연히 발견된 사택지적비[128]를 참고할 필요가 있다. 비의 주인공인 의자왕 때 사택지적은 사택씨(砂宅氏)로서 사씨(沙氏)는 곧 사택씨로 불리기도 하였다. 사택지적비에는 대좌평을 역임한 지적이 은퇴하여 진당(금당. 절)과 보탑

---

123) 이종욱은 고이왕대, 김영심은 근초고왕대, 양기석은 5세기 이전, 노중국과 이기동은 웅진·사비기로 보고 있다. 이종욱, 〈백제의 좌평〉,《진단학보》45, 진단학회, 1978; 최몽룡 지음·심정보 엮음,《백제사의 이해》, 학연문화사, 1991; 김영심, 〈한성시대 백제 좌평제의 전개〉,《서울학연구》8, 서울시립대학교 서울학연구소, 1999; 양기석, 〈백제전제왕권성립과정연구〉, 단국대학교 박사학위논문, 1990; 노중국,《백제정치사연구》, 일조각, 1988; 이기동, 〈백제국의 정치이념에 대한 일고찰; 특히 '《주례》'주의적 정치이념과 관련하여〉,《진단학보》69, 진단학회, 1990.

124) 拜眞可爲內頭佐平 優豆爲內法佐平 高壽爲衛士佐平 昆奴爲朝廷佐平 惟己爲兵官佐平(《삼국사기》권24 백제본기 고이왕 28년 2월).

125) 拜庶弟餘信爲內臣佐平 解須爲內法佐平 解丘爲兵官佐平 皆王戚也(《삼국사기》권25 백제본기 전지왕 3년 3월).

126) 秋七月 遣內法佐平沙若思 如南齊朝貢 若思至西海中 遇高句麗兵 不進(《삼국사기》권26 백제본기 문주왕 6년 7월).

127) 노중국,《백제정치사연구》, 일조각, 1988, 166쪽.

128) 甲寅年正月九日奈祗城砂宅智積/ 慷身日之易往慨軆月之難還穿金/ 以建珎堂鑿玉以立寶塔巍巍慈容/ 吐神光以送雲峩峩悲懇含聖明以(〈사택지적비〉).

을 세워 세월의 무상함을 달랬다는 내용이 기술되어 있다. 절과 탑을
만들었다는 데서 사택지적이 불교를 독실히 믿었음을 알 수 있다. 더
욱이 사택지적의 지적은 《법화경》의 대통불의 아들로 나오므로 법화
신앙과 밀접한 관련을 맺고 있음을 알 수 있다.[129] 그러나 성씨가 같다
고 해서 사택지적의 불교적 성격을 100년 전의 사약사와 연결시키고,
나아가 사약사가 맡았던 내법좌평과 불교를 연관시키는 것에는 선뜻
동의하지 않을 수도 있을 것이다.

　이제 논의의 주인공인 내법좌평 해수를 다룰 때가 된 것 같다. 좁게
는 전지왕 때 전후, 넓게는 불교수용을 전후한 시기에 정권을 장악한
해씨가 맨 처음 맡았던 좌평직은 내법좌평이었고, 내법좌평을 맡았던
해수는 얼마 뒤 상좌평이란 최고직에 올랐다.

　우선 해수가 맡았던 내법좌평의 내법이라는 말뜻에 주목할 필요가
있다. 내법은 불가에서 도가나 유가에 대해 자신의 교법을 이르는 말
이다. 내법은 내교內敎, 내도內道, 내학內學, 내명內明이라고도 하며,
불교 이외의 교설이나 세간의 학문을 외법外法, 외교外敎, 외도外道,
외학外學이라고 한다. 다음은 그 용례를 모아본 것이다.

　　A. 내법은 불법을 말한다. 불교 이외의 다른 교법에 대하여 불교
　　스스로 자칭하는 말로 내법 · 내교 · 내도 · 내학 · 내명 등이 있다.
　　불교 이외의 교법이나 교설 및 세간 일반의 학문은 외법 · 외교 · 외
　　도 · 외학이라 한다.[130]

---

129) 조경철, 앞의 글, 1999.
130) 《佛光大辭典》內法條, 書目文獻出版社, 1988.

B. (고高)원해元海는 속으로 화란禍亂을 좋아하면서도 겉으로는 인
자한 척하며 술과 고기를 먹지 않았다. 북제의 문선제가 천보 말년
에 내법을 믿어 종묘에 혈식血食을 쓰지 않은 것은 모두 원해 때문
이었다.[131]

C. 석 혜원은 속성이 박씨이며 서울(京兆)사람이다. 몸이 약하여 놀
기를 좋아하지 않았고 내법을 경모하였다. 나이 10세에 길장 법사에
게 투탁하여 출가하였다.[132]

위 내법의 용례에서 알 수 있듯이 내법은 불법을 말한다. 내법을 믿
어 종묘에 혈식을 쓰지 않았고 내법을 경모했다는 사례의 내법도 불법
을 말한다. 내법의 內는 外와 대비될 때 불교를 지칭하기도 한다. 불가
에서는 스스로를 內라 하여 불교 경전을 내경內經[133] 혹은 내전典[134], 불
교의 가르침을 내교,[135] 불교의 도를 내도,[136] 불교의 율을 내율,[137] 불

---

131) 元海好亂樂禍 然詐仁慈 不飮酒噉肉 文宣天保末年 敬信內法 乃至廟不血
食 皆元海所爲(《북사》 권51 상락왕사종부원해전).

132) 釋慧遠 俗姓朴氏 京兆人也 弱不好弄 便慕內法 年甫十歲 投吉藏法師而出
家焉(《홍찬법화전》, 대정장 51-19b).

133) 天嘉六年 陳使劉思幷僧明觀 奉內經(《삼국유사》 흥법 원종흥법염촉멸신).

134) 然我王聞日本天皇之賢哲 而貢上佛像及內典(《일본서기》 권22 추고 32
년 4월).

135) 且習內敎於高麗僧慧慈 學外典於博士覺哿 幷悉達矣(《일본서기》 권22 추
고 원년 4월).
凡於內敎之中 尤深依仰之意(〈월광사원랑선사탑비〉).

136) 앞서 살펴본 신라의 승정기구인 대도서를 내도감이라 한 데서 유추할 수 있다.

137) 世宗卽位 永平元年秋 詔曰 緇素旣殊 法律亦異 故道敎彰於互顯 禁勸各有
所宜 自今已後 衆僧犯殺人已上罪者 仍依俗斷 余犯悉付昭玄 以內律僧制治
之(《위서》 권114 석로지)

교의 강회講會에 관한 기록을 내기거內起居[138]라 하였다.

　다음은 법法의 의미를 살펴볼 차례이다. 법은 유교의 법, 법가의 법, 불법의 법 등 의미가 다양하여 일률적으로 말하기는 어렵다. 예를 들어 백제 22부사의 경우, 내관 12부사에 보이는 법부法部의 경우, 법의 의미가 그렇다. 다만 좌평제가 완비되었다고 여겨지는 6세기 때 삼국의 법의 용례 가운데 불교와 관련된 용어가 몇 개 있다. 신라에 불교를 공인한 법흥왕(514~540)은 성법흥대왕聖法興大王으로도 불렸는데 여기의 법法은 불법으로 법흥왕은 불법을 일으킨 왕이라는 뜻이다. 왕흥사를 창건한 백제 법왕法王(599~600)도 불법의 왕이라는 뜻으로써 법왕은 석가모니의 다른 이름이기도 하다. 신라 승정기구의 하나인 정관政官은 정법전政法典으로도 불리었는데[139] 정법전의 법도 같은 뜻으로 볼 수 있다.

　좌평제의 성립 시기에 대해서 좌평은 한성시기에, 5(6)좌평제는 성왕 대를 전후한 사비시기로 보는 것 같다.[140] 좌평제가 6좌평제로 완비될 때 각 좌평의 직임이 구체화되었다는 것이다. 내법좌평의 경우는 예의를 담당했고,《주례》6전조직의 춘관春官에 해당되며 당唐 때의 예부에 해당된다. 중국의 역대 왕조 중에는 주周나라를 이상국가의 모델로 삼고《주례》에 입각한 6전조직을 정치제도에 적용한 사례

---

138)《위서》석로지에 따르면 선무제는 불교교리를 좋아하여 매년 궁중에서 친히 경론을 강의하고 널리 이름난 승려를 불러들여 의지를 밝히게 했다. 사문은 이것을 조목별로 기록하여 내기거라 했다. 내기거는 기거주를 모방한 것인 듯하다. 기거주란 천자의 좌우에서 천자의 언행이나 기거를 기록한 것과 그 기록을 관장하는 사관을 말한다. 이것을 모방하여 내전인 불교에 관한 강회를 기록한 것이기 때문에 내기거라 칭한 듯하다. 鎌田茂雄 지음·장휘옥 옮김,《중국불교사》3, 장승, 1996, 355쪽.

139) 政官(或云政法典) 始以大舍一人 史二人爲司 至元聖王元年 初置僧官 簡僧中有才行者充之 有故則遞 無定年限(《삼국사기》권40 직관지 下).

140) 노중국,《백제정치사연구》, 일조각, 1988.

가 많다. 백제의 경우도 예외는 아니어서 좌평과 6좌평제도《주례》의 정치이념에 입각했다고 보기도 한다.[141] 그런데 백제의 경우《주례》의 6전조직을 받아들여 6좌평제를 성립시켰다면 6좌평의 명칭이《주례》와 상관성을 보여야 하는데, 6이라는 숫자를 제외하고는 전혀 그렇지가 않다. 6좌평의 구체적인 명칭은 내신좌평 · 내두좌평 · 내법좌평 · 위사좌평 · 조정좌평 · 병관좌평이다. 좌평이 후대 6좌평의 구체적인 명칭으로 정리될 때 어떤 근거에 따라《주례》의 용어가 아닌 내신 · 내두 · 내법 · 위사 · 조정 · 병관 등의 용어를 사용했는지 알 수 없다. 가령《구당서》나《삼국사기》찬자가 6좌평제가 성립되기 이전의 좌평 앞에 내두나 내법의 명칭을 붙여 진가眞可를 내두좌평內頭佐平이라 하고 우두優頭를 내법좌평으로 임명했다는 기사를 썼을 때 찬자가 내두나 내법이라는 명칭을 임의로 만들어 붙인 것인지, 임의로 만들어 붙였을 경우 그는 내두나 내법의 의미를 알고 붙였는지, 아니면 찬자가 참조한 기록에 내두좌평 · 내법좌평으로 나와 있어서 그대로 옮겼는지는 알 수 없다. 찬자가 좌평의 여러 명칭을 만들어 6좌평제에 맞췄다면 《주례》의 용어를 썼을 가능성이 많은데 그렇지 않은 것으로 보아 좌평의 여러 명칭은 실제 쓰였던 것으로 추측된다.[142]

---

141) 이기동, 〈백제국의 정치이념에 대한 일고찰: 특히 '《주례》'주의적 정치이념과 관련하여〉,《진단학보》69, 진단학회, 1990.

142) 찬자가 6좌평의 구체적인 명칭을 임의로 만들었다면 백제사에 보이는 6좌평의 임명된 인물들을 어떤 기준에 의해 6좌평에 분배했는지 의문이다. 따라서 백제사에는 좌평 앞에 여러 가지 명칭이 붙었는데 이것이 후대 5좌평이나 6좌평으로 정리된 것으로 봐야 하지 않을까 한다. 고이왕 때의 6좌평에 대한 일괄 기사와 내신좌평을 위시한 6좌평의 임명기사는 후대 정리된 것이라 하더라도 좌평은 고이왕 때 이후 언젠가 설치된 것으로 보인다. 이후 전지왕 때에 좌평이 분화되어 내신좌평 · 내법좌평 · 병관좌평 등이 생겼으며 비유왕 때에 상좌평이 설치되기도 하였다. 설사 내법좌평의 직임이 후대― 예를 들어 백제 성왕 때 만들어져서 이전 내법좌평에 소급하여 적용했더라도 '내법'의 의미는 불교적 의미로 풀어야 한다고 생각된다.

　내법좌평의 경우 맡은 일이 외교·의례 등 여러 가지일 수 있지만, 그 가운데 외교나 의례의 주요 부분인 불교 관련 업무를 강조하여 불교적 의미가 강한 내법이라는 명칭을 좌평의 구체적인 이름으로 사용한 것이다. 내법좌평에 임명된 최초의 인물은 고이왕 28년(261)의 우두이다. 그런데 이때는 불교관련 업무를 강조했다기 보다는 외교·의례 측면을 강조해서 붙여진 것으로 생각된다. 그러므로 불법이라는 의미로 쓰인 최초의 내법좌평은 전지왕 3년(407)에 임명된 내법좌평 해수다.

　해씨는 근초고왕 때 이후 대중對中 관계에서 두각을 나타냈고 불교수용에도 적극적으로 관여하였다. 불교를 수용한 침류왕의 아들인 아신왕과 태자비를 매개로 인척 관계를 맺어 진씨를 견제하고 나중에 태자가 왕위에 오르는 데 결정적인 구실을 하였다. 해씨가 주력했던 외교와 불교의 성과에 힘입이 해수는 내법좌평에 임명되었고 상좌평에 오를 수 있었다.

　표 1은 근초고왕부터 전지왕에 걸친 해씨의 세력변화를 정리한 것이고, 도 3은 백제·신라·일본의 불교수용 때 왕과 귀족 사이 또는 귀족과 귀족 사이의 역관계를 나타낸 것이다.

표 1. 근초고왕~전지왕 때 진씨 · 해씨의 세력추이

세력 추이 　　　왕대	근초고왕 근수구왕	침류왕	아신왕	전지왕
진씨	조정좌평 진정 내신좌평 진고도	병관좌평 진가모	병관좌평 전무	
	진씨왕비	진씨왕비	진씨왕비	
해씨		불교수용	숭신불법구복	내법좌평해수 병관좌평해구
			해씨태자비	해씨왕비
진씨세력추이	*****	****	***	*
해씨세력추이	*	**	***	*****

* 정치세력의 강도

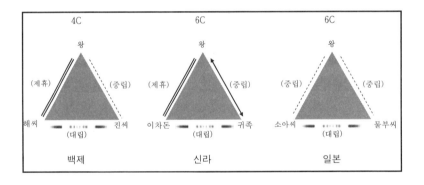

도 3. 백제 · 신라 · 일본의 불교수용 시 왕 · 귀족의 역관계[143]

---

143) 불교수용 때 백제의 왕실과 해씨는 적극적으로 불교를 받아들였다. 신라는
이차돈과 왕실의 적극적인 찬성과 귀족들의 반대가 있었다. 일본의 경우 왕은
중립적인 입장, 귀족 가운데 소아씨는 찬성, 물부씨는 반대의 입장을 보였다.

3) 개로왕과 북조불교

백제는 개로왕 때 고구려 장수왕의 침입으로 한성이 함락되고 개로왕이 전사하는 등 미증유의 위기를 맞게 된다. 끝내 백제는 한성을 버리고 웅진에 새로 도읍하였으니 한성시기는 이로써 막을 내리게 되었다. 불교수용을 전후하여 왕실과 협력 관계를 유지한 해씨는 병관좌평 해구를 통해 군사권을 장악하고 내법좌평 해수로 말미암아 외교와 사상을 장악하게 된다. 나아가 비유왕 3년 왕족인 상좌평 여신이 죽자 내법좌평 해수가 상좌평에 올라 해씨는 한성시기 최고의 정치적 실권을 잡게 된다. 이렇게 되자 왕실의 권위는 해씨세력과 반비례하여 차츰 쇠약해져 갔다. 따라서 비유왕의 장자인 개로왕에게 무엇보다도 시급했던 문제는 왕실의 권위를 회복하고 해씨세력을 견제하는 것이었다.

개로왕은 먼저 왕족 출신 인물을 대거 정치에 참여시켰다. 개로왕 즉위 4년, 남조의 송에 관작을 요구한 11명의 인물 가운데 8명의 인물이 여씨餘氏 성을 가진 왕족이었다.[144] 이 가운데 정로장군좌현왕 여곤餘昆과 보국장군 여도餘都는 왕의 동생[145]들로 8명의 인물이 왕실과 근친 관계에 있었다.

다음 개로왕은 유교적 정치 색채를 강화해 나갔다. 이는 해씨의 사상적 기반이기도 한 불교에 대한 견제이기도 하였다. 개로왕이 고구려를 견제하기 위해 북위에 보낸 표문表文은 유려한 수식으로 이루어졌다. 그 가운데에서 '황제에게 충성스런 마음을 드러낸다면 비록 아침에 듣고 저

---

144) 《송서》 권97 백제국.
145) 이기동, 〈중국 사서에 보이는 백제왕 모도에 대하여〉, 《백제사연구》 일조각, 1996, 159쪽.

녁에 죽더라고 여한이 없을 것이다.'[146]라는 내용은 《논어》의 '아침에 도를 들으면 저녁에 죽어도 좋다.'[147]는 구절에서 빌려왔음을 알 수 있다.

또한 김부식의 윤색이 가해졌다고 생각되지만 백제인 도미의 인물됨을 표현할 때 의리를 알고 절행이 있다는 등 유교적 덕목을 강조하였다. 그리고 개로왕이 도미부인을 유혹할 때 사용한 '아무도 없는 곳에서 입에 발린 말로 꾄다면 넘어오지 않을 사람이 적다.'는 내용[148]도 《논어》의 '입에 발린 말과 꾸민 얼굴에는 인仁이 깃들기 어렵다.'[149]는 구절을 인용한 것이다.

의리와 절행의 유교적 덕목에 충실한 도미 부인을 유혹하는 성적 수단으로 '교언영색선의인巧言令色鮮矣仁'이라는 《논어》의 구절을 사용한 개로왕은 하늘을 대신하여 결국 고구려에게 죽임을 당할 수밖에 없었다는 점을 강조하고 있다.[150]

그러나 해씨의 사상적 기반인 불교를 견제하고자 강조한 유교적 덕목은 근초고왕 때 이후 유교수용과 더불어 강조되어 왔던 것과 어느 정도 차이는 있지만, 불교와 대립 관계를 유도할 만한 정도는 아니었다.[151] 해씨의 불교적 기반에 타격을 가한 것은 다름 아닌 바로 불교였다.

한성이 함락되고 개로왕이 비참한 죽음을 당하게 된 직접적인 원인은 고구려 승려 도림의 등용에 있었다. 고구려 장수왕은 백제를 공격

---

146) 冀神祇垂感 皇靈洪覆 克達天庭 宣暢臣志 雖旦聞夕沒 永無餘恨(《삼국사기》 권25 백제본기 개로왕 18년).

147) 子口 朝聞道夕死可矣(《논어》 이인).

148) 若在幽昏無人之處 誘之以巧言 則能不動心者 鮮矣乎(《삼국사기》 권49 열전 도미).

149) 子曰 巧言令色鮮矣仁(《논어》 학이).

150) 도미전에서는 개로왕에 대한 징치의 내용이 없지만, 대신 나중에 도미와 도미부인이 고구려에 정착하여 고구려인의 도움을 받았다는 데서 개로왕이 고구려에게 징치당할 것을 암시하고 있다.

151) 백제에서 유불의 마찰은 백제 성왕 때에 처음 보인다(조경철, 앞의 글, 2000).

하기에 앞서 간첩으로 갈 만한 자를 물색했는데, 도림이 스스로 자신이 나라의 은혜에 보답할 수 있는 일이라 하며 응모하였다. 그는 고구려에 거짓 죄를 짓고 백제에 들어와 바둑으로 개로왕의 마음을 사로잡아 국정에 관여하게 된다.

개로왕은 대왕의 권위를 세우기 위해서 궁궐을 중수하고 성곽을 쌓았으며 선왕의 능침을 정비하라는 도림의 건의를 받아들여 대대적인 역사를 일으키게 된다. 결국 창고가 텅 비고, 백성은 곤궁하게 되었으며, 민심 또한 잃게 되어, 개로왕이 파국을 맞게 된 이유를 도림의 예로 들어 설명하고 있다.

그렇지만 이 기사를 도림의 입장이 아닌 개로왕의 입장에서 접근한다면 다른 해석도 가능하다. 도림이 개로왕에 접근한 방법은 바둑이었지만, 개로왕은 도림이 국수國手이기 이전에 승려라는 점에 주목한 것은 아닐까? 해씨 세력의 사상적 기반을 견제하기 위해서는 유교적 정치이념을 드러내기보다는 새로운 불교세력을 끌어들이는 편이 낫다고 생각한 것은 아닐까.

고구려는 전진과 동진 양쪽으로부터 불교를 받아들여 남조와 북조 가운데 어느 한쪽의 불교에도 기울어지지 않았다. 전진의 승려인 순도를 위해서 초문사를 짓고, 동진의 승려인 아도[152)를 위해서 이불란사를 지은 것을 보면 양쪽을 대등히 대우하였음을 알 수 있다. 백제는 동진으로부터 불교를 받아들였지만, 북조의 불교를 받아들인 흔적은 달리 없다. 한성시기, 북조와 처음 외교를 연 왕이 개로왕이었고 아마 이때

---

152) 《삼국사기》에는 순도가 전진에서 왔다고 했으나 아도에 대해서는 이에 대한 언급이 없다. 《삼국유사》 인용 '고려본기'에는 (東)晉에서 왔다고 했고, 같은 책 인용 '승전'과 《해동고승전》 순도조에서는 위魏에서 왔다고 했다. 저자는 순도와 아도를 위해서 따로 절을 지은 것에서 둘의 국적이 다른 것을 의미하며, 그럴때 아도는 동진에서 온 것으로 생각된다.

북조의 정세와 더불어 북조불교에 대한 정보를 얻었을 것이다.

남조불교의 특징은 불교의 교학을 도교나 유교의 입장에서 이해하는 격의불교적 요소가 강한 것이다. 귀족사회의 발달에 따라 청담은 둔적 불교와 노장현학적 불교가 유행하였다. 귀족들의 세력은 왕실에 버금갈 정도로 막강하였고, 승려들도 이들 귀족과 광범위한 유대를 형성하고 있었다.

백제 한성시기 중국 남조의 불교는 도안(312?~385?)과 혜원(336~416)이 주도하였다.[153] 도안은 중국 불교의 개척자로서 당시로서는 미비한 점이 많았던 번역경전을 연구하여 중국 불교의 기초를 다져 놓았다. 혜원은 중국 불교의 지평을 연 백련결사와 선정의 실천수행을 통해 하나의 전환점을 이루어 놓았다. 특히 '사문(승려)은 왕에게 예경할 필요가 없다.'를 뜻하는 '사문불경왕자론沙門不敬王者論'은 불법과 왕법의 구분을 명확히 했다는 점에서 주목받아 왔다. 이와 달리 북조의 불교는 불법과 왕법의 구분이 없는 '왕즉불'이었다. 초대 도인통道人統이었던 법과는 북위의 태조를 '당금의 여래'로 존경하고 왕에게 예경해야 한다고 하였다. 태무제의 폐불을 겪은 이후 452년 불교부흥의 조칙詔勅과 더불어 문성제의 키와 같은 불상을 만들기도 하였다.

왕권강화에 관심이 많았던 개로왕은 '사분불경왕자론' 전통의 남조불교보다는 '왕즉불' 전통의 북조불교에 관심이 있었기 때문에 고구려의 승 도림을 받아들인 것으로 생각된다. 비유왕 때 해씨는 남조의 귀족들과 마찬가지로 왕실에 버금가는 실권을 가지고 있었다. 아마 해씨의 불교적 성격도 남조의 노장현학적·청담은둔적 불교와 별반 다르지 않았

---

153) 이하의 서술은 '鎌田茂雄 지음·장휘옥 옮김,《중국불교사》1, 1992;《중국불교사》2, 장승, 1993' 참조.

을 것이다. 개로왕은 해씨를 중심으로 운영되던 불교계를 견제하고자 했기 때문에, 북조불교에 식견이 높았을 것으로 생각되는 고구려 승 도림을 기용하고 싶었을 것이다.

그러나 개로왕의 이러한 왕권강화 노력은 유교계나 불교계 모두로부터 환영을 받지 못한 것으로 보인다. 물론 유교계나 불교계의 직접적인 반발은 확인되지 않는다. 그러나 유교적 측면에서 개로왕이 얻으려 한 숭고한 위세와 부유한 실적은 의리와 절행이라는 유교적 덕목에 의해서 이루어지지 않았다. 오히려 능침의 화려한 외면과 도미부인과의 불미스런 추문 등《논어》의 '겉으로 꾸미는 것은 인과 멀다.'는 말이 그대로 들어맞은 꼴이 되고 말았다. 불교적 측면에서는 남조적 전통의 불교에 무리하게 북조적 전통을 강요한 것이 아닌가 싶다. 또한 불교의 장례는 화장이라는 박장을 선호하는데, 큰 돌을 개다가 곽椰을 만들어 대대적으로 보수하는 후장은 당시 불교계의 분위기와 동떨어진 것이었다.

개로왕의 정치적 한계는 자신을 지지하는 새로운 국내세력에 기대지 않고 외국 승려인 도림을 기용한 데에 있었다. 이는 결국 지배층 내부의 균열을 가져오게 한 것이다. 더욱이 근초고왕 때 이후, 아신왕 때를 전후하여 왕실과 협력 관계를 맺으며 불교를 받아들인 해씨세력에 대한 견제가 외국승 도림을 통해 이루어진 것은 백제불교계에 커다란 문제를 제기한 것으로 보인다. 결국 이는 불교계 내부의 분열을 가져 왔고, 이러한 불교계 내부의 문제는 한성함락의 한 요인이 되었으며, 웅진시기 불교계의 과제로 남겨지게 되었다.[154]

---

154) 고구려 승 혜량이 신라로 망명해 와 국통이 되어 신라불교계를 장악한 것과 마찬가지로 고구려 승 도림도 백제에 들어와 백제불교계를 장악하려고 했는지 모른다. 도림의 활동은 백제불교 교단의 운영에 변화를 가져왔고(심경순, 앞의 글, 2001, 20쪽), 백제불교 교단의 정비는 웅진시기 겸익의 율장번역으로 일단락된다고 볼 수 있다.

제2장 웅진시기 불교

제1절. 대통사와 성왕계의 성족관념

　백제는 침류왕 즉위년에 불교를 받아들이고, 이듬해 10인의 승려를 배출하며 한산에 절을 짓고, 아신왕 즉위년 불법을 믿어 복을 구하라는 교서를 내리는 등 흥법에 박차를 가하였다. 그러나 이후 불교에 관한 기록은 한성이 함락될 때 등장하는 고구려의 간첩 승려 도림이 전부이다. 웅진시기에 들어서 처음 등장하는 불교 관련 기록은 흥륜사[1]와 대통사[2]다.

　대통사를 창건한 왕으로 추정되는 백제 성왕은 '지혜와 식견이 영명하고 매사에 과단성이 있어, 사람들이 성왕聖王이라 불렀다.'고 《삼국사기》에 기록된 바와 같이 왕자王者로서의 자질을 갖춘 왕이었다. 성왕은 백제의 통치조직인 22부사제部司制 · 5부제 · 5방제를 정비하고, 계획적인 사비천도를 단행하여 국호를 남부여로 고치는 등 일대혁신을 꾀하였다. 또한 신라와 연합하여 고구려에게 빼앗긴 한강유역을 한때 회복하기도 하였다.

　더욱이 당시 동아시아 사상계의 주류인 불교와 유교의 진흥에도 힘써 국제적인 위치를 공고히 하였다. 인도의 아비달마와 율장을 받아들이고, 일본에 불교를 전해 주었으며, 중국의 열반경에 대한 주석서

---

1) 이능화, 〈미륵불광사사적〉, 《조선불교통사》(上 · 中), 보련각, 1918, 33쪽.
2) 《삼국유사》 흥법 원종흥법염촉멸신.

를 구할 뿐만 아니라 삼례三禮에 밝은 육후陸詡를 받아들여 예치禮治
에도 관심을 두었다. 성왕이 활약했을 당시 중국은 양나라 무제시기
였고, 신라는 법흥왕과 진흥왕 때였다. 양무제는 황제보살, 성왕은 전
륜성왕, 법흥·진흥왕도 마찬가지로 전륜성왕으로 불릴 만큼 경쟁적
으로 불교에 심취하였다. 양나라 무제는 불교를 혹신하여 나라를 망
하게 했고, 신라의 법흥·진흥왕은 불교에 정신적으로 의지하여 통일
의 기반을 다져 놓았다. 백제의 성왕은 웅진천도 뒤의 백제를 다시 일
으키고 사비천도를 통해 나라를 일신—新하였다.

대통사에 대한 지금까지의 연구 성과는《삼국유사》흥법興法 원종
흥법염촉멸신조原宗興法厭觸滅身條가 전부라고 해도 지나친 말은 아니
다. 이에 따르면 527년 양나라 무제를 위해서 웅진에 대통사를 창건했
다고 하는데, 현재 이에 대한 반론이 한차례 있었을 뿐이다.[3] 이 절에
서는 기존의 반론을 토대로 하여 논의를 진행시키고자 한다.

1) 대통사와 양무제

대통사지大通寺址는 현재 충남 공주시 반죽동에 위치하고 있다. 대
통사라는 절에 대한 최초의 기록은《삼국유사》흥법 원종흥법염촉멸
신조이다. '원종原宗'은 신라의 불교를 공인한 법흥왕의 휘諱이며, '염
촉厭髑'은 신라에 불교를 공인받기 위하여 목숨을 던진 이차돈을 말한
다. 삼국의 역사와 불교에 어느 정도 관심이 있다면 한때 백제의 도읍

---

3) 조경철,〈백제 성왕대 대통사창건의 사상적 배경〉,《국사관논총》98, 국사편찬
   위원회, 2002b.

이기도 했던 웅진의 대통사에 대한 기록이 신라 법흥왕을 설명하는 조에 나오는 점을 먼저 의아하게 생각할 것이다. 이 문제에 대한 의문은 뒤에서 말하기로 하고 우선 문제의 《삼국유사》 기록을 검토해 보자.

> A. 또 대통 원년(527) 정미에 양나라 황제를 위하여 웅천주에 절을 세우고 절 이름을 대통사라 하였다. B. 웅천은 곧 공주이니 당시는 신라에 속하였기 때문이다. 그러나 아마도 정미년(527)은 아니다. 바로 중대통 원년 기유년(529)에 세웠다. 흥륜사를 세우던 정미년에는 다른 고을에까지 절을 세울 짬이 미처 없었다.[4]

A의 기록에 따르면 대통사는 대통 원년인 527년에 세워진 절이 된다. 그리고 절을 세운 목적은 양나라 황제를 위해서라고 하였다. 대통大通은 양나라 무제가 사용한 세 번째 연호이며 527년 3월 갑술일부터 529년 10월 무신일까지 사용하였다.[5] 그런데 본문 A 다음에 B와 같은 분주分註를 달면서 대통사의 창건 연도에 대해 다른 견해를 밝히고 있다. 즉 본문에 언급한 대통사의 창건 연도인 527년은 신라의 법흥왕이 흥륜사[6]를 창건한 527년과 중복되기 때문에 동시에 두 절을

---

4) A. 又於大通元年丁未 爲梁帝創寺於熊川州 名大通寺 B. (熊川卽公州也 時屬新羅故也 然恐非丁未也 乃中大通元年己酉歲所創也 始創興輪之丁未 未可及於他郡立寺也)(《삼국유사》 흥법 원종흥법염촉멸신).

5) 양무제는 재위기간(502~549)에 다음과 같은 7개의 연호를 사용하였다. ①천감(502~519) ②보통(520~527) ③대통(527~529) ④중대통(529~534) ⑤대동(535~546) ⑥중대동(546~547) ⑦태청(547~549). 보통 대통사나 대통인각와 또는 사비천도를 언급하면서 대통 연간을 527~528년으로 표기하고 있는데, 대통 연호가 529년 10월까지 사용한 연호이므로 엄밀하게는 527~529년으로 표기해야 옳다.

6) 신라의 흥륜사를 《조선불교통사》에서 인용한 〈미륵불광사사적〉의 백제 흥륜사와 같은 절로 보기도 한다(조원창, 〈공주지역사지연구〉, 《백제연구》28, 공주대학교 백제문화연구소, 1999). 그러나 〈미륵불광사사적〉의 흥륜사는 겸익이

지을 수 없다는 것이다. 그래서 대통 연호와 명칭이 비슷한 4번째 연호인 중대통中大通 원년 529년에 대통사가 세워졌다고[7] 고쳐 말하고 있다. 현재 대통사의 창건 연대에 대해서는《삼국유사》의 본문 A의 견해를 따른 527년, 분주 B의 견해를 따른 529년의 두 가지 견해가 있는데, 대부분 본문의 견해인 527년을 취하고 있다.[8]

당시 남조의 양나라 무제는 황제보살[9]이라 불릴 정도로 불교를 진흥했다.[10] 선종의 초조인 달마대사와의 문답으로 유명한 양무제는 당시 동아시아 세계에서 전범이 되는 호불군주였다. 《삼국유사》편찬자들은 대통사의 '대통'을 양무제의 연호로 보았기 때문에, '대통사'라는 절 이름은 '대통'이라는 연호를 쓴 양무제를 위해 붙인 것으로 보았다.[11] 13세기《삼국유사》편찬자들의 이와 같은 시각은 대부분 현재까지 이어지고 있다.[12]

대통사의 소재지에 대해서는 단지 웅진(현 공주)으로 알려졌다가 일

귀국한 성왕 4년(526) 이미 완공되어 있는 상태고《삼국유사》원종흥법염촉멸신조의 흥륜사는 527년이 되어서야 창건되기 때문에, 〈미륵불광사사적〉의 흥륜사와《삼국유사》원종흥법염촉멸신조의 흥륜사는 백제와 신라의 절로 각각 별개이다.

7) 중대통으로의 개원은 529년 10월 기유일이므로 개원 사실을 알고 그해 대통사를 짓기는 불가능한 기간이다.

8) 현재 공주 인근 대통사와 관련된 안내판에는 대통사의 창건 연대가 527년 또는 529년으로 통일되어 있지 않다.

9) 癸卯群臣以錢一億萬奉贖皇帝菩薩大捨僧衆黙許(《남사》권7 양무제본기 중대통원년).

10) 鈴木啓造, 〈皇帝卽菩薩と皇帝卽如來について〉,《불교사학》10-1, 1962.

11)《삼국유사》편찬자들은 삼국 가운데 신라불교에 관심과 지식이 많았을 법한데, 6세기 신라불교는 남조, 특히 양나라 무제의 불교에 경도되었기 때문에 이러한 해석이 나오지 않았나 생각된다. 신라불교의 남조적 성격에 대해서는 〈6세기 신라불교의 남조적 성격〉(신종원,《신라초기불교사연구》, 민족사, 1992) 참조.

12) 물론 연호의 이름을 따서 절을 지은 사례도 있다(正始寺 百官等所立也 正始中立 因以爲名,《낙양가람기》, 대정장 51-1007a). 정시는 북위 선무제의 연호.

제시대 공주시 반죽동에서 '대통大通'이라는 글자가 새겨진 인각와가
발견되면서 정확한 위치가 밝혀졌다.[13] 또한 반죽동과 중동에서 백제
시대로 추정되는 석조 2개를 발견했는데 이 인각와와 함께 현 국립공
주박물관에 전시하고 있다. 공주시 반죽동에 위치한 대통사지에는 통
일신라시대로 추정되는 당간지주가 서 있다. 대통사는 백제시대는 물
론이고 통일신라시대에도 계속 절 모습을 유지하였다.[14] 이후 한동안
대통사는 세간의 관심에서 멀어졌다가 1971년 무령왕릉이 발굴되면
서 다시 관심을 끌었다. 무령왕릉은 중국 남조, 특히 양나라의 영향을
아주 많이 받았다.[15]

무령왕릉에 나타난 몇 가지 중국적 요소를 든다면, 전축분, 무령왕
과 왕비의 지석, 오수전, 풍수지리적인 입지 등이다.[16] 또한 무령왕릉
이 위치하고 있는 송산리 6호분에서 발견된 '양관와위사의梁官瓦爲師
矣(양나라 관와를 표준으로 삼았다).'[17]라는 명문이 새겨진 벽돌의 내용에
서 양나라 문물을 모범으로 삼았음을 알 수 있다.

---

13) 輕部慈恩,《百濟美術》, 寶雲舍, 1946. 18·9세기에 걸쳐서 편찬된《충청도
    읍지》공주목조에도 대통교가 보인다(《읍지》7, 아세아문화사, 315쪽). 대통
    교는 그 다리가 대통사지 인근에 있기 때문에 붙여진 이름이다. 그러므로 조
    선시대 후기에도 대통교 인근에 대통사라는 절이 있었다는 전승이 계속 이어
    져 왔음을 알 수 있다.

14) 발굴 결과 백제시대 대통사와 관련된 유구는 찾지 못하였지만, 서쪽과 북쪽에
    대한 추가 조사를 실시한다면 대통사 터에 대한 윤곽이 잡힐 것으로 기대된
    다. 대통사 터의 당간지주도 원래의 위치가 아니라 후대에 현재의 위치로 옮
    겨진 것이다(이남석·서정석,《대통사지》, 공주대학교박물관·충청남도 공주
    시, 2000).

15) 국립문화재연구소·국립공주박물관,《무령왕릉과 동아세아문화》, 무령왕릉
    발굴30주년기념국제학술대회발표문, 2001.

16) 강인구,〈중국묘제가 무령왕릉에 미친 영향〉,《백제연구》10, 충남대백제연
    구소, 1979.

17) 輕部慈恩,《百濟遺蹟の研究》, 吉川弘文館, 1971, 62~64쪽. '양관품위사의
    梁官品爲師矣'로 판독하기도 한다(毛利久,〈三國彫刻と飛鳥彫刻〉,《百濟
    文化と飛鳥文化》, 吉川弘文館, 1978).

도 4. 대통명 인각와(부여 부소산성 · 공주 반죽동(우측 아래) 인근 출토)

덧붙여 무령왕릉의 시신을 지키고 있는 진묘수의 뒷다리 하나가 부러져 있어 부주의로 부러뜨렸을 것이라고 생각하고 있었는데, 중국 남경시박물관에 전시된 남조의 무덤에서 발견된 진묘수들의 뒷다리도 모두 한쪽이 부러져 있고, 무령왕 지석의 '부종율령不從律令'이라는 표현도 백제의 독창적인 표현이 아닌 중국 양나라 보국장군輔國將軍의 무덤에도 보이고 있어, 양나라와 밀접한 관련이 있음이 지적되었다.[18] 무령왕릉에 나타난 중국 양나라 문화의 영향력이 이 정도라면, 양나라 황제를 위해서 대통사를 지었다고 여길 만하다. 이후 백제 무령왕 때(501~523)나 성왕 때(523~554) 중국의 영향을 대표하는 사례로 무령왕릉과 대통사가 자주 언급되었다.

한편 1991년 부여 부소산성 동문지에서 '大通'이라는 글자가 새

---

18) 권오영, 〈상장제를 중심으로 한 무령왕릉과 남조묘의 비교〉, 《백제문화》 31, 공주대학교 백제문화연구소, 2002, 54쪽; 권오영, 《무령왕릉》, 돌베개, 2005, 93쪽과 201쪽.

겨진 인각와가 발견되었다.[19] 이 기와는 공주 대통사지에서 발견된 기와와 똑같은 인각와였다.

'대통'명 기와가 발견됨으로써 문제는 사비도성의 축조 문제로 확대되었다. 부소산성에서 발견된 '대통'명 기와의 편년을 대통 연간인 527~529년으로 봄에 따라서, 부소산성의 축조시기도 대통 연간으로 보았다. 종래 부소산성의 축조시기에 대해서는 동성왕 때·무령왕 때·성왕 때 등으로 견해가 분분했다. '대통'명 기와의 발견으로 부소산성의 초축시기를 알 수는 없지만, 적어도 527~529년을 전후해서 부소산성이 축조되었다는 데는 의견이 일치하고 있다.[20] 이 '대통'명 기와는 백제시대 기와 연구의 절대 편년이 되고 있다.[21]

2) 전륜성왕과 대통불

(1) '대통'의 의미

황제보살로 불릴 만큼 불교신앙에 돈독했던 양무제는 재위 연간에 모두 7개의 연호를 사용하였다. 연호란 자신의 치세를 상징하는 길상의 의미를 내포하고 있다. 따라서 한번 연호로 사용된 이름은 모두가 좋게 여기는 이름이기에 같은 이름의 연호로 반복해서 쓰이기도 하고,

19) 최무장, 〈부소산성 추정 동문지 발굴 개보〉, 《백제연구》 22, 충남대학교 백제연구소, 1991, 131쪽.

20) 국립부여문화재연구소, 《사비도성과 백제의 성곽》, 국립문화재연구소개소10주년기념학술대회발표요지문, 2000.

21) 이병호, 〈백제 사비도성의 운영과 계획〉, 서울대국사학과석사학위논문, 2001, 10쪽.

연호가 아닌 문門이나 지명 등에 널리 쓰이기도 했다.[22]

양무제가 재위 연간에 사용한 연호는 천감天監·보통普通·대통大通·중대통中大通·대동大同·중대동中大同·태청太淸 등 모두 7가지이다. 천감은 '하늘이 보살핀다.', 보통은 '널리 통한다.', 대통은 '크게 통한다.', 대동은 '크게 하나다.', 태청은 '크게 맑다.'는 뜻으로 모두 다 좋은 뜻이다. 이제 양무제가 대통이라는 연호를 사용한 계기를 살펴보도록 하자.

> (527년) 3월 신미일에 수레를 타고 동태사同泰寺에 가서 사신捨身하였다. 갑술일에 궁궐에 돌아와 천하 사람들을 사면赦免하고 연호를 (대통大通으로) 바꾸었다.[23]

양무제는 527년 3월 신미일에 동태사에 가서 사신을 하였다. 사신이라는 말 그대로 '몸을 버린다.', '몸을 바친다.'는 의미로, 부처에게 바치는 보시 가운데 가장 적극적이고 희생적인 것이다.[24] 물론 세속의 왕인 양무제의 사신 행위는 말 그대로의 사신 행위는 아니고, 왕자로서의 권위를 버리고 부처를 믿는 한 신자로서 겸손을 나타내는 행위이다. 양무제가 절에 사신했던 일은 너무도 유명하여 '대통고사大通故事'라 불릴 정도였다.[25] 신하들은 양무제를 절에서 나오게 하기 위하여

---

22) 양무제가 5번째 사용한 '대동'이라는 연호는 요나라나 만주국에서도 사용했다. 고구려 평양의 대동천의 이름으로도 사용됐다. 두 번째 연호인 '보통'의 경우 평양의 보통문처럼 문 이름에 사용된 경우도 있다.

23) 三月辛未輿駕幸同泰寺捨身 甲戌還宮赦天下 開元(《양서》권3 무제본기 대통원년).

24) 鎌田武雄 지음·장휘옥 옮김, 《중국불교사》3, 장승, 1996, 220~223쪽.

25) (太淸元年)三月庚子上幸同泰寺捨身如大通故事(《자치통감》권160 양기 16).

속환금을 냈고, 이것은 자연스레 절에 바치는 보시금이 되었다.[26] 527
년 3월 신미일에 동태사에 사신한 양무제는 4일째인 갑술일에 궁궐로
다시 돌아오면서 천하의 죄수들을 사면하는 조치를 취하고 연호를 대통
으로 바꾼다. 동태사의 행행을 계기로 개원한 사례는 529년의 중대통과
546년의 중대동이 있다.[27] 대통 연호年號의 '대통'이란, 말 그대로 '크게
통한다.'는 뜻이다. 이 뜻으로 쓰인 예는 여러 기록에 나오고 있다.

> 팔다리를 버리고 눈귀를 버리게 되면
> 형체에 얽매이지 않고 지식을 떠나게 되어
> 대통과 한 가지가 되니
> 이를 일러 좌망坐忘이라 합니다.[28]

> 대통은 대도大道와 같다.
> 대통는 능히 만물을 생기게 하고 서로 통하게 하니
> 대도를 일러 대통이라 말한다.[29]

---

26) (대통 3년 529년 9월—저자 주) 癸巳 輿駕幸同泰寺 設四部無遮大會 因捨身
公卿以下 以錢一億萬奉贖(《양서》 권3 무제본기 중대통원년). 중대통으로의
개원이 529년 10월이므로 529년 9월의 일은 실은 대통 연간의 일이다.

27) 癸巳 輿駕幸同泰寺 設四部無遮大會 因捨身 公卿以下 以錢一億萬奉贖 冬
十月己酉 輿駕還宮 大赦開元(《양서》 권3 무제본기 중대통원년).
庚戌 法駕出同泰寺大會停寺省講金字三慧經 夏四月丙戌 於同泰寺 解講設
法會 大赦開元(《양서》 권3 무제본기 중대동원년).

28) 다음은 공자와 안회의 대화전문이다. 顔回曰 回益矣 仲尼曰 何謂也 曰 回忘
仁義矣 可矣 猶未也 它日復見曰 回益矣 曰 何謂也 曰 回忘禮樂矣 曰 可矣
猶未也 它日復見曰 回益矣 曰 何謂也 曰 回坐忘矣 仲尼蹴然曰 何謂坐忘
顔回曰 墮肢體 黜聰明 離形去知 同於大通 此爲坐忘 仲尼曰 同則無好也 化
則無常也 而果其賢乎 丘也請從而後也(《장자》 大宗師).

29) 大通猶大道也 道能通生萬物 故謂道爲大通也(《장자소》). 《장자소》는 당 성
현영의 저술로 곽상의 주에 의거하여 더욱 상세하게 주해한 책이다.

위 인용문은 《장자》의 유명한 좌망 이야기로, 공자와 안회의 대화 가운데에 나오는 안회의 말이다. 《장자》에서는 유교의 대표적인 인물 공자와 안회를 화자로 내세워 유교의 인의와 예악을 잊고 도가의 좌망에 들어갈 것을 역설하고 있다. 좌망의 설명 가운데 나오는 대통은 눈에 보이는 만물을 통생通生할 뿐만 아니라 눈에 보이지 않는 정신작용에서 생기는 만물도 통하게 한다. 그래서 대통을 대도라고 풀고 있다. 또한 양나라를 포함한 남조에서는 불교뿐만 아니라 현학이 번성하고 있었다. 현학은 《노자》나 《장자》의 사상을 중심으로 전개된 도가사상을 말한다. 현학에도 능통한 양무제가 《장자》의 '대통'의 의미를 알고 있었음은 당연하다. 양무제가 동태사 사신을 계기로 개원한 대통의 의미도 《장자》에 나오는 의미를 포함함은 물론이다.

'크게 통한다.'는 의미에서 대통은 치수治水와도 관련이 있다. 우임금은 귀에 3개의 구멍이 있어서 대통이라 했고 하수를 잘 다스렸다고 한다.[30] 북경의 대통교 아래로 흐르는 내의 이름이 대통하[31]인 것도 물이 잘 통하여 치수가 잘 되기를 바라는 마음에서 붙여진 것으로 볼 수 있다.

물이 잘 통하면 치수가 잘 되어 홍수나 가뭄에 대비할 수 있고 농업이 잘 되듯이 화폐가 잘 통하면 상업경제가 활발해지고 국가경제가 튼튼해진다. 양무제가 동전 대신 주조한 철전인 오수전은 무령왕릉의 지석 위에 놓인 금속화폐이다. 무령왕릉에 보이는 오수전은 '오수'라는 명문만 쓰여 있지만, 오수전 중에는 '대길오수大吉五銖'·'대통오수大通

---

30) 禹耳參漏 是謂大通 興利除害 疏河決江(《회남자》 권12 수무훈).
31) 《대한화사전》 권3, 429쪽, 大通條.

五銖'·'대부오수大富五銖' 등 구체적인 이름도 보인다.[32] 이 가운데 대통오수전大通五銖錢은 화폐가 잘 유통되어 천하만물이 잘 통해야 한다는 의미에서 '대통'이라는 이름을 붙인 것으로 생각된다.

양무제 이후에도 '대통'이라는 명칭은 여러 곳에서 계속 사용되었다. 중국 선종 남종선의 6조 혜능과 쌍벽을 이룬 북종선의 신수도 법호가 대통이었고, 신라 말 월광사에서 활약한 대통스님도 있다. '대통'이란, 일차적인 의미는 《장자》의 '크게 통한다.'는 의미에서 왔지만 '크게 깨닫는다(통한다).'라는 의미와 연관되어 불교계에서도 자주 사용되었다.[33] 양무제가 동태사에서 개원한 '대통'이라는 연호는 현학의 대통, 치수의 대통, 유통의 대통, 깨달음의 대통을 모두 함축하는 말이다.

그런데 《남사》에 따르면 양무제가 대통이라는 연호를 쓰게 된 직접적인 내력을 다음과 같이 설명하고 있다.

> 처음 황제가 동태사를 창건하고 이에 이르러 (궁궐 북쪽의) 대통문을 열었다. (그 문은) 절의 남문을 마주하고 있다. (동태同泰의) 반어를 취하여 동태를 협協하였다. 이로부터 새벽에 강의를 할 때마다 이 문으로 드나들었다. 3월 신미일에 이 절(同泰)에 행차하여 사신하고, 갑술일에 환궁하여 대사大赦하고 대통으로 개원하였으니 절(同泰)과 문(大通)의 이름에 부합한 셈이다.[34]

---

32) 王圻, 《삼재도회》 진보; 《삼재도회》 5(영인본), 민속원, 2004, 2017쪽.

33) 불가에서 6가지의 신통력을 6신통, 6통이라 한다. 6통은 천안통·천이통·타심통·숙명통·신족통·누진통.

34) (大通元年) 初帝創同泰寺 至是開大通門 以對寺之南門 取反語以協同泰 自是晨多講議 多由此門 三月辛未 幸寺捨身 甲戌還宮 大赦 改元大通 以符寺及門名(《남사》 권7 양본기).

위 기록은 대통문과 대통이라는 연호를 쓰게 된 경위를 알려 주고 있다. 양무제가 동태사를 창건하고 대통문을 열었는데, 그 문은 절로 들어가는 절의 남문에 대응하는 (궁궐) 북쪽의 문이다.[35] 동태사에서 아침, 저녁으로 불경을 자주 강講했는데 모두 이 문을 통해서 왕래했다고 한다. 동태사에서 사신하고 궁궐에 돌아와 대사하고 대통으로 연호를 바꾸었다. 동태에 사신하고 대통으로 개원했으니 이는 동태라는 절 이름과 대통이라는 문 이름이 서로 잘 부합된 결과라고 하였다.

그런데 여기서 '취반어이협동태取反語以協同泰'라 하여, 대통이라는 문 이름이 동태의 '반어'를 취하고 동태를 '협'한 것이라 하였는데, 그 의미가 모호하다. 다음 글을 살펴보자.

처음 황제가 동태사를 짓고 대통문을 열고 (절과) 마주보게 하였다. (대통이라는 이름은) 동태의 반어를 취하여 상협相協한 것이다(동태의 반어를 취하면 大가 되고 대통의 반어를 취하면 同이 되니 이를 반어상협反語相協이라 한다).[36]

양무제가 동태사를 창건하고 대통문을 열어 절의 남쪽 문을 마주보게 하였다. (대통이라는 이름은 동태의) 반어를 취하여 동태를 협한 것이다. 동태가 大가 되었고 태동이 通이 되었다.[37]

---

35) 차용걸, 〈백제도성과 주변국 도성과의 비교〉, 《백제도성의 변천과 연구상의 문제점》, 국립부여문화재연구소, 2002, 110쪽 도 5.

36) 初上作同泰寺 又開大通門以對之 取其反語相協(同泰反爲大 大通反爲同 是反語相協也. 反音翻) 上晨多幸寺 皆出入是門 辛未上幸寺捨身 甲戌還宮 大赦開元(改是年爲大通元年)(《자치통감》 권151 양기7).

37) 梁武帝創同泰寺 開大通門 對寺之南門 取反語以協同泰 同泰爲大 泰同爲通也(《음론》 남북조반어조). 《음론》은 청나라 고염무가 찬한 음학서.

《자치통감》에서는 《남사》의 '취반어이협동태'의 '협'을 '상협'이라 하여 '취기반어상협取其反語相協'이라 하였다. '협반어協反語'에서 반어란 대통의 경우 동태에서 대를 취하고 태동에서 통을 취하는 것을 말한다. 즉 대통문의 '대大'는 동태사의 '동태'에서 앞 음절의 '동同'에서 'ㄷ'을 취하고, 뒤 음절의 '태泰'에서 'ㅐ'을 취한 다음 둘을 더하여 'ㄷ+ㅐ' 즉, '대大'를 삼은 것이고, 대통문의 '통通'은 '동태同泰'의 반어인 '태동泰同'의 '태'에서 'ㅌ'을 취하고, '동'에서 'ㅗ+ㅇ'을 취하여 '통'을 삼은 것이다.

이름을 이런 방식으로 취하는 것을 반어라고 하는데 이는 남북조시대 때 특히 유행하여 '남북조반어南北朝反語'라고 하였다. 더욱이 태동의 반어에서 대통이라는 이름이 나오고, 다시 대통의 반어에서 동태라는 이름이 나와 서로 상협한다고 하여 반어상협反語相協이라 한 듯하다.

이렇게 반어상협을 거쳐 대통이라는 이름을 얻었다 하더라도, 대통이라는 그 단어의 의미를 전혀 무시했다고는 볼 수 없을 것이다. 그러한 고려의 대상이 되었던 대통의 뜻은 앞서 살펴본 여러 경우와 같다. 대통사의 창건 연대와 창건 목적에 대한 오해는 《삼국유사》 원종흥법 염촉멸신조에 대한 사료비판이 부족한 데에 말미암았다. 앞에서 제시한 원문과 번역문을 다시 살펴보겠다.

國史云 ㉠建福三十一年 永興寺塑像自壞 未幾眞興王妃比丘尼卒 ㉡按眞興乃法興之姪子 妃思刀夫人朴氏 牟梁里英失角干之女 亦出家爲尼 而非永興寺之創主也 則恐眞字當作法 謂法興之妃巴㔍夫人 爲尼者之卒也 乃創寺立像之主故也 二興捨爲出家 史不書 非經世之訓也 ①又於大通元年丁未 爲梁帝創寺於熊川州 名大通寺 ② 熊川卽公州也 時屬新羅故也 然恐非丁未也 乃中大通元年己

酉歲所創也 始創興輪之丁未 未可及於他郡立寺也(《삼국유사》 권3 흥

법3 원종흥법염촉멸신조).

① 또 대통 원년(527) 정미에 양나라 황제를 위하여 웅천주에 절을

세우고 절 이름을 대통사라 하였다. ② 웅천은 곧 공주이니 당시는 신

라에 속하였기 때문이다. 그러나 아마도 정미년(527)은 아니고, 중대통

원년 기유년(529)에 세웠을 것이다. 흥륜사를 세우던 정미년에는 미처

다른 고을에까지 절을 세울 짬이 없었다.

국사운國史云 이하 ㉠, ㉡은 대통사 관련 기록 앞부분에 있는 자료

로 ①, ②의 자료와 상호 비교하고자 덧붙인 자료이다. ㉠은《삼국유

사》를 인용한《국사》의 기록이고, ㉡은 ㉠에 대한 분주이다. 그런데 분

주가 일반적으로 작은 글씨로 쓰여지는 것과 달리 ㉡의 분주는 본문과

같은 크기의 글씨로 써져 있다. 이는《국사》의 ㉠을 인용한 찬자가 직

접 ㉡의 분주를 달았다고 볼 수 있다.

①은《국사》에 이어지는 문장이고,[38] ②는 이에 대한 분주이다. ②

의 분주는 ㉡과 달리 본문보다 작은 글씨로 되어 있다. 그런데 문제

는 ①, ②의 내용이다. 대통 원년 527년에 신라의 법흥왕이 당시 백

제의 수도 웅진(웅천주, 현 충청남도 공주시)[39]에 양나라 황제를 위해서

---

38) 又於로 시작되는 ①의 기록에 대해서는 지금까지《국사》의 기록으로 보지
   않았다.

39) 백제의 도읍이었던 웅진은 신라 신문왕 때 웅천주로 개명되었다.
   熊州 本百濟舊都 唐高宗遣蘇定方平之 置熊津都督府 新羅文武王取其地有
   之 神文王改爲熊川州 置都督 景德王十六年 改名熊州 今公州 領縣二 尼山
   縣 本百濟熱也山縣 景德王改名 今因之 淸音縣 本百濟伐音支縣 景德王改
   名 今新豐縣(《삼국사기》 권36 지리3).

대통사를 지었다고는 볼 수 없기 때문이다. 그렇다면 위의 인용문 ①은 찬자가 직접 쓴 기사가 아니고 찬자가 참조한 《국사》의 기록이며 신라의 법흥왕과 관련 없는 기록이 원종흥법염촉멸신조에 잘못 들어 갔다고 볼 수 있다.[40)]

①의 내용이 잘못 들어간 것을 모른 찬자가 다시 ②의 분주를 달았 다. 그리고 그 찬자가 바로잡은 것은 대통사의 창건 연도이다. 대통사 가 양무제의 연호를 따 그를 위해서 지은 절이라면 당연히 절의 창건 연도는 대통 원년인 527년이 마땅한데, 중대통 원년인 529년으로 바 로잡고 있다. 그 근거로 신라 흥륜사의 창건이 527년이기 때문에 같은 해 다른 군에 또 다른 절을 세울 겨를이 없음을 들었다. 바로 원종흥법 염촉멸신조에서 527년 흥륜사 창건을 둘러싸고 이차돈이 순교에 이르 는 과정을 서술하였는데, 같은 해 대통사를 지었다고 하니 사리에 맞 지 않다고 여긴 듯하다.

②의 분주를 단 찬자는 웅천(주)을 찬자가 살고 있는 당시의 공주로 보았고, 527년에는 신라에 속한 땅으로 보았다. 이와 같은 오해가 어

---

40) 대통사가 백제의 영토였던 웅천주(공주)에 있었다는 점을 고려하면 ① 은 백제에 들어갈 자료인데—예를 들어 《삼국유사》 기이 남부여전백제 등 에 들어갈 자료—신라의 원종흥법염촉멸신조에 잘못 들어간 것으로 보인 다. 잘못 들어간 자료라면 又於 이하가 國史云에 이어지는 《국사》의 기 록이 아닐 수도 있지만, 又於 이하의 내용이 《국사》의 내용이기 때문 에 又於 이하가 國史云에 덧붙여진 것으로 생각된다. 즉 ②의 원래 기록 은 '國史云大通元年~'으로, 이 기록이 원종흥법염촉멸신조에 들어가 ① 의 '國史云~'에 연결되면서 '又於大通元年~'으로 바뀐 것이 아닌가 한다. 《삼국유사》가 일연과 일연의 문도에 의해서 편찬되었다는 견해에 대해서는 〈인흥사간 《역대연표》와 《삼국유사》의 찬술기반〉(채상식, 《고려후기불교사 연구》, 일조각, 1991) 참조. 《국사》의 성격에 대해서는 《삼국사기》라는 주장 과 《삼국사기》와 별개의 역사서라는 주장이 있다. 전자는 〈삼국유사에 있어서 의 구삼국사론에 대한 비판적 검토〉(이강래, 《동방학지》 66, 연세대학교 국학 연구원, 1990), 후자는 〈《삼국유사》에 인용된 국사와 삼국사〉(정구복, 《한국 중세사학사》, 집문당, 1999) 참조.

디에서 생겼는지 알 수 없지만,[41] 웅천주를 공주로 파악했기 때문에
경주에 527년 흥륜사를 짓는 같은 해, 공주에 따로 대통사를 지을 수
는 없다고 단정한 것이다.

대통사의 창건 연도는 ① 본문의 견해를 따른다면 대통 원년인 527
년이며, ② 분주의 견해를 따른다면 중대통 원년인 529년이 된다. ①의
기록 자체는 나름대로 기록의 의미가 있지만, ② 분주는 잘못된 근거에
따라 내린 단정이다.[42] 그러므로 527년이 그나마 낫다고 할 수 있다.

①의 기록 '대통원년정미大通元年丁未 위양제창사어웅천주爲梁帝創
寺於熊川州 명대통사名大通寺' 자체는 나름대로 의미가 있다고 했다. 위
기록이 만들어지게 된 과정은 다음과 같지 않았을까?

> ㄱ) 대통사라는 절이 웅천주(공주)에 있었다.
> ㄴ) 대통은 양무제의 연호다.
> ㄷ) 양무제를 위해서 지은 절이다.
> ㄹ) 창건 시기는 대통 원년(527)이다.

대통사에 대한 역사적 실제는 대통사라는 절이 웅천주(공주)에 있었
다는 것뿐이다. 따라서 대통사의 창건목적이 양무제를 위해서였다거
나 창건 연대가 527년이라는 것은 대통이라는 양무제의 연호만으로

---

41) 아무래도 ② 분주를 단 찬자의 백제사에 대한 무지에서 비롯된 것으로 보인
   다. 《삼국유사》에 보이는 다른 분주의 정확성과 비교해 보면 분주를 단 사람
   이 한 사람은 아닌 듯하다. 후주後註의 가능성도 있다. 후주의 가능성에 대해
   서는 〈삼국유사의 편찬과 간행에 대한 연구〉(하정용, 고려대학교 박사학위논
   문, 2002) 참조.
42) 앞에서 한번 언급이 되었지만, 양무제의 중대통으로의 개원은 529년 10월 기
   유일이므로 개원사실을 알고 그해 대통사를 짓기는 불가능한 기간이다.

추정한 것은 아니다. 그와 같은 추정은 ⓛ의 끝 구절에 '법흥왕과 진흥
왕이 사신하여 출가하였다〔二興捨爲出家〕.'고 기록되어 있는 사신 행위
가 양무제의 대통 연간의 사신 행위와 서로 연관되어서 비롯되었다.[43]
그래서 양무제를 위하여 대통사를 창건하였다는 ①의 백제 기록이 신
라 측의 기록에 잘못 들어갔다.

　대통사의 창건 연대를 단지 '대통'이라는 연호에 맞추어 대통 원년인
527년이나 중대통 원년인 529년으로 보는 견해는 섣부른 판단으로
여겨진다. '대통'이라는 글자가 들어갔다고 해서 모두 대통 연간과 관
련을 맺는 것은 재고의 여지가 있다. 다음의 사료를 보자.

　　　十二月戊午 始鑄鐵錢(《양서》 권3 무제본기 보통 4년).

　　　五銖鐵錢 ; 梁書武帝紀曰 普通四年 冬十二月 戊午 始鑄鐵錢(《삼
　　　　　　재도회》 진보).

　　　大吉錢 ; 顧烜曰 普通四年 鑄大吉錢 錢大小輕重 如五銖 文曰五
　　　　　　銖大吉 背文四出(《삼재도회》 진보).

　　　大通錢 ; 顧烜曰 普通四年 鑄大通錢 錢大小輕重 如五銖 文曰 五
　　　　　　銖大通 背文四出(《삼재도회》 진보).

　　　大富錢 ; 顧烜曰 普通四年 鑄大富錢 錢大小輕重 如五銖 文曰五
　　　　　　銖大富 背文四出(《삼재도회》 진보).

---

43) 양무제의 동태사 사신 행위가 법흥왕과 진흥왕의 사신에 영향을 주기도 하였
　다(신종원, 〈6세기 신라불교의 남조적 성격〉, 《신라초기불교사연구》, 민족사,
　1992). 진흥왕은 말년에 승의를 입고 법운이라 자호하며 일생을 마쳤다고 했
　는데 진흥왕이 승의를 입고 나라를 다스린 것으로 보기도 한다(김두진, 〈삼국
　유사의 사료적 성격〉, 《역주 삼국유사》 5, 이회문화사, 2003, 60쪽). 양무제의
　경우 동태사에 편성便省(사성寺省)이라는 임시거처를 두어 이곳에서 정사를
　일부 본 것으로 생각된다. 이것은 진흥왕이 승의를 입고 나라를 다스린 것과
　방불하다.

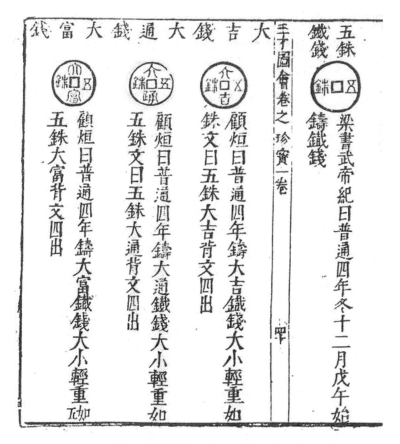

도 5.《삼재도회》 왼쪽에서 두 번째 '대통오수'

《양서》의 기록은 양무제 보통 4년(523)에 철전을 주조했다는 내용이
다.《삼재도회》[44]에서는 이때 주조된 철전을 4가지로 나누어 위의 그

---

44)《삼재도회》는 명나라 왕기가 찬한 책으로 총 106권으로 항목에 그림을 덧붙여
   설명하였다. 책의 목차는 天文·地理·人物·時令·宮室·器用·身體·衣
   服·人事·儀制·珍寶·文史·鳥獸·草木 등으로 구성되어 있다. '《대한화
   사전》권3, 429쪽, 대통전조'에 나오는 '顧炟'은 '顧烜'의 잘못이다.

림과 함께 제시하고 있다. 곧 오수철전五銖鐵錢·대길전大吉錢·대통전大通錢·대부전大富錢이 그것이다. 연호의 이름을 딴 화폐 이름이 많기 때문에《삼재도회》에 보이는 대통전의 '대통'에 주목하고 양무제의 대통 연호와 관련지어 대통전의 발행 연대를 양무제 대통 원년인 527년으로 보기 쉽겠지만 그렇지가 않다. 대통 연간보다 4년 전인 보통 4년 523년에 만들어진 철전이다. 곧 대통전의 '대통'은 연호와 관련이 없으며 '물산을 크게 통하게 한다.'는 의미를 취한 것이다.

대통이 연호가 아니라면 결과적으로 대통사의 창건 연대는 미궁으로 빠져들게 된다.[45] 물론 공주에서 대통명 기와가 발견되어 기와의 제작 연대를 6세기 초로 비정할 수 있게 되어[46] 대통사의 정확한 창건 연도는 알 수 없다 해도 대략은 추정할 수는 있다.

또한 대통사의 창건 목적도 양무제의 대통이라는 연호에서 출발했으므로, 대통이 연호가 아니라면 양무제를 위해서 절을 창건했다는 창건 목적도 재검토의 여지가 있는 것이다.[47] 더욱이, 현재까지 알려진 금석문 자료에 따르면[48] 백제는 연대를 표시할 때 중국의 연호는 물론이고

---

45) 노중국, 앞의 글, 2000, 143쪽 주62.

46) 이병호, 〈백제 사비도성의 운영과 계획〉, 서울대학교 국사학과 석사학위논문, 2001; 淸水昭博, 〈백제 '대통사식' 수막새의 성립과 전개 : 중국 남조계 조와기술의 전파〉,《백제연구》38, 충남대학교 백제연구소, 2003. 단, 淸水는 대통사의 창건 연대를 백제가 중국에 사신을 보낸 534년을 편년의 근거로 삼고 있다.

47) 마찬가지로 부소산성의 축조 연대를 부소산성 동문지에서 발견된 '대통'이 새겨진 기와를 근거로 하여 527년을 전후한 시기로 추정하는 것도 재검토의 여지가 있다.

48) 〈무령왕(비)지석〉, 〈창왕명사리감〉, 〈사택지적비〉등이 대표적인 예이다. 〈칠지도〉의 태화 연호는 미상. 백제 칠지도의 태화가 백제의 연호인가 중국의 연호인가에 대한 논란이 있지만 6~7세기에는 백제에서 연호를 사용하지 않았다. 신라의 경우는 자국의 연호를 사용하다가 뒤에 당의 압력에 의해 자국의 연호를 사용하지 않고 중국의 연호를 사용하였다.《한원》을 인용한《괄지지》에 따르면 백제는 기년에 별호別號(연호를 말하는 듯하다—저자 주)를 쓰지 않고 육갑六甲(간지를 말하는 듯하다—저자 주)을 사용한다고 하였다.

자국의 연호를 사용하지 않고 간지를 사용하였다. 양무제의 '대통'이라는 연호를 취해서 절 이름을 지을 정도라면 당연히 중국 연호로 연대를 표시하였을 것이다. 가령 무령왕비의 경우 무령왕비가 죽은 해는 526년 11월이고, 무령왕릉에 합장된 해는 529년 2월 12일인데, 529년 2월 12일은 양무제 대통 3년에 해당된다.[49] 양무제의 대통 연호를 취해서 대통사를 지을 정도라면 529년 대통 3년에 작성된 왕비의 지석에는 당연히 양무제를 위해서 '대통'이라는 연호를 사용했을 법한데 그렇지가 않다. 따라서 백제가 중국 양나라에 문화적으로 경도되었다 하더라도 다른 나라의 황제를 위해서 절을 지었다고 본 것은 지나친 해석이다.[50] 그러므로 대통사의 창건 배경을 다른 관점에서 접근해야 한다.

---

49) 중대통으로의 개원은 529년 10월이다.

50) 무령왕 지석에 나와 있는 年月日을 계산하면, 성왕 때 백제가 사용한 달력은 양나라의 대명력이 아니라 송나라의 원가력이었다(解陰陽五行 用宋元嘉曆 以建寅月爲歲首 亦解醫藥卜筮占相之術《주서》百濟傳/ 行宋元嘉曆 以建寅月爲歲首《수서》百濟傳/ 解陰陽五行 用宋元嘉曆《한원》所引 括地志). 백제는 양나라의 영향을 크게 받기는 했으나 영향력의 상징인 달력은 양나라가 아닌 송나라의 달력을 채용했다. 이는 백제가 나름대로 자신의 처지에 맞게 문화를 받아들인 증거라고 할 수 있겠다. 백제와 백제에서 역법을 받아들인 일본도 계속해서 원가력을 사용하였다.
원가력은 443년 남북조시대 송나라의 역학자 하승천이 만든 역법으로 445년(송, 원가20)부터 34년 동안 실시되었고 제齊나라에서는 이것을 건원력이라 호칭하여 479년부터 24년간을 또 양나라에서는 503년부터 7년 동안을 채택하여 원가력은 중국에서 도합 65년 동안 사용되었다. 그러다가 510년에 양에서 조충지의 대명력이 쓰였다(이은성, 〈무령왕릉의 지석과 원가역법〉,《동방학지》43, 연세대학교 국학연구원, 1984, 47쪽)고 한다.
무령왕지석에 보이는 역법이 원가력이라는 점에 대해서는 다음 논문들도 참조. 內田正南, 〈元嘉曆法による曆日の推算ついて〉,《朝鮮學報》65, 朝鮮學會, 1972; 大谷光男, 〈백제 무령왕 · 동왕비의 묘지에 보이는 역법에 대하여〉,《미술사학연구》119, 한국미술사학회, 1973; 大谷光男, 〈武寧王と日本の文化〉,《백제연구》8, 충남대학교 백제연구소, 1977.

(2) 성족관념

신라는 법흥왕 때 불교를 공인한 후 왕족이 석가족의 후예라는 진
종의식眞宗意識을 높이며 석가불신앙을 보급해 나갔다.[51] 진평왕의 아
버지인 태자 동륜銅輪은 전륜성왕의 다른 이름이다. 동륜은 큰아들 진
평왕에게 석가의 아버지인 백정白淨이라는 이름을 붙여 주었고 둘째,
셋째에게도 각각 석가의 숙부인 백반伯飯, 국반國飯이라는 이름을 붙
여 주었다.[52] 그러므로 진평왕에게 아들이 태어난다면 바로 석가가 되
는 셈이다. 진평왕은 자신의 왕계를 전륜성왕의 아들들의 계보를 이은
석가족으로 여겨 다른 왕계와 구분되는 신성성을 높여 성골관념聖骨觀
念[53]을 확립시켰다. 이러한 석가족의 성골관념에 힘입어 여성인 선덕
여왕은 진평왕의 뒤를 이어 신라 최초의 여왕이 될 수 있었다.

백제도 신라와 마찬가지로 자신의 왕계를 다른 왕계와 구분시키는
성골관념이 있었을 것으로 추정되지만, 이렇다 할 자료가 보이지 않는
다. 다만《일본서기》에 따르면 성골은 아니지만 이와 유사한 골족骨族
이라는 말이 보인다.[54] 지난번에 보낸 마나麻那는 백제국의 골족이 아
니므로 이번에는 골족인 사아군斯我君을 보낸다는 내용이다. 웅진천도

---

51) 김철준, 〈신라 상대사회의 Dual Organization〉,《역사학보》1 · 2, 역사학회,
  1952;《한국고대사회연구》, 서울대학교출판부(재수록), 1992; 김두진, 〈신라 진
  평왕대의 석가불신앙〉,《한국학논총》10, 국민대학교 한국학연구소한문학연구
  실, 1988.

52) 불교 경전에는 백정의 첫째 아우는 맏 백伯이 아닌 흰 백白의 백반으로 나오며
  둘째 아우는 '곡반' 또는 '곡정'으로 나오며 '국반'은 보이지 않는다. '국반'은 '국
  분'으로도 표기되기도 하였다. 이상과 같은 이유로 불교왕명시대의 문제점을 제
  기한 것으로는《신라초기불교사연구》(신종원, 민족사, 1992) 273쪽 참조.

53) 성골관념은 전륜성왕의 성왕의 '성'과 불골[舍利, 釋迦]의 '골'에서 생겼다고
  볼 수 있다.

54) 夏四月 百濟王遣斯我君進調 別表曰 前進調使麻那者非百濟國主之骨族也
  故謹遣斯我奉事於朝 遂有子 曰法師君 是倭君之先也(《일본서기》권16 무
  열 7년).

뒤 백제는 문주왕-삼근왕-동성왕-무령왕으로 왕위가 계승되었지만
그 과정은 순탄하지 않았다. 이복동생 동성왕의 뒤를 이은 무령왕은
자신의 계보를 한성시기 개로왕으로 연결시켜 한성백제를 이은 정통
왕임을 드러내고자 하였고, 왕실의 신성성을 강조하기 위해 골족관념
을 불어넣은 것으로 보인다. 이러한 골족관념을 성왕 때 어떤 방향으
로 바꾸어 전개해 나갔는지 살펴보고자 한다. 다음은 《법화경》에 나
오는 구절들이다.

A. 과거 한량없고 가없는 불가사의 아승지겁에 한 부처님이 계셨으
니, 이름은 대통지승여래大通智勝如來이었느니라. 그 나라의 이름은
호성好城이요, 겁의 이름은 대상大相이었느니라(《법화경》 화성유품).[55]

B. 그 대통지승여래가 아직 출가하시기 전에 16명의 아들이 있었
으니 첫째 아들의 이름은 지적智積이다. 모든 아들은 저마다 갖가지
보배롭고 기이한 기구들을 가지고 있었다. 아버지가 아눅다라삼먁삼
보리를 얻었다는 말을 듣고, 그 보배로운 기구들을 다 버리고 부처
님 계신 곳에 찾아가니 그 어머니는 눈물을 흘리며 떠나 보내었느니
라(《법화경》 화성유품).[56]

---

55) 乃往過去無量無邊不可思議阿僧祇劫 爾時有佛 名大通智勝如來應供正遍知
明行足善逝世間解無上士調御丈夫天人師佛世尊 其國名好成 劫名大相(《법
화경》 화성유품, 대정장 9-22a).

56) 其佛未出家時 有十六子 其第一者 名曰智積 諸子各有種種珍異玩好之具 聞
父得成阿耨多羅三藐三菩提 皆捨所珍往禮佛所 諸母涕泣而隨送之(《법화경》
화성유품, 대정장 9-22c).

C. 그 대통지승여래의 제자 16명의 사미(아들—저자 주)[57]는 지금 모두 아뇩다라삼먁삼보리를 얻어 시방의 국토에서 현재 설법을 하되, 한량없는 백천만억의 보살과 성문이 그들의 권속이 되었느니라. 그 가운데 두 사미는 동방에서 성불하니, 첫째 이름은 아촉(지적—저자 주)으로 환희국에 계시고, 둘째 이름은 …… 16째 부처는 나 석가모니불이다. 이 사바세계에서 아뇩다라삼먁삼보리를 성취하였다(《법화경》화성유품).[58]

D. 그 (지적의) 조부인 전륜성왕은 일백 대신과 백천만억 인민들과 더불어 도량에 나가 대통지승여래를 다 같이 친근하고 공양·공경하며 존중·찬탄하고자 머리 숙여 예배하고 부처님을 돈 다음 일심으로 합장하고 세존을 우러러 뵈었다. 이에 게송偈頌을 읊기를, "큰 위덕威德 갖추신 세존께서 중생제도 하시려고 억만 년을 지나서야 성불을 하셨나니……(《법화경》화성유품).[59]

장황하지만 《법화경》화성유품의 여러 구절을 인용해 보았다. 《법화경》에는 '화택火宅의 비유'나 '궁자窮子의 비유' 등 재미있고 교훈적인 내

---

57) 대통불의 16아들이 출가를 하여 이제는 16명의 사미가 된 것이다. 출가 전에는 아들이었지만 출가해서는 사미가 되었으므로 아들과 사미는 내용적으로 같은 사람을 가리킨다.

58) 彼佛弟子十六沙彌 今皆得阿耨多羅三藐三菩提 於十方國土 現在說法有無量百千萬億菩薩聲聞 以爲眷屬 其二沙彌東方作佛 一名阿閦在歡喜國 二名須彌頂 (中略) 東北方佛名壞一切世間怖畏 第十六我釋迦牟尼佛 於娑婆國土 成阿耨多羅三藐三菩提(《법화경》화성유품, 대정장 9-25bc).

59) 其祖轉輪聖王 與一百大臣及餘百千萬億人民 皆共圍繞隨至道場 咸欲親近大通智勝如來 供養恭敬尊重讚歎 到已頭面禮足繞佛畢已 一心合掌瞻仰世尊 以偈頌曰 大威德世尊 爲度衆生故 於無量億劫 爾乃得成佛……(《법화경》화성유품, 대정장 9-22c).

용이 아름다운 필치로 서술되어 있다. 더욱이 화성유품은 불화에서 자주 애용되는 소재로써 고행에 지친 이들에게 방편의 화성化城을 보여주어 깨달음의 피안에 도달하게 해 준다는 유명한 비유를 담고 있다.

화성유품에 주인공으로 등장하는 부처가 바로 대통지승여래이다. 대통지승여래는 대통지승불, 대통불로 줄여 부르기도 한다.[60] 대통불은 출가하여 깨달음을 얻기 전 전륜성왕의 맏아들이었다. 부처가 되지 않았다면 다음 왕위에 오를 사람이었다. 아들인 그가 출가하여 깨달음을 얻어 대통불이 되자 대통불의 16명의 아들들도 아버지를 따라 출가하게 된다. 전륜성왕은 아들인 대통불에게 예경하고자 직접 찾아가 대통불에게 찬탄의 글을 올린다. 대통불을 따라나선 16명의 아들들도 모두 부처가 되어 아버지 대통불과 조부 전륜성왕의 국토를 수호한다.

백제의 대표적인 불교는 법화신앙이라 불릴 만큼 이에 대해서는 충분한 연구 성과가 쌓여 있다.[61] 더욱이 법화독송에 능한 백제 승려가 중국 고승전에 입전될 만큼《법화경》은 백제시대의 대표적인 불교경전이었다. 위에서 인용한《법화경》화성유품도 불교신자들 사이에 회자되는 내용이었고 웬만한 이라면 대통불의 이름을 알고 있었다.

앞서 대통사의 창건 연대를 대통 연호가 아닌 대통명 기와의 편년에 바탕을 두어 6세기 전반기로 추정해 보았는데, 이 시기에 해당되는 왕은 무령왕(재위 501~523)과 성왕(재위 523~554)이다. 다음은《삼국사기》성왕 즉위년조의 기사이다.

---

60) 大通智勝佛(《첨품묘법연화경》, 대정장 9-157b). 大通佛(《불명경》, 대정장 14-182a 및 耘虛 龍夏 지음,《불교사전》동국역경원, 164쪽)

61) 이 책 제2장 제2절 1)법화신앙 참조.

성왕의 이름은 명농明襛이니 무령왕의 아들이다. 지혜와 식견이 매우 뛰어나고 일에 과단성이 있었다. 무령왕이 죽고 왕위에 오르매 나라 사람들이 성왕이라고 불렀다(《삼국사기》).[62]

백제 성왕 4년(526) 병오 사문沙門 겸익謙益은 마음을 다하여 율律을 구하러 바다 길을 통해 중인도 상가나대율사常伽那大律寺에 이르러 범어梵語(범문)를 5년 동안 배워 깨우치는 한편 율부律部를 깊이 공부하여 계체戒體를 장엄하고 범승 배달다삼장倍達多三藏과 더불어 범본 아담장阿曇藏과 오부율문五部律文을 가지고 귀국하였다. 백제왕은 우보羽葆와 고취鼓吹로 교외에서 맞이하여 흥륜사에 안치하였다(《조선불교통사》─〈미륵불광사사적〉).

왕이 양나라에 사신을 보내어 조공을 하고 겸하여 표문을 올려 모시박사毛詩博士와 열반경涅槃經 등의 주석서와 공장工匠, 화사畵師 등을 청하니 들어주었다(《삼국사기》 권26 백제본기 성왕 19년(541)).

백제의 성명왕聖明王(다른 이름은 성왕)은 서부西部의 희씨姬氏인 달솔達率 노리사치계怒唎斯致契 등을 보내 석가여래금동상釋迦如來金銅像 한 구와 번개幡蓋와 경론經論 몇 권을 보냈다(《일본서》 권19 흠명 13년(552)).

《법화경》 화성유품에 따르면 대통불의 아버지는 전륜성왕인데, 백제에서 6세기 대통사를 창건했다고 추정되는 왕은 무령왕과 성왕이

---

62) 聖王 諱明襛 武寧王之子 智識英邁 能斷事 武寧薨 繼位 國人稱爲聖王(《삼국사기》 권26 백제본기 성왕 즉위년).

다. 백제의 성왕은 무령왕의 아들로 지혜와 식견이 영명하고 일을 잘
판단하여 나라 사람들이 성왕이라 칭했다고 한다.[63] 주지하듯이 백제
의 성왕은 웅진천도 이후 백제의 정치·경제·사상 등 모든 면에서 업
적을 남겼고 불교에도 남다른 관심을 갖고 있었다. 인도의 구법승 겸
익을 통해 백제의 율을 정리하고 열반경등의 주석서를 중국에서 구하
는 한편 일본에 불교를 전해줄 정도로 국제적인 감각도 뛰어났었다.
성왕 때 후반에 이르러서는 결국 불교의 손을 들어줬지만 유교와 불
교의 조화 속에서 왕권을 강화하고자 하였다.[64] 성왕은 유교의 이상
적인 군주이기도 하지만 전륜성왕의 약어로 쓰이는 불교의 이상적인
군주이기도 하다. 위덕왕이 성왕의 시호로 '성聖'을 제정한 것도 유불
의 '성왕'을 모두 함축한 것으로 보인다. 전륜성왕으로 자처한 성왕은
《법화경》에서 전륜성왕의 아들이 대통불인 것에 착안하여 대통사를
지은 것으로 생각된다.

《법화경》에서 전륜성왕의 아들은 출가하여 대통불이 되었지만, 백
제 성왕의 아들인 위덕왕은 어떠했을까?

A. 백제의 여창餘昌(위덕왕)이 여러 신하에게, "나는 지금 죽은 부
왕을 위하여 출가하여 수도하려고 한다."고 말하였다. 여러 신하와
백성이, "이제 군왕이 출가하여 수도를 하겠다는 것은, 잠시 가르침

---

63) '성왕'이 왕이 살아 있었을 때 부른 이름인지 아니면 죽은 다음에 붙인 시호인
지는 명확하지 않다. 성왕 원년조의 '국인칭성왕國人稱聖王'의 문맥의 분위기
를 볼 때도 성왕은 살아 생전에 불린 칭호로 생각되지만, 백제의 시호제는 성
왕 때 후반기 사비시기 확립된 것으로 보여져(조경철, 앞의 글, 2002) '성왕'이
위덕왕 때 붙여진 시호일 가능성도 배제할 수 없다. 그러나 성왕이 시호라 하
더라도 그 성왕의 의미도 전륜성왕의 성왕을 의미한다고 볼 수 있다.

64) 조경철, 앞의 글, 2002, 21~25쪽.

을 받드는 것입니다. 아, 전에 충분히 고려하지 않았었기 때문에 후
에 큰 화를 불렀으니 누구의 잘못이었습니까? 고려, 신라와 다투어
서 백제가 망하려고 하고 있습니다. 처음 나라를 세운 이래 이 나라
의 종묘의 제사를 어떤 나라에 주려고 하는 것입니까? 지켜야 할 도
리를 분명히 가르쳐야 합니다. 만일 노인들의 말을 잘 들었더라면
오늘과 같은 처지에는 이르지 않았을 것입니다. 청하건대 전과를 뉘
우치고 출가하는 것을 그만 두십시오. 만일 성명왕의 명복을 빌자는
원을 풀 것을 생각하신다면 국민을 출가시키십시오."라고 말하였다.
여창이 "알았다."고 대답하고, 신하와 상의하였다. 신하는 100인을
출가시켜 많은 번개를 만들고 여러 가지 공덕이 있는 일을 하였다
(《일본서기》 권19 흠명 16년(554)).

B. 백제 위덕왕 13년 정해년에 매형공주가 사리를 공양하였다(〈창왕
명사리감〉).[65]

C. 그 (지적의) 조부인 전륜성왕은 일백 대신과 백천만억 백성들과 더
불어 도량에 나가 대통지승여래를 다 같이 친근하고 공양 · 공경하며
존중 · 찬탄하고자 머리 숙여 예배하고 부처님을 돈 다음 일심으로 합
장하고 세존을 우러러 뵈었다. 이에 게송을 읊기를, "큰 위덕 갖추신 세
존께서 중생제도 하시려고 억만 년을 지나서야 성불을 하셨나니 ……
."라 하였다(《법화경》 화성유품).[66]

---

65) 百濟昌王十三季太歲在丁亥妹兄公主供養舍利(능사발견 舍利龕銘).
66) 其祖轉輪聖王 與一百大臣及餘百千萬億人民 皆共圍繞隨至道場 咸欲親近大
通智勝如來 供養恭敬尊重讚歎 到已頭面禮繞佛畢已 一心合掌瞻仰世尊
以偈頌曰 大威德世尊 爲度衆生故 於無量億劫 爾乃得成佛……(《법화경》 화

백제 성왕은 신라와 싸우는 아들 여창을 돕고자 그가 있는 곳으로
가는 도중에 신라군의 매복을 만나 처참한 죽음을 당하였다. 아버지
의 비참한 죽음을 겪은 30세의 위덕왕은 진정으로 부왕의 명복을 빌
기 위하여 출가를 결심하였다. 신료들은 관산성 패전의 책임을 따지
듯 신랄한 비판을 퍼부으며 왕의 출가 대신 100명의 승려를 출가시
키라고 하였다.

위덕왕의 출가 배경에는 아버지인 성왕의 죽음도 있었지만,《법화
경》의 대통지승여래처럼 출가하여 깨달음을 얻고자 하는 측면도 있
었다. 물론 속세 군왕의 출가는 며칠 동안의 상징적인 출가이겠지만,
관산성 패전 뒤 침체된 정국 분위기를 불교를 통해서 안정시키는 데
에는 도움이 됐을 것이다. 위덕왕은 죽은 부왕을 위하여 부여 능산리
에 능사陵寺를 조영하여 명복을 빌고, 누이 형공주와 함께 사리를 공
양하며 구세관음상과 몽전관음상[67]이라는 불상도 조성하는 등 대통지
승여래 못지않게 불교에 돈독하였다.

C에 따르면 전륜성왕이 대통지승여래를 찬탄하면서 읊은 게송에 대
통불을 '큰 위덕을 갖추신 세존'이라 불렀는데, 백제 위덕왕의 시호인
위덕도 대통불과 관련있는 시호로 생각된다. 아니면 시호도 생전에 불
린 사례가 있으므로 위덕은 위덕왕 생전에 불렸을 가능성도 있다.

또한《법화경》에 따르면 전륜성왕의 손자이며 대통지승여래의 아
들로 지적과 석가모니 등 16인의 인물이 있었는데, 백제 성왕의 손자
이며 위덕왕의 아들은 어떠하였을까? 사서에 전하는 위덕왕의 아들은
아좌阿佐와 법왕法王, 무왕武王등 3인으로 추정해 볼 수 있지만, 이 가

성유품, 대정장 9-22c).
67)김상현, 〈백제 위덕왕의 부왕을 위한 추복과 몽전관음〉,《한국고대사연구》15,
   한국고대사학회, 1999.

운데에서 《일본서기》가 전하는 아좌만을 보통 위덕왕의 아들로 보고
있다.[68] 법왕은 위덕왕의 아들로 보지 않고 위덕왕의 동생인 혜왕惠王
의 아들로, 무왕武王은 법왕法王의 아들로 보고 있다.[69]

《법화경》에서는 대통지승여래의 막내아들이며 전륜성왕의 막내
손자로 석가모니가 보이는데, 백제의 경우 법왕은 《수서》에서 위덕
왕의 아들로, 《삼국사기》에서 혜왕의 아들로 나오지만, 성왕의 손자
인 것만은 확실하다. 석가모니는 《법화경》 곳곳에서 진리의 왕인 법
왕으로 불리기도 한다. 백제의 법왕은 전륜성왕으로 자처한 할아버
지 성왕, 전륜성왕의 아들 대통불을 자처한 삼촌(혹은 아버지) 위덕왕
의 계보를 이어 자신을 석가모니 법왕에 비정하였다. 백제의 법왕은
계율을 준수하고 왕흥사[70]를 창건하며 칠악사에서 기우제를 지내는
등 불교 진흥에 노력을 기울였다.[71]

마지막으로 대통불의 큰 아들인 지적과 관련해서는 《일본서기》에 보
이는 대좌평大佐平 지적과 사택지적비의 사택지적砂宅智積이 주목된다.
물론 《일본서기》와 《사택지적비》의 지적은 서로 같은 인물로, 왕실과
직접적인 관련은 없다. 그러나 지적의 아버지가 대통불로 자처한 위덕
왕이고 석가모니로 자처한 법왕 때에 활약했던 점을 감안한다면 《법화
경》의 전륜성왕-대통불-지적으로 이어지는 계보와 밀접한 관련성이

---

68) 최근 발견된 왕흥사지 사리함기에 위덕왕이 죽은 왕자를 위하여 사리를 봉안
   하였다는 내용으로 보아 또다른 아들이 있을 가능성이 있다.

69) 위덕왕 이후 백제의 왕인 혜왕 · 법왕 · 무왕 · 의자왕의 계보는 다음과 같다.
   惠王 明王第二子 《삼국사기》/ 惠王威德王第二子 《삼국사절요》/ 法王 惠王
   之長子 《삼국사기》/ 昌死子餘宣立死子餘璋立 《수서》/ 武王 法王之子 《삼
   국사기》/ 義慈王 法王之元子 《삼국사기》.

70) 법왕이 석가모니불과 관련이 있다면 왕흥사의 본존불은 석가모니불일 가능성
   이 높다.

71) 《삼국사기》 권27 백제본기 법왕; 《삼국유사》 홍법 법왕금살.

있을 것으로 생각된다. 이에 대해서는 뒤에서 서술할 것이다.

성왕의 대통사 창건은 《법화경》의 전륜성왕—대통불—석가모니불의 계보를 백제 왕실의 계보에 접목시켜 왕실의 성족관념을 높이기 위한 것이었다. 백제의 성왕이 《법화경》의 계보에 주목한 까닭은 무엇이었을까?

백제는 고구려 장수왕의 침입으로 수도 한성이 함락되고 개로왕이 죽는 미증유의 국난을 당하였다. 문주왕은 남은 군사를 이끌고 남쪽으로 후퇴하여 금강 이남 웅진에 새 도읍을 정하고 재기의 발판을 마련하였다. 이후 웅진시기가 펼쳐졌지만 정국은 여전히 안정되지 않았다. 문주왕은 사냥을 나갔다가 해구解仇에게 살해되고 문주왕의 장자 삼근왕은 재위 3년을 채우지 못하고 죽는다. 삼근왕의 후사가 없어 곤지의 아들 동성왕이 다음 왕위를 잇는다. 그러나 동성왕도 백가苩加에게 살해당하고 동성왕의 이복형 무령왕이 왕위를 계승하였다. 그리고 비로소 무령왕은 양나라에 사신을 보내 '다시 강국이 되었다(更爲强國).'고 자부할 만큼 웅진시기를 안정시켜 놓았다. 이러한 무령왕이 62세의 천수를 누리다 죽고 그의 아들 성왕이 즉위하였는데, 무령왕의 장례는 무령왕릉의 예에서 알 수 있듯이 성왕에 의해 매우 성대하게 치러졌음을 알 수 있다.

사실 웅진시기의 왕들, 문주왕과 동성왕은 천수를 누리지 못한 채 정치적 죽음을 당하였고, 삼근왕은 재위 3년 만에 후사 없이 죽었기 때문에 이들이 죽은 뒤 다음 왕위를 이어갈 왕에 의해 전왕前王의 장례절차가 순조롭게 진행된 적이 없었다. 따라서 웅진시기 무령왕이 죽고 성왕이 서면서 치르게 될 부왕의 장례는 백제의 위상과 왕실의 위상을 새롭게 반전시키는 계기였다.

　　무령왕릉에서 발견된 지석에 따르면[72] 무령왕의 장례는 삼년상, 정확
히는 28개월[73]로 치러졌다.[74] 또한 정지산 발굴에 의해 따로 정지산에 빈
전을 설치하고[75] 삼년상에 맞추어 시신을 옮겨 능에 묻었을 가능성이
높아졌다.[76] 무령왕의 시신이 빈전에 안치되어 있는 동안 무령왕의
명복을 비는 여러 의례가 행해졌을 터인데, 부여 능산리에 묻혀 있는
성왕의 명복을 빌기 위해서 위덕왕이 능사를 창건하고 창왕명사리감
과 금동대향로를 만들었듯이 그 가운데 하나가 사찰에서의 추복追福
이었다고 볼 수 있다.

　　성왕 때, 곧 웅진시기의 절은《조선불교통사》에 보이는 흥륜사와
《삼국유사》에 보이는 대통사가 있다. 흥륜사는 무령왕 말년에 창건
되어 성왕 때 겸익을 중심으로 율장이 번역된 사찰이었고, 대통사의
'대통'은 석가모니의 아버지로 왕실의 계보와 연관시킬 수 있는 사찰
이었으므로 무령왕의 명복을 비는 원찰로는 대통사가 안성맞춤이었
다고 볼 수 있다.

　　무령왕이 죽은 날은 523년 5월 7일이고, 능에 묻힌 날은 525년 8월
12일이었다. 성왕은 아버지 무령왕의 장례를 성대히 치르고자 무령왕

---

72) 寧東大將軍百濟斯/麻王 年六十二歲 癸/卯年五月丙戌朔七/日壬辰崩 到乙巳
　　年八月/癸酉朔十二日甲申 安厝/登冠大墓 立志如左/(〈무령왕지석〉 앞면).
　　　丙午年十二月 百濟國王大妃壽/終 居喪在酉地 己酉年二月癸/未朔十二日
　　甲午 改葬還大墓 立/志如左/(〈무령왕비지석〉) 錢一万文 右一件/乙巳年八月
　　十二日 寧東大將軍/百濟斯麻王 以前件錢 詢土王/土伯土父母上下衆官二千
　　石/買申地爲墓 故立劵爲明/不從律令/(〈무령왕지석〉 매지권).

73) 원 글은 27개월이지만 여기서 28개월로 정정한다(조경철, 〈백제 왕실의 3년상—
　　무령왕과 성왕을 중심으로—〉,《동방학지》145, 연세대학교 국학연구원, 2009).

74)《주서》에도 백제의 삼년상을 언급하고 있다. 父母及夫死者 三年治服 餘親則
　　葬訖除之(《주서》권49 백제전).

75)《수서》에 백제의 상제는 고구려와 같다고 하였는데 고구려는 빈을 치르고 3년
　　이 지나면 길일을 택하여 매장한다고 하였다.

76) 국립공주박물관,《정지산》, 1999.

릉 산줄기에 빈전을 설치하는 한편, 무령왕의 명복을 비는 원찰의 건
립 또한 추진했다. 절이 523년에 착공되었다면 적어도 부왕의 삼년상
이 끝나고 시신이 능에 묻히는 525년 완공되었을 것이고, 대대적인 무
령왕 추모법회를 열었을 것이다. 성왕은 무령왕에 대한 성대한 장례
의례를 치름으로써 그의 뒤를 이은 자신의 통치제제의 정당성을 확고
히 했다. 그 원찰의 이름은 《법화경》의 전륜성왕-대통불-석가모니불
의 계보로 이어지길 바라는 마음에서 대통사라고 지었다. 자신을 전륜
성왕으로 자처하고 이후 자신의 아들이 대통불이 되고, 자신의 손자가
석가모니불로 이어져 대통불이 다스리는 불국토, 석가모니불이 다스
리는 불국토의 이상세계가 백제 땅에 이루어지기를 기원한 것이다.[77]

  성왕 때 창건된 대통사는 무령왕의 명복을 비는 원찰의 성격이었고,
성왕의 아들인 위덕왕이 태어난 뒤에는 《법화경》의 계보를 왕실의 계
보와 연관시키는 사찰로서의 성격도 아울러 갖게 되었다. 그런데 공교
롭게도 성왕의 아들인 위덕왕이 태어난 해도 대통사가 완공되는 525
년으로 추정된다.[78] 다음은 위덕왕이 태어난 연도를 알려주는 《일본서
기》의 기록이다.

  백제의 왕자 여창(명왕明王(聖王)의 아들, 위덕왕이다)은 나라 안의 군
  사 전부를 일으켜 고려에 가서 백합야에 요새를 쌓고 병사와 침식을

---

77) 종래 대통을 양무제의 연호로 보고 대통사의 창건을 양무제를 위해서라고 하
  면서 양나라의 영향을 강조하였는데, 근래 양무제의 대통 연호도 《법화경》의
  대통불에서 이름을 취한 것으로 보고 이를 백제의 성왕이 모방하여 대통사를
  지었다고 보기도 한다(문동석, 〈백제 노귀족의 불심, 사택지적비〉, 《고대로부
  터의 통신》, 푸른역사, 2004, 263쪽). 양무제가 《법화경》의 주석서를 직접 쓰
  는 등 법화신앙에도 관심이 높아 그럴 가능성을 전혀 배제할 수는 없지만 '대
  통'이라는 연호는 동태사의 '동태'에서 반어反語를 취한 것으로 보아야 한다.
78) 왜냐하면 북위 영녕사도 효문제가 태어난 467년 건립되었다.

같이하였다. (중략) (고려 장수가 나와서 말하기를) "부하들이 말하기를 '우리 들판에 손님이 왔다.'고 하였다. 마중하여 예로 대하지 않으면 안된다. 원컨대 나와 예로써 응답하는 사람의 성명, 나이, 지위를 속히 말하시오."라고 하였다. 여창이 대답하여, "성姓은 (고려와) 동성이고, 지위는 간솔, 나이는 29세"라고 말하였다. 다음 백제 측에서 물은 즉, 전의 법도에 따라 대답하였다.(《일본서기》 권19 흠명 14년(553) 동십월조冬十月條)

위 《일본서기》의 기록은 성왕의 아들 위덕왕(餘昌)이 고구려와 싸우던 중 서로 통성명을 하는 내용이다. 통성명 과정에서 백제 왕자 여창은 자신의 나이가 29세라고 하였다. 553년의 나이가 29세이고 그가 태어난 해를 1세로 한다면 위덕왕이 태어난 해는 성왕 3년인 525년이 된다. 그러나 태어난 다음 해를 1세로 본다면 태어난 해는 524년이다.[79]

무령왕의 명복을 빌고자 세운 대통사는 대통사에 모셔진 대통불의 가호에 힘입었는지, 아니면 아버지 무령왕의 은덕에 힘입었는지 대통사가 세워지는 과정에 성왕의 뒤를 이을 왕자 여창이 태어났다. 525

---

79) 나이를 계산할 때 우리는 보통 태어난 해를 한 살로 보지만, 다른 나라의 경우 태어난 다음 해를 한 살로 본다. 무령왕의 경우 지석에 따르면 그가 523년 62세의 나이로 죽었으므로 그가 태어난 해는 우리 나이로 계산하면 462년이지만, 무령왕의 출생이야기를 싣고 있는 《일본서기》에 따르면 웅략雄略 5년(461)에 태어난 것으로 되어 있다. 《일본서기》에서는 무령왕의 나이를 계산할 때 태어난 다음 해를 한 살로 본 것이다. 성왕의 아들인 여창의 나이에 관한 기사로 《일본서기》에 실려 있는데, 무령왕의 예에 따라 여창의 나이도 태어난 다음 해를 한 살로 볼 경우 그가 태어난 해는 524년이 된다. 그러나 연대에서 1년의 차이는 칭원법이나 역법 등의 차이로 빈번하게 보이므로 단정할 수는 없다. 설사 여창이 524년 태어났다 하더라도 대통사 창건의 1차적인 목적은 무령왕의 원찰에 있었으므로 1년의 차이는 본 논문의 논지와 크게 어긋나지 않는다.

년 완공된 대통사는 성왕에게 있어서 부왕인 아버지와 자신, 그리고 태어난(혹은 태어날) 창름(위덕왕)으로 이어지는 성왕계의 성족관념을 법화경의 전륜성왕대통불석가모니불의 계보에 연결하는 웅진의 대표적인 왕실의 성족관념 사찰이었다.[80]

웅진시기 정상적으로 아버지의 왕위를 계승한 성왕은 무령왕 때 시도한 골족관념에 불교의 신성성을 덧붙인 성족관념을 확립해 왕권의 안정을 도모하였다. 성족은 이전의 골족관념에 불교의 성왕, 곧 전륜성왕의 '聖'의 관념을 덧붙인 것이다. 나아가 성족관념은 전륜성왕에서 석가의 계보로 이어지는 석가족의 성족관념으로 전개해 나갔다. 백제 성왕이 사비천도를[81] 강행하고 한강유역을 회복할 수 있었

---

80) 대통사의 기와를 분석하여 절의 창건 연대를 527년이 아닌 534년 전후로 보기도 하지만(淸水昭博,〈백제 '대통사지' 수막새의 성립과 전개 : 중국 남조계 조와기술의 전파〉,《백제연구》38, 충남대학교 백제연구소, 2003) 이는 백제가 중국에 사신을 보낸 534년을 편년의 근거로 삼고 중국의 영향을 강조하여 내린 결론이라 언뜻 수긍할 수 없다. 한편 최근 대통사는 백제 성왕이 양무제의 효사상을 본받고자 양무제를 위해 지었다는 글이 발표되었다(近藤浩一,〈백제 시기의 효사상 수용과 그 의의〉,《백제연구》42, 충남대학교 백제연구소, 2005). 곤도 고이치近藤浩一는 저자가 '대통사는 양무제를 위해서 지어진 절이 아니다.'라고 주장한 이유로 위 글 125쪽에서 '(조경철)씨는 '대통'이라는 어구를 양무제의 연호라 생각할 필요는 없으며, 당시의 백제에서 다른 나라인 양황제를 위하여 사원을 창건하는 단계까지 문화적 발달이 있었다고는 도저히 생각되지 않는다고 해서 기왕의 견해를 부정한다. 그리고 그 대안으로서 사찰의 이름인 대통이란《법화경》의 대통지승여래에 유래해서 성왕은 대통사의 창건을 통해서 왕의 권위를 확대하고자 하였다고 해석한다.'고 하였다. 그는 저자의 견해를 잘못 이해하고 있었던 듯하다. 대통사는 당시 백제가 불경에 바탕을 두어 절을 지을 수 있을 정도로 불교에 대한 이해가 깊었음을 보여 주는 좋은 사례라고 생각한다.

81)《법화경》화성유품의 화성은 중생을 제도하기 위한 방편의 성이다. 화성유품에서 화성을 다음과 같이 설명하고 있다. "그대들은 두려워 말라. 이제 이 큰 성에 들어가서 자기 마음대로 할지니 만일 이 성에 들어가면 몸과 마음이 즐겁고 안온하여 또한 앞에 있는 보물 있는 곳에 가려고 하면 능히 갈 수 있느니라.' 그때 극도로 피로해진 사람들은 마음에 크게 환희하여 이것은 미증유라 찬탄하고 우리들은 이제 사나운 길을 면하고 즐겁고 안온함을 얻은 것이라고 생각하였느니라." 앞의 말은 도사가 하였다고 했지만 화성유품에서 '여래도 또한 이와 같이'라 했으므로 사실 여래(대통불)가 중생들을 제도하고자 화성으로 인도한 것으로 볼 수 있다. 웅진에서 사비로 천도할 때 사비성은 전륜성왕과 대통불이 인도하는 화성으로 비유될 수 있을 법하다.

던 힘은 바로 대통사에서 비롯한 것이다. 성왕의 의도는 이후 계속
이어져 법왕·무왕 때 왕흥사의 창건으로 마무리되었다. 지금까지의
논의를 표로 요약하면 다음과 같다.[82]

표 2. 《법화경》의 전륜성왕과 백제 왕실의 계보 비교

	《法華經》	百濟 王室
父	전륜성왕轉輪聖王	성왕聖王
子	대통불大通佛 위덕세존(威德世尊)	위덕왕威德王
孫	석가불釋迦佛	법왕法王

---

82) 대통불을 모신 대통사가 지어진 뒤 양나라에서 사신이 왔을 때 사신은 대통
사가 자신의 황제를 위해서 지은 절로 알고 흡족했을 것이다. 마치 당군을 문
두루도량으로 물리친 신라의 사천왕사가 당나라 황제를 위한 절로 알려진 것
과 마찬가지다(《삼국유사》 기이 문호왕법민). 백제 입장에서도 525년 대통사
가 지어진 뒤 대통 원년(527) 이후 백제에 온 양나라 사신에게 외교적 언사로
양무제를 위해서 대통사를 지었다라고 했을 법하다. 이 외교적 언사가 나중에
대통사가 양무제를 위해서 지은 절로 잘못 알려진 하나의 이유가 됐을 것이
다. 이후 대통불의 대통사는 없어지고 대통 연호의 대통사만 남았을 것이다.
조선시대 국호를 '조선'으로 정할 때 조선과 명나라의 외교적 입장도 서로 달
랐다. '조선'이라는 국호는 단군조선의 후예라는 민족적 명분에 바탕을 둔 것
이 조선의 진심이요 순수한 동기라면, 그 명분을 기자조선과 연결시켜 승인해
준 것은 어디까지나 명나라의 입장이요, 그것을 받아들인 것은 조선 측의 외
교적 양보에 지나지 않았다고 본 관점(한영우, 《조선전기사학사연구》, 서울대
학교출판부, 1981, 24쪽)도 참조된다.

제2절 법화 · 열반과 율

1) 법화신앙

　법화신앙은 미륵신앙, 정토신앙과 더불어 우리나라 불교의 대표적인 불교신앙 가운데 하나이다. 미륵신앙은 미래에 중생을 제도할 미륵불을 기다리는 신앙이고, 정토신앙은 죽어서 아미타불이 있는 서방극락정토에 왕생을 기원하는 신앙이며, 법화신앙은 현세불인 석가모니불의 자애를 기원하는 신앙이다. 《법화경》에는 석가모니의 중생을 사랑하는 마음이 마치 아버지가 아들을 사랑하는 마음으로 비유되어 있기도 하다.[83] 또한 법화신앙은 이 땅이 곧 붓다의 세계라는 현세 긍정적 신앙이기도 하다.

　법화사상은 대승불교 초기의 대표적인 사상으로, 개인의 해탈만을 중시하는 성문승聲聞乘과 독각승獨覺乘의 소승을 비판하고, 중생제도를 통해 깨달음을 얻는 보살승菩薩乘과 불승의 대승을 중요시한다. 그렇다고 하여 성문 · 독각을 배제하는 것이 아니라 성문 · 독각에 보살을 포함하여 삼승을 삼고, 이것을 불승으로 승화해 궁극적인 깨달음을 얻는 것을 목적으로 한다. 흔히 법화사상을 회삼귀일會三歸一이라 하는데, 이것은 성문 · 독각 · 보살의 3승을 하나로 모아 불佛이라

---

83) 《법화경》 권2 신해품, 대정장 9-16~19의 궁자의 비유.

는 1승의 세계로 나가는 것을 말한다.

법화의 회삼귀일은 사회의 여러 갈등요소를 타협하고 조화를 이루어 하나로 통합하는 기능을 담당했다고 볼 수 있다. 하나로의 통합은 한 국가와 다른 국가의 통합일 수도 있다. 예를 들어 중국 수나라의 주홍정周弘正이 문제文帝에게 '천태산 국청사에서 법화의 회삼귀일 법문을 홍포하면 천하가 하나가 될 것'이라 했고, 정말로 문제가 그렇게 하니 천하가 하나가 되었다고 한다. 고려 초의 승려 능긍能兢도 천태의 법화사상을 받아들여 세상에 널리 행하면 삼한(후삼국)이 합하여 하나가 될 뿐만 아니라 왕업도 끊어지지 않을 것이라고 하였다.[84]

주홍정이나 능긍은 《법화경》의 회삼귀일을 국가 사이의 통일을 이루는 사상으로 보기도 했지만, 이외에도 회삼귀일은 국가 내부 제 계층 사이의 통합을 이루는 구실도 했을 것이다. 이런 의미의 법화신앙은 삼국 가운데에서도 특히 백제에서 강조되었다. 앞서 대통사가 《법화경》의 전륜성왕사상을 바탕에 두고 세워졌다고 말한 바 있지만, 백제에서 활동했던 승려들 대부분도 법화승려였다. 이처럼 백제에서 법화신앙이 흥성하게 된 배경은 어디에 있었을까?

아마도 그것은 백제의 잦은 천도와 관련이 있을 법하다. 웅진으로의 급작스런 천도는 한성에서 내려온 진씨·해씨와 같은 구귀족, 웅진시기 새롭게 등장한 백씨·연씨·사씨 등의 신진귀족, 그리고 왕실, 이렇게 3자 사이의 갈등을 누적시켰다. 반면 사비천도의 경우 웅진천도

---

84) 是以昔隋室將興 陳齊竝立 而天下三分 隋有智臣周弘正者 勸文帝曰 聞有會三歸一之法名妙法華 若弘此法於天台山下國淸寺 則天下爲一矣 帝從其言 果臻混一 今此東韓之地 亦嘗三分 故在我太祖創業之時 行軍福田四大法師 能兢等上書云 聞大唐國有會三歸一妙法華經及天台智者 一心三觀禪法 與聖君合三韓成一國 風土相合 若求是法流行 則後嗣龍孫 壽命延長 王業不絶 常爲一家矣(閔漬, 〈國淸寺金堂主佛釋迦如來舍利靈異記〉,《국역동문선》권68, 고전국역총서 30, 민족문화추진위원회, 166~172쪽, 608쪽).

와 달리 계획적으로 진행되었다 하더라도, 천도에 따른 갈등은 생기기 마련이었다. 결국 이러한 여러 세력 사이의 갈등을 하나로 조정하는 데에 법화의 회삼귀일사상이 필요했던 것이다.

백제의 법화신앙을 알려 주는 최초의 구체적인 사례는 발정發正이다.[85] 성왕 때 이후 사비기 활약한 법화신앙과 관련된 인물 가운데 승려는 현광玄光[86]과 혜현惠現(慧顯),[87] 재가불자는 사택지적[88]이 있었다.

발정은 양나라 천감 연간(502~519)에 중국 유학길에 올랐는데, 이때가 바로 백제 무령왕 때(501~523)이다. 무령왕은 말년에 강국이 되었다고 자부할 정도로 웅진천도 이후 나라의 기틀을 세운 왕이었다. 무령왕은 불교에도 관심이 지대하여 발정과 겸익을 중국과 인도에 보내기도 하였다. 발정은 중국에 도착하여 30여 년 동안 스승을 찾아다니며 불도를 닦는 것을 게을리하지 않았고 여러 교학에도 조예가 깊었다. 그가 찾아간 승려나 공부한 교학의 내용에 대해서는 알려진 바는 없다. 다만 그가 귀국길에 알게 된 도인의 이야기를 통해서 발정의 주된 관심이 법화신앙이었다는 점을 유추할 수 있다.

발정은 오랫동안의 유학생활을 마치고 고국 백제로 발길을 돌렸다. 그는 천감 연간에 양나라로 건너가 30여 년을 지냈으므로[89] 귀국 연도를 추정해보자면 가장 빠르게는 532년(성왕 10), 가장 늦게는 554년(성

---

85) 《관세음응험기》: 《법화경전기》, 大正藏 51-72, 《관세음응험기》는 일본 쇼렌인靑蓮院에서 발견된 자료인데, 이 자료에는 백제의 익산천도에 관한 내용도 실려 있어 주목을 받았다. 牧田諦亮, 《六朝古逸觀世音應驗記の硏究》, 平樂寺書店, 1970; 〈백제 익산천도에 대한 문헌자료〉, 《마한백제문화》 2, 원광대학교 마한·백제문화연구소, 1977.

86) 《송고승전》 권18 진신라국현광전, 대정장 50-820c.

87) 《속고승전》 석혜현, 대정장 50-687c; 《삼국유사》 피은 혜현구정.

88) 사택지적의 법화신앙에 대해서는 후술.

89) 梁天監中 負笈西渡 …… 梁卅餘年 不能忘桑梓 還歸本土(《관세음응험기》).

왕 31)이다.[90] 30여 년의 유학은 상당히 긴 기간이었는데, 그가 귀국을 결심한 것은 개인의 문제보다는 국가적인 문제와 결부되었다고 생각된다. 그가 귀국한 연대로 추정되는 532~554년 백제의 국가적인 사건으로는 538년 사비천도와 554년 성왕의 전사가 있다. 532~554년 백제에서 불교에 관한 주요 사건으로는 541년 양나라에《열반경》등의 주석서를 요구한 것과, 552년[91](또는 538년[92]) 일본으로 불교를 전한 일이다. 한편 532~554년 백제와 양나라의 교류는 534, 541, 549년, 이렇게 모두 세 차례가 있었다.

발정이 귀국했다면 양나라와 사신 교류가 있었던 534년, 541년, 또는 549년에 백제의 외교사절을 따라 왔을 가능성이 높다. 첫 번째, 534년 귀국설은 발정이 천감(502~519) 초년인 502~503년에 양나라에 들어가 30여 년 공부한 뒤 귀국했다고 보았을 때의 귀국 연도이다. 백제의 성왕은 538년 사비천도를 앞두고 있는 상황이기 때문에 민심의 수습 차원에서 발정의 귀국을 종용했을 것이다. 이때 웅진으로 귀국한 발정은 법화 사찰인 대통사에 머물면서 법화신앙을 보급했을 것이다. 두 번째, 541년에는 백제가 양나라에 모시박사와《열반경》등의 주석서를 요구하자 양나라가 이를 들어주었는데, 이때 발정도 함께 귀국했을 수 있다. 세 번째, 549년의 경우 양나라에 간 사신이 후경의 난을 만나 후경에게 잡힐 만큼 어려운 상황이라 발정도 그 난을 피해 귀국했다고 추측할 수 있다.

위 세 경우 가운데 첫 번째 534년은 천감 연간에 양나라에 유학했

---

90) 502년 출국하여 30년이 지나 귀국했다면 532년이 되고, 519년 출국하여 30여 년의 중간치인 35년이 지나 귀국했다면 554년이 될 것이다.

91)《일본서기》권19 흠명 13년.

92)《원홍사가람연기》.

다 했으므로 유학한 연도를 천감 초년으로 잡을 경우에 가능성이 있
다. 541년과 549년 가운데 더 가능성이 높은 것은 541년이다.[93] 발정
이 양나라로 유학에 오른 연도를 천감 연간의 중간인 510년으로 잡고
30여 년 머물렀다 했으므로 540년 초반인 541년이 가장 무난한 귀국
연도로 볼 수 있기 때문이다. 더구나 541년 백제에서 양나라에 정식으
로《열반경》등의 주석서를 요구했기 때문에, 당시 양나라에서 활약하
고 있던 발정의 귀국을 함께 요구했을 가능성도 있다.

발정은 백제로 귀국하기 위하여 길을 잡던 중 남중국의 월주에 관세
음도실觀世音堵室이 있었다는 이야기를 듣고 가서 확인해 보았다. 발
정이 찾은 월주의 관세음도실은 이미 건물의 형체를 알아볼 수 없을
만큼 황폐해져 있었다. 다만 한편에 무너지고 남은 담장만이 관세음도
실의 흔적을 쓸쓸히 지키고 있었다. 그런데 그 담장에는 두 도인의 이
야기가 적혀 있었다. 도인을 도교의 승려라고 볼 수도 있지만, 남조에
서는 흔히 불교승려를 도인이라 부르곤 하였다.[94] 신라의 진흥왕이 데
리고 다닌 승려를 사문도인沙門道人이라 한 점에서도 도인이 불교승려
임을 알 수 있다. 관세음도실 담장에 써진 내용에 따르면,《화엄경》독
송자와《법화경》독송자가 서로 자신의 경을 강하는 원을 세웠는데,
법화경 독송자가 더 뛰어났다는 것이다.

법화와 화엄의 종파 사이의 대립은 아니지만 어떤 경전이 더욱 뛰
어난가를 겨루는 내용으로 화엄보다 법화가 수승함을 보여 주고 있

93) 김수태는 549년 발정이 귀국한 것으로 보고 있다(김수태,〈백제 법왕대의 불
교〉,《선사와 고대》15, 한국고대학회, 2000, 15~16쪽).
94) 신종원,〈6세기 신라불교의 남조적 성격〉,《신라초기불교사연구》, 민족사,
1992.

어, 백제 학파불교의 단초를 열었다고 볼 수 있다.[95] 신라의 경우 화
엄이 주류를 형성했던 것과 달리, 백제는 법화가 주류였음을 암시하
고 있는 것이다.

현광에 대한 기록은《송고승전》[96]에 실려 있다.《송고승전》에는
'신라국현광新羅國玄光'이라 나와 있지만, 신라는 백제의 잘못이다.[97]
현광은 천태종 2조인 남악 혜사(514~577)에게서 법화안락행문法華安
樂行門을 전수받고 법화삼매를 증득하여 인가를 받았다. 577년 스승
혜사가 죽기 전 현광은 귀국했다. 귀국한 해는 백제가 진나라에 사신
을 보낸 위덕왕 14년(567)이나 위덕왕 24년(577) 가운데 전자일 가능
성이 높다. 따라서 그의 백제에서 활동 연대는 위덕왕이 관산성 패
전으로 침체되었던 분위기를 능사창건으로 일신하였던 위덕왕(재위
554~598)의 중·후반기가 된다.

현광이 혜사에게 전수받은 법화안락행문은《법화경》안락행품安樂
行品에서 설한 법문이다. 이 법문은 악세惡世에 법화경을 널리 펴려는
보살이 지켜야 할 신심身心의 행법行法으로 신身·구口·의意·서원誓
願, 이렇게 4종의 안락행을 설하여 놓았다.[98] 안락행품에는 '국왕과 왕
자, 대신과 관리들을 친근히 하지 말라.'는 동진 혜원의 '사문불경왕

---

95) 불교사의 시대구분은 크게 1) 상고시대~4세기: 신화종교시대, 2) 5~14세기:
  불교의 국교화시대, 3) 15~19세기: 성리학의 국교화 시대, 4) 20세기~현재:
  다국교시대의 4시기로 나눌 수 있다. 이를 다시 불교의 입장에서 세분하면 1)
  상고시대~4세기: 불교이전시대(삼국유사의 전불시대), 2-1) 5~9세기: 학파
  불교시대, 2-2) 10~14세기: 종파불교시대, 3) 15세기 후반~19세기: 불교의
  잠재시기, 4) 20세기~현재: 전통종교의 재생시대의 5시기로 구분된다고 한다
  (허흥식,《한국중세불교사연구》, 일조각, 1994, 3~9쪽).

96)《송고승전》권18, 대정장 50-820c.

97) 안계현,《한국불교사상사연구》, 동국대학교출판부, 1990(재판), 13~18쪽.

98) 위의 책.

자론沙門不敬王者論'을 연상시키는 내용도 있다. 한편, '전륜성왕이 정법으로 여러 나라를 항복시키려 할 때 소왕小王들이 그 명령을 거역하면, 전륜성왕은 많은 군사를 일으켜 토벌한다.'고 하여 정법을 실행하는 왕자에게 정당성을 주기도 한다.

5세기에 담무갈이 번역한 《관세음보살수기경觀世音菩薩授記經》[99]은 아미타정토보다 관세음보살의 정토를 강조한 경전이다. 이 경전에 따르면 옛날 금광사자유희여래金光師子遊戲如來의 나라에 위덕왕威德王이 장차 관세음보살과 대세지보살이 될 두 동자를 거느리고 나라를 다스리고 있었다. 그때의 위덕왕은 지금 석가의 전신이었다고 한다.

《법화경》 안락행품의 전륜성왕이 정법으로 소왕을 토벌한다는 교설과 《관세음보살수기경》에서 석가의 전신인 위덕왕이 정토를 다스린다는 교설은 당시 위덕왕이 추구하고자 했던 왕권강화책과 들어맞았다. 그리고 이를 사상적으로 뒷받침해 준 인물로 현광을 들 수 있다.[100]

혜현惠現에 대한 기록은 《속고승전》[101]과 《삼국유사》[102]에 실려 있다. 《속고승전》에는 혜현慧顯으로 나와 있다. 무왕 때 주로 활동했으며 《법화경》 독송에 능했다. 북부 수덕사에 머물다 강남의 달나산達拏山으로 옮겨가 법화경을 독송했다. 혜현도 현광과 마찬가지로 도읍 사비보다는 수덕사가 있는 예산이나 달나산이 있는 영암 등 주로 지방에서 활동하였다. 백제의 법화신앙이 공주, 사비를 벗어나 서해안, 영산강 유역까지 확장되었음을 알 수 있다.

---

99) 《관세음보살수기경》, 대정장 12-356.
100) 그런데 현광은 당시 수도였던 사비가 아니고 주로 웅진에서 활동했다. 사비에서의 활동이 누락되었는지 모르겠다.
101) 《속고승전》 석혜현전, 대정장 50-687c.
102) 《삼국유사》 피은 혜현구정.

백제 부흥운동을 주도한 도침의 불교사상에 대해서는 자료가 없어 알기가 어려우나, 전북 부안 개암사의 중건사적기에서 도침의 스승으로 묘련스님을 찾을 수 있다.[103] 묘련妙蓮이《묘법연화경妙法蓮華經》에서 따온 법명이라면 묘련도《법화경》독송에 능했음을 알 수 있고 자연 도침도 스승으로부터《법화경》을 전수받았다고 볼 수 있다.[104]

경흥은 백제 멸망 이후 신라에서 활동한 승려로 신문왕 때 국로國老의 위치까지 올랐다.[105] 원효, 태현과 함께 신라 3대 저술가로 불릴 만큼 교학에 뛰어났으며 특히 유식에 밝았다. 경흥은《법화경》에 대한 주석서인《법화경소》도 저술하였지만, 아쉽게도 현존하지 않는다. 백제가 멸망할 당시 그의 나이는 40세 전후로 추정되는데,《법화경소》의 저술로 보아 백제 법화불교의 영향을 받았을 가능성이 있다. 고려시대 그에 대한 행적은 법화행자의 영험을 모아 놓은《법화영험전》[106]에 실리기도 하였다.

이들의 예에서 보듯이 백제의 법화신앙은 384년 불교를 받아들인 이래 백제 전全 시기 동안 대표적인 불교신앙이었으며, 웅진과 사비를 벗어나 서산의 서해안과 서남해안의 영산강 유역까지 유포되었음을 알 수 있다.

---

103) 妙蓮之嗣道琛與武王從子福信聚衆率兵(전라북도, 《사찰지》, 1990, 472쪽).

104) 묘련을 언급하지 않았지만 도침과 법화의 관계를 성주탁도 '도침의 부흥활동 참여는 인명살생을 수반하는 군사적 활동임을 감안해볼 때 아마도 대승적 성격을 띠고 있는 법화사상이 그의 사상적 배경이 되지 않았을까 하는 생각이 든다.' 고 언급한 바 있다(성주탁, 〈백제승 도침의 사상적 배경과 부흥활동〉, 《역사와 담론》19·20합집, 호서사학회, 1992, 23쪽).

105) 《삼국유사》감통 경흥우성.

106) 요원, 《법화영험전》, 한국불교전서 6-566.

2) 《열반경》의 이해

　《법화경》공부가 심화되면 그 다음《열반경》으로 관심이 옮겨가기 마련이다. 법화신앙이 성문 · 독각 · 보살의 삼승을 일승 또는 불승의 경지로 이끈다고 했을 때, 도저히 깨달을 수 없다고 생각되는 일천제一闡提의 문제를 언급하고 있는 것이《열반경》이기 때문이다. 아마도《법화경》에 밝은 발정이 541년 귀국했다면《열반경》등의 주석서를 가져왔을 것이다. 다음은 541년《열반경》등의 주석서를 요청한 기록이다.

　　(541년) 왕이 양나라에 사신을 보내어 조공을 하고 겸하여 표문을 올려 모시박사와《열반경》등의 주석서와 공장工匠, 회사畵師 등을 청하니 (양나라에서) 보내주었다.[107]

　　(541년) 이해 당창宕昌 · 연연蠕蠕 · 고려 · 백제 · 활국滑國이 사신을 보내 조공을 바쳤다. 백제는 열반 등의 경소經疏와 의공醫工, 화사畵師, 모시박사 등을 구하였는데 모두 보내주었다.[108]

　백제의 성왕은 모시박사뿐만 아니라《열반경》등의 주석서를 함께 청하고 있다. 먼저 지적할 점은《열반경》등의 여러 경전에 대한 주석서('열반등경의涅槃等經義', '열반등경소涅槃等經疏')의 해석문제이다. 이

---

107) 十九年 王遣使入梁朝貢 兼表請毛詩博士 涅槃等經義 幷工匠畵師等 從之 (《삼국사기》권26 백제본기 성왕 19년).

108) 是歲 宕昌蠕蠕高麗百濟滑國各遣使朝貢 百濟求涅槃等經疏 及醫工畵師毛詩博士並許之(《남사》권7 양무제 대동 7년).

것을 보통 '《열반경》의 주석서'라고 해석하고 있지만 '《열반경》을 비롯한 여러 경전의 주석서'라고 풀어야 한다. 백제가 청한 《열반경》에 대한 주석서로 양나라에서는 《대열반경집해大涅槃經集解》 등 여러 종류가 유통되고 있었다.[109] 즉 성왕 당시 《열반경》이 처음 백제에 들어온 것이 아니라, 《열반경》은 이미 들어와 있었고 이에 대한 연구가 심화되어 주석서를 청한 것으로 보아야 한다. '《열반경》'에 대한 이해의 필요성인가, '《열반경》의 주석서'에 대한 이해의 필요성인가를 따지는 것은 당시 백제불교의 수준을 가늠하는 중요한 문제이기 때문이다.

《열반경》은 '불신상주佛身常住 · 일체중생一切衆生 실유불성 悉有佛性 · 일천제성불一闡提成佛'을 중심사상으로 하고 있다. 이것은 '중생은 귀천의 차이 없이 평등한 존재로 누구나 '불성'을 지니고 있다.'를 뜻한다. 앞서 살펴본 《법화경》의 회삼귀일 사상은 일반중생에게 한계가 있다. 그러므로 백제는 이 한계의 극복을 《열반경》을 통해서 시도한 것이 아닌가 생각된다.

또한 남북조의 열반학은 북지열반학北地涅槃學과 남지열반학南地涅槃學으로 나누어 볼 수 있다. 북지열반학이 실천수도의 입장에서 열반경의 대승율大乘律을 적극 권장하였다면, 남지열반학은 주로 열반경의 불성론을 연구하였다고 한다.[110] 열반경의 주석서에 대한 백제의 청구

---

109) 현재 남겨 전해지는 열반경의 의소로는 《대반열반경의기》(隋 慧遠 지음), 《열반경유의》(隋 吉藏 지음), 《대반열반경현의》(隋 灌頂 지음), 《대반열반경소》(隋 灌頂 지음), 《열반종요》(新羅 元曉 지음), 《열반현의발원기요》(宋 智圓 지음)가 있지만 양나라 이후의 저술이다. 양나라 이전에 유통된 의소로 이름이 전하는 것은 《열반경소의》(道生 지음), 《열반경의소》(道朗 지음), 《열반약기》(惠靜 지음), 《대반열반요주함》(法朗 지음), 《열반의소》(寶亮 지음), 《열반의기》(法雲 지음), 《열반소》(慧皎 지음), 《대반열반경집해》등이 있다 (김동화, 〈백제시대의 불교사상〉, 《삼국시대의 불교사상》, 민족문화사, 1987, 63~64쪽).

110) 남동신, 〈원효의 대중교화와 사상체계〉, 서울대학교박사논문, 1995, 36쪽.

는, 대승율에 대한 관심과 법화경의 연구진전에 따른 불성론과 겸익을 중심으로 한 율의 번역에 따른 결과로 볼 수 있을 것이다.

《일본서기》에 따르면 흠명 6년(545) 백제의 성왕이 장륙불상丈六佛像을 만들고서 지은 원문願文에 '하늘 아래 모든 중생이 해탈을 이룬다〔普天之下 一切衆生 皆蒙解脫〕.'는 구절이 보인다.[111] '보천지하普天之下' 란《시경》소아小雅 북산北山의 '보천지하溥天之下 막비왕토莫非王土 솔토지빈率土之濱 막비왕신莫非王臣'에 나오는 말로 '하늘 아래 왕의 땅 아닌 곳이 없고, 땅마다 왕의 신하 아닌 이가 없다.'는 뜻으로 왕의 덕화가 천하에 두루 미친다는 의미이다.[112] '일체중생一切衆生 개몽해탈 皆蒙解脫'[113]은 불경에 나오는 말로 '모든 중생이 해탈을 이룬다.'를 뜻한다.《열반경》의 '일체 중생이 불성을 갖고 있다.'는 '일체중생一切衆生 실유불성悉有佛性'과 맥을 같이한다.

'보천지하'의 덕화德化가 '일체중생 개몽해탈·일체중생 실유불성'의 해탈解脫·불성佛性과 맞물려 불덕으로 전화轉化·융섭融攝되었다. 그리하여 왕의 덕화가 미치는 대상이 지배층을 넘어 일반민, 나아가 불덕의 감화를 입지 못한다고 생각되었던 일천제一闡提까지 확대되었다고 볼 수 있다. '천도지리天道地理에 통하여 이름이 사표팔방四表八方

---

111) 是月 百濟造丈六佛像 製願文曰 蓋聞造丈六佛 功德甚大 今敬造 以此功德 願天皇獲勝善之德 天皇所用 彌移居國 俱蒙福祐 又願 普天之下一切衆生 皆蒙解脫 故造之矣(《일본서기》권19 흠명 6년 9월)

112) 백제의 성왕은 541년 열반경에 대한 주석서뿐만 아니라 모시박사를 청했는데,《일본서기》권19 흠명 6년(545) 시경 인용의 '보천지하' 분위기와 잘 어울린다.

113) 應生衆生 卽斷生法 應老衆生 卽象老法 應病斷病 應死斷死 憂悲苦惱 一切衆生 皆蒙解脫(《불본행집경》, 大正藏 3-697b).
有聽聞者皆蒙解脫(《합부금광명경》, 대정장 16-365a).

에 드러났다.'[114]는 성왕에 대한 평가와 충청남도 예산에 조성된 사방
불의 조성 목적도 '보천지하普天之下 일체중생一切衆生 개몽해탈皆蒙解
脫'이 표방한 바와 같다. 즉 왕의 덕화와 불덕이 천하 사방으로 확대되
어 가는 과정과 무관하지 않은 것으로 보인다.

  백제의 《열반경》에 대한 관심은 이후에도 계속되었다. 중국으로 유
학 간 백제 승려가 길장吉藏(549~623)의 《열반경》 주석서를 가지고 귀국
해서 남아 있는 책이 없다는 중국 측 기록과[115] 《열반경》에 정통한 고구
려의 보덕이 불교의 탄압을 피하여 백제로 망명한 데에서 알 수 있다.

  그런데 일천제도 성불할 수 있다는 《열반경》의 사상은 백제 출신의
경흥에 이르러서 일천제는 불성이 없다는 오성각별설로 퇴보한다. 오
성각별설은 현장에서 규기로 이어져 대표되는 중국 법상종의 이론으
로 신라의 원효나 원측은 이를 따르지 않고 있다. 백제 말에 백제의
《열반경》에 대한 이해는 보덕의 《열반경》에 대한 이해와 달랐음을 알
수 있다. 이는 백제 출신의 경흥의 입장과 보덕에게 배운 바 있는 원효
의 여래장에 대한 입장 차이에 비롯한 것이 아닌가 한다. 경흥은 신라
로 넘어가 국로의 자리까지 오르게 되는 인물로 백제 말기에 《열반경》
에 대한 불교계 내부의 갈등도 상정할 수 있을 듯하다.

---

114) 聖王妙達天道地理 名流四表八方(《일본서기》 권19 흠명 16년)

115) 道融先於江南會稽遊學 聞彼大德等 云其吉藏法師涅槃疏記等 百濟僧並
   將歸鄕 所以此間無本留行 京亭曰 年過見百濟賢者 持此吉藏法師涅槃玄
   意 行故鄕寫之二有疏而未得讀 乃寫其賢者在彼訓(《열반경유의》, 대정장
   38~239a).

3) 율의 정비

율은 승려의 몸을 단속할 뿐만 아니라 승단 운영에 없어서는 안 되는 요소이다. 더구나 소위 인도의 부파불교시대에 각 부파마다 별도의 율을 갖고 있는데, 율은 사상적 기반을 함께 갖고 있었다. 더욱이 대승계의 보급은 대승불교의 불교대중화와 맞물려 전개되었다.

율은 승려의 규율과 통제를 목적으로 하지만, 비구 · 비구니 · 우바새 · 우바이 등 사부대중뿐만 아니라 외도를 교화하는 수단으로도 그 효용이 있었다. 다음은《사분율》에 나오는 구절이다.

> (율은) 불법을 믿지 않는 자를 믿게 하고, 이미 신심이 있는 자에게는 돈독히 하고, 계戒를 갖고 있지 않은 자에게는 사도邪道에서 벗어나 정법에 들어가게 하고, 참괴慚愧자에게는 안온케 하여 불법에 오랫동안 머무르게 하니, 그런 까닭에 부처께서 세상의 가장 뛰어난 계율을 설하였네.[116]

즉 율은 불교를 믿는 자뿐만 아니라 믿지 않는 자나 계를 받지 않은 자를 교화하는 데에도 그 목적이 있었다. 율은 출세간의 승려가 지켜야 하는 초월적인 규범이므로, 세간에서 이를 지킨다는 것이 의아스러울 수도 있다. 그러나 율은 경율론 삼장의 일부분으로 세간법에 적용되었으며, 붓다의 정법을 실현하는 왕자의 세간법 실행을 정당화해 주는 일면도 있었다. 곧 율은 세간에 부정적임과 동시에 엄연한 객관성

---

116) 不信者令信 已信者增長 斷不持戒者 令邪道入正 慚愧者安穩 佛法得久住 是以世最勝 演布禁戒經(《사분율》, 대정장 12-567c).

과 보편성을 함께 지녔다고 볼 수 있다.[117]

《사분율》[118]에 따르면 세간에 싸움이 있으므로 이의 중재자로 국왕을 세웠으며, 따라서 국왕이 세운 법을 만인이 떳떳이 지켜야 한다고 하였다. 국왕이 법을 어기는 이에게는 법을 알게 하고 법을 잘 지키는 이에게는 상급을 주듯이, 계율도 법과 마찬가지로 승려에게 똑같이 적용된다고 보았다. 법과 계율은 단지 편의상 민과 승려에게 구별되어 적용될 뿐이며 법, 계율 모두 부처의 정법에 기반을 두고 있으므로 별개가 아닌 것이다.

세속군주인 인왕人王이나, 진리의 군주인 법왕法王이 세간법과 출세간법에 있어서는 비록 다르나, 혼일混一되면 왕이 되고 귀일歸一하면 불佛이 되는 측면에서는 서로 어긋나지 않는다는 지적도 같은 맥락이다.[119]

백제의 율은 처음 불교가 수용되고 절과 승려가 생겨나면서 뒤이어 들어왔을 것이다. 10명의 승려가 있어야 출죄出罪(중죄重罪를 용서하는 것)를 제외한 모든 갈마羯磨를 할 수 있고, 30인의 승려가 있어야 보름마다 포살布薩을 할 수 있다는 데서 알 수 있듯이[120] 승려 수의 증가에 따라 율의 필요성도 함께 증가하였다. 한성시기 침류왕 때 불교를 받아들이고 이듬해 한산에 절을 짓고 10인의 승려를 도승시킨 바가 있

---

117) 平川彰 지음·박용길 옮김, 《율장연구》, 토방, 1995, 340쪽.

118) 所以立王者 由世諍訟故 衆人之所擧 古昔之常法 犯罪者知法 順法者成就 戒律亦如是 如王治正法(《사분율》, 대정장 22−567c).

119) 人王法王 世出世之法雖殊 其以混一爲王 歸一爲佛 則亦不相遠矣(閔漬, 〈국청사금당주불석가여래사리영이기〉, 《국역동문선》 권68, 고전국역총서 30, 민족문화추진위원회, 167쪽(국역), 608쪽(원문)). 민추국역의 '人王 법왕의 세상이 세상에 나오는 법은 비록 다르나, 그 혼일된 것으로 왕을 삼고 귀일된 것으로 부처를 삼는 것은 또한 서로 멀지 않으니'의 번역에는 다소 착오가 있다.

120) 佐藤密雄 지음·김호성 옮김, 《초기불교교단과 계율》, 민족사, 1991, 54〜61쪽.

으며, 성왕 때는 전국에서 28명의 승려를 초치[121]할 만큼 승려의 수가 많았다. 위덕왕 때는 100명의 승려를 도승시키고[122] 법왕 때는 왕흥사를 창건하면서 30인을 도승시키기도 하였다.

백제의 율에 대해서는 이전부터 미륵신앙이나 열반신앙, 법화신앙과 관련되어 종종 언급이 되어 왔다.[123] 다음은 백제 율종의 비조인 겸익의 내용을 싣고 있는《조선불교통사》의 기록이다.[124]

A. 성왕〔高明襀〕재위 31년

병오 4년(신라 법흥왕 13년, 고구려 안장왕 8년, 양 보통 7년) 백제 사문 겸익이 중인도 상가나사에 이르러 범문을 배우고 율부를 공부하고 범승 배달다삼장倍達多三藏과 같이 범본 율문을 가지고 귀국하여 72권을 번역하여 완성하니 이것으로 백제 율종이 비롯되었다. 담욱曇旭 · 혜인惠仁 두 법사가 율소律疏 36권을 저술하였다.[125]

---

121) 이능화, 〈미륵불광사사적〉,《조선불교통사》(上 · 中) 보련각, 1918, 33쪽.

122)《일본서기》권19 흠명 16년.

123) 안계현,《한국불교사상사연구》, 동국대학교출판부, 1983; 김두진,〈백제의 미륵신앙과 계율〉,《백제연구총서》3, 충남대학교 백제연구소, 1993.

124) 겸익에 대해서는 다음 글을 참조.
채인환,〈겸익의 구율과 백제불교의 계율관〉,《동국사상》16, 동국대학교, 1983; 小玉大圓,〈百濟求法僧謙益とその周邊〉,《한국사상사학》6, 한국사상사학회, 1994; 조경철,〈백제 성왕대 유불정치이념—육후와 겸익을 중심으로—〉,《한국사상사학》15, 한국사상사학회, 2000; 심경순,〈6세기전반 겸익의 구법활동과 그 의의〉, 이화여자대학교 석사논문, 2002.

125) 聖王〔高明襀〕在位三十一年
丙午四年(新羅法興王十三年 高句麗安藏王八年 梁普通七年) 百濟沙門謙益 入中印度常伽那寺 學梵文功律部 與梵僧倍達多三藏 齎梵本律文歸國 譯成七十二卷 是爲百濟律宗之始 曇旭惠仁兩法師 著律疏三十六卷(이능화, 〈미륵불광사사적〉,《조선불교통사》(上 · 中), 보련각, 1918, 33쪽).

B. 미륵불광사사적에 이르길 백제 성왕 4년(526) 병오, 사문 겸익은
마음을 다하여 율을 구하러 바다 길을 통해 중인도 상가나대율사常伽
那大律寺에 이르러 범어를 5년 동안 배워 깨우치는 한편 율부를 깊이
공부하여 계체戒體를 장엄하고 범승 배달다삼장과 더불어 범본 아담장
阿曇藏과 오부율문五部律文을 가지고 귀국하였다. 백제왕은 우보羽葆와
고취鼓吹로 교외에서 맞이하여 흥륜사에 안치하였다. 국내의 명승 28
인을 불러들여 겸익법사謙益法師와 더불어 율부 72권을 번역케 하니
이가 곧 백제 율종의 비조이다. 이에 담욱·혜인 두 법사가 신율 36권
을 지어 왕에게 바쳤다. 왕이 비담毘曇과 신율新律에 서문을 써서 (같이)
태요전에 보관하였다. 장차 판각하여 널리 펴려고 하였으나 겨를이 없
다가 (성왕이) 죽어 뜻을 이루지 못하였다.[126]

위 기록에 따르면 백제의 겸익이라는 승려가 인도로 건너가서 범어
와 율을 배우고, 범본梵本 불경을 가지고 귀국하여 승려들과 함께 이
를 번역했다고 한다. 더욱이 5부 율문을 번역했다는 일은 백제불교
사에서뿐만 아니라 한국불교사, 나아가 동아시아 불교사에서 획기적
인 일로 여길 만한 일이다. 그런데 아쉽게도 겸익에 대해 전하고 있는
〈미륵불광사사적〉이 1918년 편찬된《조선불교통사》에만 기록되어 있
어 사료로서의 한계가 있다. 그러나 이능화의《조선불교통사》가 자료
집의 성격이 강한 저술인 점을 감안한다면 〈미륵불광사사적〉의 내용

---

126) 彌勒佛光寺事蹟云 百濟聖王四年丙午 沙門謙益 矢心求律 航海以轉至中
印度常伽那大律寺 學梵文五載 洞曉竺語 深功律部 莊嚴戒體 與梵僧倍達多
三藏 齎梵本阿曇藏五部律文歸國 百濟王 以羽葆鼓吹 郊迎 安于興輪寺 召
國內名釋二十八人與謙益法師 譯律部七十二卷 是爲百濟律宗之鼻祖也 於
是 曇旭惠仁兩法師 著律疏三十六卷 獻于王 王作 毘曇新律序 奉藏于台耀
殿 將欲剞劂廣佈 未遑而薨(이능화, 〈미륵불광사사적〉,《조선불교통사》(上·
中), 보련각, 1918, 33~34쪽).

을 무조건 무시할 수도 없다. 이 자료의 사료적 신빙성에 대해서는 당
시 국제정세와 구법승의 행로를 중심으로 보강하거나[127]《일본서기》
관륵 기사의 상표문을 검토하여 방증한 바 있다.[128]

이능화는《조선불교통사》의 A에서 겸익에 관한 사적을 백제 성왕 4
년조에 싣고 있어 겸익이 귀국한 해가 성왕 4년인 것처럼 되어 있다.
성왕 4년조 기술의 근거가 된 B의〈미륵불광사사적〉에서는 겸익이 백
제 성왕 4년[129] 병오에 중인도로 유학을 가서 5년 동안 배운 뒤 귀국
한 것으로 해석할 수도 있어, 성왕 4년이 귀국 연도가 아니라 출국 연
도일 수도 있다는 여지를 남겨 놓고 있다.[130] 그러나 이능화가 겸익의
사적을 성왕 4년조에 싣고 언제 귀국했다는 언급을 하지 않은 점이나
〈미륵불광사사적〉의 내용이 겸익의 출국에 중점을 두었기 보다는 그

---

127) 小玉大圓,〈求法僧謙益とその周邊(上·下)〉,《마한백제문화》8·10, 원광
대학교 마한·백제문화연구소, 1985·1987;《미륵사상의 본질과 전개》(문산
김삼룡박사 고희기념),《한국사상사학》6, 서문문화사, 1994.

128) 조경철, 앞의 글, 2000.

129)《조선불교통사》下에서는 자료집만을 따로 실었는데 여기서는 백제성왕칠
년병오百濟聖王七年丙午라 하였다. 이에 대해 이능화는 '병오'라는 간지를 중
시하여 성왕 7년을 성왕 4년으로 바로 잡았다(謙益齎梵本之律文; 彌勒佛光
寺事蹟云 百濟聖王七年丙午(旣是丙午 則非七年 乃四年也 今考正之)(이능
화,〈미륵불광사사적〉,《조선불교통사》(下), 1918, 103쪽)).

130) 성왕 4년을 겸익이 귀국한 해로 보는 견해(채인환,〈겸익의 구율과 백제불교
의 계율관〉,《동국사학》16, 동국대학교, 1983, 54쪽; 김영태,《백제불교사상
연구》, 동국대학교 출판부, 1985, 123쪽; 최병헌,〈불교사상과 신앙〉,《한국
사특강》, 서울대학교출판부, 1990, 336쪽; 심경순,〈6세기전반 겸익의 구법활
동과 그 의의〉, 이화여자대학교석사학위논문, 2002)와 출국한 해로 보는 견해
(고익진,《한국고대불교사상사》, 동국대학교출판부, 1989, 123쪽;《한국사》
(한길사) 연표1994; 小玉大圓,〈百濟求法僧謙益とその周邊〉,《한국사상사
학》6, 한국사상사학회, 1994, 377쪽)가 있다. 한편 심경순은 526년을 귀국한
해로 보지만 출국 연대를 521년경이 아닌 512년으로 보고 있다.
위에서 성왕 4년이 겸익이 귀국한 해인가 출국한 해인가에 다소 과민한 반응
을 보였는데, 성왕 4년을 귀국한 연도로 본다면, 그의 출국 연도는 무령왕 말
년이 되어 무령왕 때의 불교를 설명하는 좋은 사료가 된다. 또한 성왕 4년 526
년을 출국한 연도로 본다면, 성왕이 대통사를 창건한 이후 불교의 율의 정비
를 통한 통치체제의 정비를 위한 목적으로 겸익을 파견한 측면에서 또한 중요
성을 갖는다.

가 귀국하여 행한 율의 보급에 중점을 둔 것으로 볼 때, 〈미륵불광사
사적〉의 성왕 4년을 출국한 연도로 보기보다는 귀국한 연도로 보는
것이 나을 듯 싶다.

성왕 4년, 526년이 겸익이 귀국한 해라면 그가 인도에서 공부한
햇수가 5년이므로 그의 출국 연도는 521년 전후가 된다. 즉 무령왕
(501~523) 말년에 해당된다. 무령왕은 재위 21년(521) 양나라에 '다시
강국이 되었다(更爲强國).'라고 자부할 만큼 웅진천도 이후 백제를 다
시 일으켰다. 또한 이때를 즈음하여 중국의 한역경전에 만족하지 않
고, 겸익을 인도로 보낼 정도로 범본경전에 관심을 가질 만큼 문화적
으로도 자신감에 넘쳤던 왕이었다.

무령왕 말년 중인도로 유학 간 겸익은 상가나대율사에서 5년 동안
범어와 율을 공부하고, 계체[131]를 장엄하여 범승 배달다삼장과 같이 범
본 아담장과 5부율문을 가지고 성왕 4년(526)에 귀국하였다. 겸익이
유학지로 중인도를 선택한 것은 당시 북인도가 '미히라쿨라의 파불破
佛(502~534)'[132]로 치명적인 타격을 받아 상황이 여의치 않아서였다. 겸
익이 머문 중인도의 상가나대율사에 대해서는 알려진 바가 없다. 중국
의 승려 법현法顯이 399년에 율을 구하러 중인도에 갔었는데, 북인도
의 여러 나라에서는 율을 구전으로만 전하여 베낄 만한 저본이 없었

---

131) 계체戒體는 계戒의 본질이다. 계는 어떠한 계라도 계를 받은 사람을 속박하
는 힘을 가지고 있다. 이른바 '방비지악防非止惡의 힘'이 있다. 즉 계를 받았
을 때 무엇인가 눈에 보이지 않는 것이 뒤에 남아서 그 사람에게 갖춰지게 되
고, 그것에 따라서 그 사람이 계를 갖춘 자라고 말할 수 있을 무엇인가가 없으
면 안 된다고 생각된다. 이것이 계체이다(平川彰 지음 · 석혜능 옮김,《원시불
교의 연구》, 민족사, 2003, 183쪽).

132) 훈족 미히라쿨라(502~534)는 간다라에 침입하여 불교에 대한 피비린내 나
는 박해를 선언하였다. 전하는 바에 따르면, 그는 1,600여 동의 사원을 파괴하
였고, 90만 명의 신도들을 목졸라 죽였다고 한다(에티엔 라모트 지음 · 정의도
옮김,《간추린 인도불교사》, 시공사, 1997, 97쪽).

고 중인도의 마하연승가람摩訶衍僧伽藍에서 마하승기율摩訶僧祇律 1
부를 얻을 수 있었다고 한다.[133] 마하연승가람은 중인도에 있는 절이
고, 이곳에 5부율의 하나인 마하승기율 저본이 있었음을 감안할 때,
겸익이 머문 중인도의 상가나대율사는 법현이 머문 마하연승가람과
같을 가능성이 높다.[134]

  겸익은 인도승려 배달다삼장과 더불어 귀국하였다. 한성백제에 불
교를 전한 마라난타도 호승이라 하여 서역승려 또는 인도승려일 가능
성도 있는데, 배달다삼장은 웅진시기 백제에서 활약한 대표적인 인도
승려로 볼 수 있다. 이로 말미암아 한성·웅진시기에 걸쳐 백제불교는
인도불교의 영향이 컸음을 유추할 수 있다. 겸익은 인도에서 범본 아
담장과 5부 율문을 가지고 귀국했는데, 아담장은 아비달마장阿毘達磨
藏으로 논장論藏의 뜻이다.[135] 논장은 불경의 경·율·론 삼장 가운데
하나로 경에 대한 이론서 또는 주석서이다. 백제의 불교에 대한 관심
이 경에서 논·율로 심화되어감을 알 수 있다.

  5부 율문은 5부의 율로 당시 대표적인 5부파의 율을 말한다. 한역
5부율은 보통 십송율, 사분률, 마하승기율, 오분률, 가섭유율(또는 근
본유부율根本有部律)을 소의所依로 하는 5부의 율을 말하지만, 5부의 명
칭에 대해서는 일정하지가 않다. 또한 가섭유율의 실재에 대해서는 논

---

133) 平川彰 지음·박용길 옮김, 《율장연구》, 토방, 1995, 171쪽. 法顯本求戒律
    而北天竺諸國 皆師師口傳無本可寫 是以遠涉乃至中天竺 於此摩訶衍僧伽
    藍得一部律 是摩訶僧祇衆律(《고승법현전》, 대정장 51-864b).

134) 심경순, 앞의 글, 2002, 27~28쪽에서는 상가나대율사를 나란타사로 추정하
    고 있다.

135) 阿曇藏은 阿毘達磨藏 또는 阿毘曇藏과 같은 말로 經律論 三藏 가운데 論
    藏을 말한다. 修多羅藏 毘那耶藏 阿毘達磨藏(大正藏 12-903c), 三阿毘達
    磨藏 此云對法 所詮惠學 對向涅槃 對觀四諦 而攝益故(《대승사법경석》, 대
    정장 26-365a), 有一年少比丘 通達三藏 所謂阿毘曇藏 毘尼藏 修多羅藏(대
    정장 3-142a).

란이 있고 근본유부율은 8세기에서야 번역되었다.[136] 겸익이 가져온 5
부율문의 5부가 구체적으로 어떠한 부파를 의미하는지 알 수 없지만,
당시 각 부파마다의 율의 차이를 인지하고 이에 대한 비교·비판의 측
면에서 5부율을 들여온 것으로 추측된다.

백제의 성왕은 인도에서 귀국한 겸익을 우보와 고취로 성대히 맞이
하여 흥륜사에 머물게 하고 그와 함께 전국의 명승 28인과 더불어《율
부》72권의 번역을 하였다. 먼저 역경사업을 주도한 장소인 흥륜사에
주목할 필요가 있다. 〈미륵불광사사적〉의 사료를 믿는다면 흥륜사는
525년 건립된 대통사보다 이전에 창건된 사찰로 여겨진다. 흥륜사 창
건 연대에 대해서는 성왕 때, 무령왕 때 등으로 유추해 볼 수 있다.

첫 번째, 성왕 때 흥륜사가 창건되었다는 주장이 제기되었다.[137]《삼국
유사》원종흥법염촉멸신조 분주의 흥륜사를 백제의 흥륜사로 보고, 이
흥륜사가 〈미륵불광사사적〉의 흥륜사와 같다는 전제에서의 주장이다.

두 번째, 무령왕 때 흥륜사가 창건되었다는 주장이 이어서 제기되었
다.[138] 겸익이 무령왕 말년에 왕의 명에 따라 인도로 갔다는 점을 강조
해서 내린 추정이다. 겸익이 인도로 떠나기 전 흥륜사에 머물러 있었
고, 성왕 때 귀국해서도 흥륜사에 머문 셈이 된다.

첫 번째 견해는 성왕 때 흥륜사가 창건되었을 수 있다는 가능성
은 인정하지만 그 이유로 제시한《삼국유사》원종흥법염촉멸신조
분주기록의 흥륜사가 백제의 흥륜사라는 점에는 다소의 오해가 있
었던 것 같다. 원종흥법염촉멸신조 분주의 흥륜사는 신라의 흥륜사

---

136) 平川彰 지음·박용길 옮김,《율장연구》토방, 1995, 131~174쪽.
137) 조원창, 〈공주지역사지연구〉,《백제문화》28, 1999, 122쪽.
138) 노중국, 〈신라와 백제의 교섭과 교류 : 6~7세기를 중심으로〉,《신라문화》
    17·18, 동국대학교 신라문화연구소, 2000, 131쪽.

일 가능성이 더 높다.

두 번째 견해는 대통사의 창건 연도와 결부시켜 생각했을 때, 타당성은 있다. 대통사의 창건 연도가 종래의 통설대로 527년 또는 저자의 주장대로 525년 무렵이라면, 그 이전에 성왕이 흥륜사를 지었다는 것은 무리라고 생각된다. 백제 무령왕의 원찰 성격을 가진 대통사를 창건하면서 또 흥륜사를 창건하였다고 보기는 어렵기 때문이다.

다음 흥륜사의 성격에 관한 문제이다. 〈미륵불광사사적〉의 흥륜사에서 율장번역 사업이 이루어졌으므로 흥륜사가 '율사律寺'의 성격이 강하다는 점을 알 수 있다. 또한 흥륜사의 '륜輪'은 흔히 '전륜성왕이 굴리는 정법의 바퀴'라는 의미로 해석되므로 미륵신앙과 관련을 맺을 수 있다. 미륵경전에 따르면 미륵이 하생하여 중생을 제도하기 전에 전륜성왕이 세상을 다스린다고 되어 있다. 더욱이 미륵상생신앙에 따르면 도솔천에 왕생하기 위해서는 '율'을 잘 지켜야 한다는 점이 강조되어 있으므로 율과 미륵신앙은 긴밀하게 연결되어 있다.[139] 이와 같은 점을 염두에 두고 신라의 흥륜사에 대한 연구 성과를 백제 흥륜사에 대비시켜 보기도 하였다.[140]

또 한 가지 주목할 것은 5부율을 번역한 것으로 여겨지는 《율부》 72권은 5부율의 권수[141]를 생각한다면 상대적으로 적은 권수라는 점이다. 그래서 《율부》 72권은 5부율 가운데 1부의 율만을 번역했거나 아니면 5부의 율을 초역했다고 보기도 한다. 《십송율》의 경우 80송을

---

139) 김두진, 〈백제의 미륵신앙과 계율〉, 《백제연구총서》 3, 충남대학교 백제연구소, 1993.

140) 노중국, 〈신라와 백제의 교섭과 교류 : 6–7세기를 중심으로〉, 《신라문화》 17 · 18, 동국대학교 신라문화연구소, 2000, 130~141쪽.

141) 참고로 오분율은 30권, 사분율은 60권, 십송율은 60권, 마하승기율은 40권 이다.

1/10인 10송으로 줄여서 《십송율》로 이름을 삼았다는 것을 참조한 다면,[142] 5부율을 72권으로 줄여 백제 나름대로의 율인 《율부》 72권 을 만들었다고 볼 수도 있다. 《율부》가 백제 나름의 율이었다면 당연 히 이에 소를 달아야 했을 법한데 담욱과 혜인이 《율소》 36권을 지어 바쳤다. 이에 백제의 성왕은 비담과 신율에 서문을 써서 함께 태요전 에 보관하였고 더 나아가 판각을 하려 하였으나 성왕의 죽음으로 완결 을 보지 못했다고 한다. 비담은 겸익이 가져온 아담장을 말하는 듯한 데, 〈미륵불광사사적〉에는 이에 대한 번역이 언급되어 있지 않다. 신 율은 앞의 《율부》와 이에 대한 소인 《율소》를 말하는 것으로 이를 백 제의 새로운 율인 신율新律로 부르고 있는 듯하다. 비담은 겸익이 가 져온 아담장으로 성왕이 비담과 신율에 서문을 썼다고 한 것으로 보아 범본 아담장도 번역된 것으로 생각된다.

백제의 성왕은 전륜성왕으로 자처하며 비담과 신율에 서문을 쓸 정 도로 불교교리에도 해박함을 보여 주어 불교군주로서의 면모를 재천 명하였다. 성왕은 《율부》와 《율소》인 신율을 판각하여 내외에 널리 유 포하고자 하였으나 관산성패전으로 끝내 그 뜻을 이루지는 못하였다.

백제는 양무제를 위해서가 아니고 《법화경》의 전륜성왕대통불의 계 보를 이 땅에 실현시키기 위하여 대통사를 건립하였고, 중국의 한역 경전에 만족하지 않고 직접 인도에 가서 범본 5부율문을 가지고 번역 하여 신율을 만들 정도로 나름대로의 불교문화에 대한 자부심이 있었 다고 볼 수 있다. 바로 이 율장 번역의 중심에 있던 사찰이 흥륜사였 다. 또한 대통사가 성족관념에 의한 전륜성왕이념을 보급시키려 했다 면, 흥륜사는 미륵신앙에 의한 전륜성왕이념을 보급하려 했던 것으로

---

142) 平川彰 지음·박용길 옮김, 《율장연구》 토방, 1995, 137쪽.

생각된다. 더 나아가 겸익을 중심으로 한 율의 정비는 정치제도와 승관僧官의 설치에도 기여했다고 볼 수 있다. 22부사에 보이는 공덕부와 공덕사 등이 그 대표적인 사례이다.

제3절. 유불이념과 제도의 정비

백제 성왕 때 유교와 불교는 한층 심화되었다. 유교에서는 중국의 학자 육후陸詡가 들어와 예에 입각한 유교정치이념을 보급하였다. 불교에서는 인도의 승려 배달다삼장과 같이 들어온 율종의 비조 겸익과 중국에서 30여 년 동안 활동한 법화승려 발정이 불교정치이념을 보급하였다. 유불의 조화와 견제 속에 백제는 새로운 도약을 하게 되었다.

1) 제도의 정비

(1) 육후의 활동

육후는 고려에 과거제도를 도입한 후주後周의 쌍기雙冀와 비견되는 인물이자 한국에서의 활동이 두드러지는 중국 최초의 지식인이다. 육후는 중국 남조의 양나라와 진陳나라에서 벼슬하였으며 백제의 유교정치제도 정비에 큰 영향을 끼쳤다.

① 시호제

육후에 관한 최초의 기록은 《진서》와 《남사》이다.[143] 두 기록에 따

---

143) 陸詡少習崔靈恩三禮義宗 梁世百濟國 表求講禮博士 詔令詡行 還除給

르면 육후는 양나라 때 최령은崔靈恩에게서 삼례三禮(《주례周禮》·《예기禮記》·《의례儀禮》)를 배웠고, 강례박사講禮博士를 청한 백제의 요구에 따라 백제로 건너갔다. 이후 다시 본국인 양나라로 귀국하여 급사중給事中과 정양령定陽令을 제수받았다. 그리고 진나라 천가 연간(560~566)에 시흥왕 백무伯茂의 시독侍讀으로, 상서사부낭중尙書祠部郎中에 임명되었다.

육후에 관한 역사적 평가를 처음 내린 국내 사서는 한치윤의 《해동역사》이다. 한치윤은 성왕 19년(541)에 양나라에 모시박사를 청한 기록을 《양서》에서 옮겨 실은 뒤, 《진서》의 기록을 덧붙였다.[144] 이에 대한 자신의 견해를 다음과 같이 피력하였다.

> 육후의 행적을 살피건대 활동한 연대는 미상이다. 아마도 천감 연간(502~519)에서 대동 연간(535~546)의 사이가 아닌가 한다. 대저 백제의 왕호는 대부분 방언을 썼는데 성왕 원년(523년)에 비로소 시법謚法을 제정하였다. 부왕을 무령이라 하고, 이후 성왕·위덕왕·혜왕·법왕·무왕이라는 시호를 내렸다. 모두 육후가 예를 강한 효과이다. 더 이상 자세한 사항을 알 수 없으니 유감이다.[145]

事中定陽令 天嘉初 侍始興王伯茂讀 遷尙書祠部郎中(《진서》 권33 정작전에 부전).
陸詡少習崔靈恩三禮義 梁時百濟國 表求講禮博士 詔令詡行 天嘉中 位尙書祠部郎(《남사》 권71 정작전에 부전).

144) 大同七年(聖王十九年) 遣使獻方物 並請涅槃等經義毛詩博士 並工匠畵師等 勅並給之(梁書) ○梁世百濟又表求講禮博士 詔使陸詡行 詡少習崔靈恩三禮義宗 還除給事中(陳書)(《해동역사》 권9 백제). 《삼국사기》의 기록은 다음과 같다. 王遣使入梁朝貢 兼表請毛詩博士 涅槃等經義 幷工匠畵師等 從之(《삼국사기》 권26 백제본기 성왕 19년조).

145) 安陸詡之行 未詳其何年 故姑係於此而當在天監大同之間也 大抵百濟之王號 多取方言 而聖王元年癸卯 始制謚法 上其父王謚爲武寧 此後連有謚號 曰聖王 曰威德王 曰惠王 曰法王 曰武王 皆陸詡講禮之效也 其詳不可得而

한치윤은 양나라의 강례박사였던 육후가 백제로 건너와서 성왕 때 시법을 제정하는 등 유교예제정치의 정비를 이끌었다고 보고 있다. 그런데《삼국사기》에 따르면 동성왕의 훙년기사에 '시왈동성왕諡曰東城王', 무령왕의 훙년기사에 '시왈무령諡曰武寧'이라 했으므로 백제의 시호제는 무령왕 때 실시된 듯하다. 그러나 무령왕릉에서 발견된 지석에 따르면 무령왕은 무령이라는 시호를 쓰지 않고 휘인 사마斯麻를 쓰고 있어 무령왕 때 시호제의 실시에 의문이 남는다. 무령왕릉의 지석에 대한 정보를 갖고 있지 않았던 한치윤은《해동역사》에서 시호제의 실시를 성왕 원년으로 보고, 이는 육후의 예에 대한 강습의 효과라고 본 것이다.

그러나 한치윤이 본 시호제의 실시 연대가 육후가 백제에서 활동한 연대와 맞지 않아 성왕 원년에 시호제가 실시되지 않았다고 보기도 한다.[146] 즉 육후가 백제에 온 연대를 천감 연간(502~516)이나 대동 연간(535~546)으로 보고, 성왕 원년은 523년이므로 천감·대동 연간에 해당되지 않으며, 따라서 성왕 원년(523)에 시호제가 실시될 수 없다는 주장이다.

그러나《해동역사》에 보이는 한치윤의 설명, 곧 '육후지행陸詡之行 미상기하년未詳其何年 고고계어故姑係於 차이당재此而當在 천감대동지간야天監大同之間也'의 해석을 '육후가 백제에 온 해는 언제인지 모르겠다. 아마도 천감 연간이나 대동 연간일 것이다.'[147]보다는 '육후가 백제

考 可恨(《해동역사》권9 백제).

146) 이기동, 〈백제국의 정치이념에 대한 일고찰; 특히 '《주례》'주의적 정치이념과 관련하여〉,《진단학보》69, 진단학회, 1990;《백제사연구》, 일조각, 1996, 177쪽.

147) 이기동, 앞의 글, 1990, 177쪽.
   민족문화추진회 역(1996)의《해동역사》의 번역문은 다음과 같다. "육후가 백

로 온 해는 미상이다. 아마도 천감 연간에서 대동 연간에 이르는 사이
가 아닐까 한다.'로 해석하는 것이 어떨까? 즉 한치윤이 생각한 육후
의 입국 연도는 천감(502~519), 보통(520~527), 대통(527~529), 중대통
(529~534), 대동(535~546)으로, 곧 502~546년에 걸치는 어떤 시기이
다. 따라서 성왕 원년 523년에 육후의 도움으로 시호법이 제정됐다는
한치윤의 주장은 육후의 활동기간과 견줄 때 모순되지 않는다.

　다만 저자는 백제의 시호법 제정이 육후의 영향이라고 본 한치윤
의 견해는 따르지만, 그것이 성왕 원년이라는 설은 따르지 않는다.
성왕 원년에 실시되었다면 무령왕릉 지석에 사마대신 무령이라는 시
호로 썼을 것이다. 시호법의 실시 시기는 육후의 백제에서의 활동 연
대로 추정해야 한다. 그러므로 저자는 성왕 19년(541) 모시박사를 청
한 기록에 주목하고 싶다.[148] 다음은 541년을 전후한 시기 백제와 양
의 교류기록이다.

　　A. 534년 3월 사신을 양나라에 보내 조공하였다(《삼국사기》 권26
　백제본기 성왕 12년 3월).[149]

　제로 온 것이 어느 해인지 자세히 알 수 없으므로 우선은 이곳에다가 기록하
　였는데, 마땅히 천감과 대동 연간에 왔을 것이다."
148) 종래 육후의 백제 입국 연대를 540년대에서 550년대 전반기에 걸치는 시기로
　　보았다(Jonnathan W. Best, Diplomatic and Cultural Contacts Between
　　Paekche and China, Harvard Journal of Asiatic Studis, Vol. 42, No. 2,
　　1982, 466쪽과 이기동, 앞의 글, 177쪽). 위 연대의 비정은 《해동역사》에서 육
　　후가 건너 온 대동 연간(535~546)과 양나라가 멸망한 557년을 참작하여 추정
　　한 연대로 보인다.
149) 遣使入獻朝貢(《삼국사기》 권26 백제본기 성왕 12년 3월)

B. 541년 왕이 양나라에 사신을 보내어 조공을 하고 겸하여 표문
을 올려 모시박사와 열반경 등의 주석서와 공장, 화사 등을 청하니
(양나라에서) 보내 주었다(《삼국사기》 권26 백제본기 성왕 19년).[150]

C. 534년과 541년 누차 사신을 보내 공물을 바치고 아울러 열반
경 등의 주석서와 모시박사 및 공장, 화사 등을 청하자 칙서를 내려
이를 허락하였다(《양서》 권54 백제전).[151]

D. 549년 겨울 10월에 왕은 양나라의 서울에 반란이 있었음을 알지
못하고 사신을 보내 조공하였다. 사신이 이르러 성과 대궐이 이미 황폐
하고 허물어진 것을 보고 모두 단문端門 밖에서 소리 내어 우니, 길을
가다가 보는 사람이 눈물을 흘리지 않는 자가 없었다. 후경侯景이 이를
듣고 크게 노하여 잡아 가두었는데, 후경의 난이 평정되어서야 바야흐
로 환국할 수 있었다(《삼국사기》 권26 백제본기 성왕 27년 10월).[152]

E. 육후는 어려서 최령은에게 삼례의종三禮義宗을 배웠다. 양나라 때
백제국에서 표를 올려 강례박사를 청하자 조서를 내려 육후를 가게 하

---

150) 十九年 王遣使入梁朝貢 兼表請毛詩博士 涅槃等經義 幷工匠畵師等 從之
(《삼국사기》 권26 백제본기 성왕 19년)
　宕昌王遣使獻馬及方物 高麗百濟滑國各遣使獻方物(《양서》 권3 무제본기
대동 7년)
　是歲 宕昌蠕蠕高麗百濟滑國各遣使朝貢 百濟求涅槃等經疏 及醫工畵師毛
詩博士並許之(《남사》 권7 양무제 대동 7년).

151) 中大通六年大同七年 累遣使獻方物 幷請涅槃等經義 毛詩博士 幷工匠畵
師等 勅幷給之(《양서》 권54 백제전).

152) 王不知梁京師有寇賊 遣使朝貢 使人既至 見城闕荒毀 並號泣於端門外 行
路見者 莫不灑淚 侯景聞之大怒 執囚之 及景平 方得還國(《삼국사기》 권26
백제본기 성왕 27년 10월).

였다. 다시 돌아와서 급사중, 정양령에 제수되었다. 진나라(557~589) 천가 연간(560~566) 초에 시흥왕 백무의 시독이 되었고, 자리를 옮겨 상서사부 낭중에 임명되었다(《진서》 권33 정작전에 부전).[153]

백제와 양의 교류는 사료에 나타난 횟수보다 많겠지만, 일단 위 교류사실을 바탕으로 육후의 백제 입국 연대를 추정하고자 한다.

먼저 A를 통해서 534년경이 육후의 백제 입국 연도임을 추측할 수 있다. 또한 C에서는 534년과 541년에 모시박사를 청한 듯 기록하고 있다. 그러나 C는 A의 534년 양나라 조공과, B의 541년 모시박사를 청한 기록을 한 곳에 모았기 때문에 C에서 《열반경》 등의 주석서와 모시박사 및 공장, 화사 등을 청한 연도는 534년이 아니고 541년에만 적용되는 사항이다.

그런데 E의 기록에도 백제에서 표를 올려 강례박사를 청했고 양나라에서 이를 들어주었다는 내용이 보인다. 더욱이 강례박사의 이름을 육후라 명기하고 있다. B의 모시박사와 E의 강례박사를 각기 다른 인물로 보고 백제에서 두 번 양나라에 박사를 청한 것으로 보기도 한다.[154] 하지만 모시박사와 강례박사 사이에 차이는 있지만, B의 '표청表請', E의 '표구表求'의 표현 등으로 보아 이를 같은 내용을 전하는 기록으로 보고 싶다.[155] 강례박사인 육후가 백제의 청으로 왔다면 강례박

---

153) 陸詡少習崔靈恩三禮義宗 梁世百濟國表求講禮博士 詔令詡行 還除給事中定陽令 天嘉初 侍始興王伯茂讀 遷尙書祠部郞中(《진서》 권33 정작전에 부전).

154) 이기동, 앞의 글, 1990; 노용필, 〈신라시대 《효경》의 수용과 그 사회적 의의〉, 《이기백선생고희기념한국사학논총(上)》, 일조각, 1994, 185쪽.

155) 《진서》에 육후가 스승인 최령은에게서 삼례를 배웠다고 나와 있지만, 스승 최령은은 삼례뿐만 아니라 《집주모시이십권》을 지을 정도로(《양서》 권48 최령은 전) 모시에도 정통했다. 따라서 육후도 스승에게서 모시를 배웠다고 생

사 육후는 541년 백제에서 청한 모시박사일 가능성이 높으며, 육후는 그해 백제 사신을 따라 들어온 것으로 생각된다.[156]

예에 밝은 육후가 백제에서 활동한 기간은 541년부터 552년까지 12년 동안이었다. 이 12년의 기간은 성왕 때 후반, 사비시기 초반으로 성왕이 의욕적으로 통치체제를 정비해가는 시기이기도 하였다. 백제의 시호제 또한 한치윤이 《해동역사》에서 언급한 성왕 원년이 아니라 육후가 활동한 541~552년 사이에 실시된 것으로 여겨진다.[157]

② 22부사제

사비시기에 새롭게 나타난 중앙정치제도의 하나가 22부사제이다. 22부사는 내관 12부, 외관 10부로 구성되어 있다.

北史云 …… 各有部司 分掌衆務 內官有前內部 穀內部 肉部 內掠部 外掠部 馬部 刀部 功德部 藥部 木部 法部 後宮部 外官有司軍部 司徒部 司空部 司寇部 點口部 客部 外舍部 綢部 日官部 都市部 長吏三年一交代(《삼국사기》 권40 직관지 下).

내관 12부는 전내부·곡내부·육부·내경부·외경부·마부·도부·공덕부·약부·목부·법부·후궁부이고, 외관 10부는 사군부·사도부·사공부·사구부·점구부·객부·외사부·주부·일관부·도

각되며, 사서에 따라 모시박사 또는 강례박사로 불린 것이 아닌가 한다. 시와 예의 상호밀접성은 다음 구절에 집약된다. 子曰 興於詩 入於禮 成於樂(《논어》 태백).

156) 육후의 양나라로의 귀국 연도를 검토하는 것이 순서이나, 여기서는 그 결론인 552년을 제시하고 본격적인 검토는 따로 설명하려 한다.

157) 성왕 때 동성왕과 무령왕의 시호를 추존한 것이 아닌가 한다.

시부이다. 각 부의 성격에 대해서는 정확히 알 수 없지만 외관 10부 가운데 보이는 사군부, 사도부, 사공부, 사구부 등의 4개의 부는 그 명칭이 《주례》에 보이므로 《주례》의 영향을 받았다는 것을 쉽게 감지할 수 있다.[158]

6좌평과 22부사를 '《주례》'이념과 연관시킨 구로다 타츠야黑田達也는 그 실시 시기를 사비시기, 특히 위덕왕 때(554~598)로 비정하였다.[159] 즉 6좌평과 22부사제는 중국 북주(556~581)의 관제를 원용해 왔다고 주장하였다. 백제는 기존의 중국과의 외교에서 남조가 아닌 북조와도 통교하기 시작하였는데, 특히 북주에 577년(위덕왕 24)과 578년(위덕왕 25) 두 차례에 걸쳐 사신을 파견하였다. 이때 북주의 《주례》에 바탕을 둔 정치제도에 관심을 가졌을 것으로 생각하였다.

그는 백제의 6좌평이 양(502~557)·진(557~589)·북위(386~534)·북제(550~558)의 관직과는 공통점을 찾기가 어려운 것과 달리, 《주례》에 입각한 북주의 관제와는 대단한 유사성이 보인다고 하였다. 더욱이 북주 관제의 직임과 앞서 살펴본 6좌평과의 직임 사이에도 상당한 공통점을 찾을 수 있다고 하였다. 그래서 백제의 6좌평은 북주(556~581)가 존속한 연대에 재위한 위덕왕 때(554~598) 설치되었다고 주장했다. 그리고 그의 주장은 백제 22부사에도 그대로 적용되었다. 다음 표 3과 표 4는 6좌평·22부사와 중국관제와 비교 도표이다.

---

158) 鬼頭淸明, 〈日本の律令官制成立と百濟の官制〉, 《日本古代の社會と經濟(上)》, 彌永貞三先生還曆紀念會 編, 1975; 黑田達也, 〈百濟の中央官制について一試論〉, 《社會學·學硏究》 10, 1985, 32~35쪽; 이기동, 앞의 글, 1990; 노중국, 앞의 글, 1988, 175쪽.

159) 黑田達也, 앞의 글, 1985; 김주성, 〈백제 사비시대 정치사 연구〉, 전남대학교박사학위논문, 1990; 이기백·이기동, 《한국사 강좌; 고대편》, 일조각, 1992(중판), 224쪽.

표 3. 백제 6좌평과 중국 관제 비교[160]

百濟 6佐平	梁·陳·北魏·北齊	北周	職能
內臣佐平	侍中	天官部納言中大夫	掌出入侍從
內頭佐平	太府卿	天官部太府中大夫	掌貢賦貨賄
內法佐平	祠部尙書·太常卿	天官部宗師中大夫 春官府大宗伯卿	掌皇族定世系弁昭穆訓以孝悌 掌邦禮以佐皇帝和邦國
衛士佐平	衛尉卿	天官部宮伯中大夫	掌侍衛之禁 各更直於內
朝廷佐平	廷尉 (大理) 卿	秋官府大司寇卿	掌刑邦國
兵官佐平	五兵尙書	夏官府大司馬卿	掌邦政 以建邦國之九法 佐皇帝平邦國 大祭祀掌其府衛 廟社則奉羊牲

표 4. 백제 22부사와 북주 관제 비교[161]

百濟內官 12部	北周 官制	百濟外官 10部	北周 官制
前內部	天官府納言·春官府內史	司軍部	夏官府司馬·軍司馬等
穀部	天官府膳部	司徒部	地官府司徒
肉部	天官府膳部	司空部	冬官府司空
內椋部	天官府少府·同少部	司寇部	秋官府司寇
外椋部	天官府太府·同太部	點口部	地官府民部
馬部	夏官府駕部	客部	秋官府賓部
刀部	夏官府武藏	外舍部	夏官府吏部
功德部	春官府司寂	綢部	冬官府司織
藥部	天官府太醫·小醫	日官部	春官府太史
木部	冬官府司木	都市部	地官府司市
法部	春官府宗伯·司宗·禮部等		
後宮部	天官府司內		

---

160) 黑田達也, 앞의 글, 1985.

161) 위의 글.

표 5. 백제 22부사의 직능[162]

百濟內官 12部	職能	百濟外官 10部	職能
前內部	國王近侍	司軍部	兵馬軍事
穀部	穀物供膳	司徒部	學問敎育
肉部	肉類供膳	司空部	土木建築
內椋部	內倉財政	司寇部	刑罰司法
外椋部	外倉財政	點口部	戶籍徵發
馬部	廐馬乘物	客部	外交關係
刀部	刀劍武具	外舍部	國政人事(?)
功德部	佛敎寺院	綢部	織物徵收(?)
藥部	藥物醫療	日官部	天文占術
木部	木工建造	都市部	商業交易
法部	禮義關係		
後宮部	後宮關係		

    종래 대부분의 연구자들이 내관 12부 가운데 보이는 공덕부功德部를 불교사원을 관리하는 관부로 보았고,[163] 구로다 타츠야黑田達也는 이를 춘관부사적春官府司寂에 대응시켰다. 그러나 《주례》에 바탕을 둔 정치 조직은 중국 북주뿐만 아니라 고대에서 근대에 이르기까지 역사상 꾸준히 주목받고 존재해 왔다. 더욱이 혁신적인 정치개혁을 실시하는 데 자주 이용되어 왔다. 따라서 백제의 22부사에 나타난 '《주례》' 정치이념을 다른 나라에서 그대로 빌려 왔다고 주장하는 것은 지나치다.

    더구나 북주는 무제(560~578) 때 대대적인 폐불廢佛을 단행하였

---

162) 武田幸男, 〈六世紀における朝鮮三國の國家體制〉, 《朝鮮三國と倭國》—日本古代史講座 4, 學生社, 1980, 59쪽.

163) 각주 163)과 같음.

다.[164] 568년 무제는 승려들에게 친히 《예기》를 강론하기도 하였다.[165] 573년에 이루어진 삼교三敎의 우위논쟁에서는 유교를 맨 위, 도교를 그 다음, 그리고 불교를 맨 아래에 두었다.[166] 무제 15년(574)에 폐불이 단행되었고 폐불은 무제가 죽는 578년까지 계속되었다.

당시 백제 위덕왕은 대통지승여래에 비견되었으며, 성왕의 능이 있던 곳으로 추정된 능산리 고분군[167] 옆에 원찰 능사를 창건하고,[168] 일본에 구세관음救世觀音을 조성하여 보낼 정도로[169] 불교에 돈독하였다. 이렇게 북주와 백제는 불교에 대한 태도가 서로 다른 상황이었고, 폐불이 진행되고 있는 북주에서 《주례》 이념을 받아들였다고 보기에는 무리가 있다.

그렇다면 22부사의 실시 시기는 어느 시기로 추정할 수 있을까? 22부사제의 실시 시기에 대해서는 논자마다 편차가 심하다. 가장 이른 시기로 좌평제의 변화에 따른 동성왕 때로 비정하지만,[170] 보통 사비천도 이후의 시기로 보고 있다. 사비천도 이후의 시기로는 종래 위덕왕 때를 비정해 왔고 최근 6세기 전반 성왕 때로 시기를 앞당겨 보고 있다.[171]

---

164) 북주의 불교에 대해서는 《중국불교사》 3(鎌田武雄 지음 · 장휘옥 옮김, 장승, 1996)을 참조.

165) 帝御大德殿 集百僚及沙門道士等 親講禮記(《주서》 제기무제하 천화3년(568)조).

166) 集群臣及沙門道士等 帝升高座 辨釋三敎先後 以儒敎爲先 道敎爲次 佛敎爲後(《주서》 제기무제하 건덕2년(573)조).

167) 강인구, 《백제고분연구》, 일지사, 1977, 87~89쪽.

168) 조경철, 앞의 글, 1996, 49쪽; 김수태, 〈백제 위덕왕대 부여 능산리 사원의 창건〉, 《백제연구》 27, 공주대학교 백제문화연구소, 1998.

169) 김상현, 〈백제 위덕왕의 부왕을 위한 추복과 몽전관음〉, 《한국고대사연구》 15, 한국고대사학회, 1999.

170) 이종욱, 〈백제의 좌평〉, 《진단학보》 45, 진단학회, 1978; 최몽룡 지음 · 심정보 엮음, 《백제사의 이해》, 학연문화사, 1991.

171) 이기동, 〈백제국의 정치이념에 대한 일고찰; 특히 '《주례》'주의적 정치이념

그러나 22부사의 실시 시기는 육후의 활동을 고려해야 한다.[172] 저자는 22부사 가운데 외관 10부에 보이는 사군부司軍部 · 사도부司徒部 · 사공부司空部 · 사구부司寇部의 4부를 《주례》의 관제를 원용했다는 선학의 입장을 받아들이면서, 구체적으로 22부사의 완비 시기를 육후가 백제에서 활동한 541∼552년쯤으로 생각한다.

(2) 공덕부와 공덕사

22부사 가운데 중국 고제古制의 영향을 받은 것으로 사군부 · 사도부 · 사공부 · 사구부를 설정하고 있다.[173] 하지만 22부사의 설치가 유교통치이념인 중국 고제의 영향을 받았다 하더라도 직접적으로는 22부사 가운데 위 4부만이 해당된다. 따라서 22부사의 설치는 유교통치이념 외에 또 다른 통치이념의 영향이 있었는데, 내관 12부의 공덕부功德部가 그것이다. 공덕부는 공덕의 말뜻에서 불교와 관련 있는 부서로 쉽게 유추할 수 있다. 다케다 유키오武田幸男는 공덕부를 불교사원을 관리하는 부서로 보았으며,[174] 구로다 타츠야黑田達也는 춘관春官 곧 예부 소속의 사적司寂과 같은 관부로 파악하였다.[175] 다케다 유키오가 공덕부를 불교사원의 관리로 본 이유를 특별히 언급하지는 않았지만 일반 불교사원의 관리는 아니고, 왕실의 안녕을 기원하기 위해 건축한 사원이나 왕성 내에 설치한 내제석원 등의 사찰을 관할하였던 것

과 관련하여〉, 《진단학보》 69, 진단학회, 1990; 《백제사연구》, 일조각, 1996, 177쪽.

172) 양기석, 〈백제 성왕대의 정치개혁과 그 성격〉, 《한국고대사연구》 4, 한국고대사학회, 1991, 87쪽.

173) 노중국, 앞의 글, 1988, 175쪽.

174) 武田幸男, 앞의 글, 1980, 59쪽.

175) 黑田達也, 앞의 글, 1985.

으로 보인다.[176] 그러므로 공덕부는 왕실사원 가운데 왕실의 원찰이나 능사를 관리하는 관부가 아닐까 생각한다.

왕실의 원찰 조성은 남북조시대에 유행했는데, 북위 때 태조의 영루塋壘 근처에 사원(불)사를 건립하여 황제의 명복을 빌기도 하였다.[177] 이러한 왕실의 원찰은 당송 때 유행한 공덕분사功德墳寺와 같은 것으로 볼 수 있다.[178] 남조 양나라의 무제도 아버지 문황제와 어머니 헌태후를 위해서 대애경사大愛敬寺와 대지도사大智度寺를 지어 그들의 명복을 빌었다.

구로다 타츠야黑田達也가 22부사를 북주의 관제와 견주면서 공덕부를 춘관부사적春官府司寂에 비정하였지만, 사적司寂과 불교를 직접 관련시키지는 않았다. 춘관은 《주례》 6전조직의 하나로 후대 예부禮部의 구실을 하였고 불교 관련 업무를 이 예부에서 맡았다. 그리고 《주례》의 춘관 소속 관부로 전명典命이 있는데 이 전명이 나중에 중국에 불교가 들어온 이후 불교 관련 업무를 맡기도 하였다. 그런데 사적은 《주례》에서 보이지 않는 관부지만 북주시기에 춘관예부에 속하여[179] 법문法門(사문)의 일을 맡기도 하였다.[180]

다음은 22부사의 '부部'와 '사司'의 문제이다. 《삼국사기》는 22부사를 언급하면서 부만 언급하고 사는 언급하고 있지 않지만, 부와 사는

---

176) 노중국, 앞의 글, 1988, 228쪽.

177) 乙亥幸方山 起思遠佛寺 丁丑還宮(《위서》 권7 고제기 태화 3년 8월).
    又於方山 太祖塋壘之處 建思遠寺(《위서》 권114 석로지).

178) 塚本善隆, 《支那佛敎史硏究》, 淸水弘文堂, 1969(3판), 161~163쪽.

179) 春官禮部 小守廟小典祀司郊掌次小內史著作小典命司寂小史馮相保章 小司樂太學助敎小學博士樂師小卜小祝小司車路守陵 等上士(《책부원귀》 권457).

180) 崇玄署 令一人 初後魏天興二年 置仙人博士 掌煮鍊百藥 北齊置昭玄等寺 掌諸佛敎 有大統一人 都維那三人 兼置功曹 主簿等員 以管諸州縣沙門之法 後周置司寂上士中士 掌法門之政 又置司玄中士下士 掌道門之政(《통전》 권 25 종정경).

따로 설치된 듯 하며 부는 상위관서이고 사는 그 하위의 관서로 보인
다.[181] 그런데 22부사의 '사'의 설치를 유추할 수 있는 사례로 공덕사功
德司가 있다.

> 其官銜 見於雜傳記 而未詳其設官之始 及位之高下者 書之於後
> 葛文王 檢校尚書 左僕射 上柱國 知元鳳省事 興文監卿 太子侍書學
> 士 元鳳省待詔 記室郎 瑞書郎 孔子廟堂大舍 錄事 參軍 右衛將軍
> 功德司 節度使 安撫諸軍事 州都令 佐 丞 上舍人 下舍人 中事省 南
> 邊第一(《삼국사기》 권40 직관지 下).

《삼국사기》 직관 下 '외관'조의 끝에 '고구려인위高句麗人位'와 '백제
인위百濟人位' 항목을 두고 고구려와 백제의 유민에게 이전에 자기가
가졌던 관등의 높고 낮음에 따라 경관과 외관을 준 내용을 나열했다.
그리고 '그 관함이 잡전기雜傳記에 보이지만 설관設官의 시말과 지위의
높고 낮음(高下)을 잘 알 수 없는 것'이라 하면서 위 사료를 언급하고
있다. 첫 번째로 나오는 갈문왕의 용례로 보아 《삼국사기》 찬자는 위
관함들을 모두 신라의 것으로 파악하고 있는 듯하다. 그러나 고구려·
백제의 직관 가운데 따로 설관의 시말과 지위의 높고 낮음을 알 수 없
는 관함을 따로 기록하지 않은 것으로 보아 위 사료의 관함에 고구려
와 백제의 것이 포함되었을 가능성을 배제할 수 없다. 공덕사의 경우
신라에서 그 용례를 찾을 수 없지만, 백제의 22부사 중 내관 12부의
하나로 공덕부가 보이므로 공덕사는 공덕부와 부사部司 관계일 수 있
다. 22부사에서 부만 확인되고 사는 확인되지 않았지만, 공덕사가 22

---

181) 노중국, 앞의 글, 1988, 227~228쪽.

부사와 관련이 있다면 '부'와 '사'가 같이 설치되었다고 볼 수 있다.

공덕부와 업무를 효율적으로 나누었다고 생각되는 공덕사는 구체적인 직능을 추측하기가 어렵다. 여기서 중국의 사례를 살펴보면 다음과 같다.

중국의 승관은 진나라부터 비롯되었다. 위나라에는 감복조監福曹가 있었고 이를 소현시昭玄寺로 고쳤으며 관속官屬이 갖추어져 승무僧務를 맡았다. 주周·제齊에는 숭현서崇玄署가 있었다(주는 후주後周이고, 제는 북제北齊이다. (숭현서는) 공덕사와 같다)(《북산록》).[182]

(후당後唐, 934년) 이해 2월 공덕사에서 주奏하기를, '매년 황제의 생일에 여러 주부州府로 하여금 비구와 비구니에게 강경과講經科·선정과禪定科·지념과持念科·문장의론과文章議論科를 두고 그 능부能不를 시험케 하소서.' 하니 황제가 따랐다(《불조력대통재》).[183]

(송 972년) 조서詔書에 이르기를, '불가의 근본은 청허淸虛에 있거늘 지금 절은 그렇지가 못하다. 재회齋會를 열면서 남녀가 방종하여 도를 닦는 데 아무런 이익이 없다. 마땅히 공덕사와 사부로 하여금 단속하도록 하라.'고 하였다(《불조통기》).[184]

---

182) 震旦有僧官 自秦始也 魏世立監福曹 又改爲昭玄寺 備有官屬 以斷僧務 周齊革爲崇玄署(北齊後周若功德司也)(《북산록》, 대정장 52-623b). 《북산록》은 당나라 승려 신청이 찬한 책으로 북송의 승려 혜보가 주를 달았다.

183) 是年二月 功德司奏 每年帝誕節 諸州府奏 薦僧尼欲立講經科禪定科持念科文章議論科 以試其能不 帝從奏(出繫年錄)(《불조력대통재》, 대정장 49-653b). 《불조력대통재》는 원나라 승려 염상이 찬한 편년체 책.

184) 詔曰 釋門之本 貴在淸虛 梵刹之中 豈宜汚雜 適當崇闡尤在精嚴 如聞道場齋會 夜集士女深爲藝凟 無益修持 宜令功德司祠部告諭諸路并加禁止(《불조통기》, 대정장 49-396b). 《불조통기》는 송나라 승려 지반이 찬한 책.

중국의 공덕사는 북제·후주의 숭현서崇玄署와 같은 승관의 구실을 하고 황제의 생일에 승려들의 능력을 시험하고 사부와 함께 절의 풍속을 바로잡기도 하였다. 백제 성왕 때와 견주었을 때, 중국의 공덕사는 후대의 관서지만 백제의 공덕부·공덕사도 승관의 구실을 했을 것으로 추정된다.[185]

백제에 공덕부와 공덕사가 있고 중국에도 공덕사가 보이지만, '공덕功德＋○○'라는 조어방식으로 불교와 관련된 것으로는 공덕사와 공덕분사功德墳寺가 있다.[186] 당의 공덕사功德使는 이전에 홍려시鴻臚寺나 사부에서 맡았던 불교의 승려와 그리고 도교의 도사에 관한 일을 관장하였다.[187] 또한 공덕사功德使는 승려들과 함께《사분율소》의 이의異義을 통합하기 위하여 안국사율원安國寺律院에서《첨정사분율소僉定四分律疏》의 찬술이라는 대사업에 참여했다.[188]

공덕사가 율을 정리하는 데 관여하고 있다는 사실은 백제 성왕 때 율장의 번역·판각사업이 행해졌다는 것을 상기할 때 일러주는 바가 크다.《조선불교통사》의 〈미륵불광사사적〉에 따르면 번역·판각사업

---

185) 다산 정약용은《대동선교고》(한국불교전서; 한글대장경 138, 385쪽)에서 《삼국사기》직관지를 인용하여 '백제 성왕대에 처음으로 승관을 두었다.'라고 하면서, 자신의 생각을 다음과 같이 말하였다. '고찰해보니, 침류왕 때 비록 한산 밖에 사찰을 창건했다고 하지만, 널리 세우지는 못했고, 성왕 때 비록 승관을 두었다 하지만 침류왕 원년부터 성왕 원년까지 140년간 아직 불법이 크게 성행하지 못했으며, 법왕에 이르러서야 비로소 백제에 불법이 행해지게 되었다'. 그런데《삼국사지》직관지에는 '백제 성왕대에 처음으로 승관을 두었다'는 내용이 보이지 않는다.《삼국사기》직관지에 백제의 승관으로 추정할 수 있는 것은 공덕사가 유일하다. 다산이 인용한 성왕 때 승관이 22부사의 공덕사를 말하는지 모르겠다.

186) 천감 3년(504)에 양무제가 지었다고 하는 〈양무황제사도칙문梁武皇帝捨道勅文〉에 '공덕국주진석功德局主陳奭'과 '상서도공덕주고尙書都功德主顧'라는 용례가 있다(《변정론》권8, 대정장 52-549).

187) 二月辛酉詔僧尼道士全隸左右街功德使(《구당서》권14 헌종 원화 2년).

188) 塚本善隆, 〈唐中期以來の長安の功德使〉,《東方學報》4, 1933, 375쪽.

이 성왕 때 전 시기 30년 동안 국가적으로 행해졌음을 알 수 있다. 따라서 이러한 대사업을 주관할 부서가 필요했을 것이고 적어도 성왕 때에는 설치되었을 22부사 가운데 하나인 공덕부(공덕사)가 이 일에 관여하였을 것이다. 무령왕의 원찰로 세워진 대통사나 성왕과 왕실의 명복을 빌었을 것으로 추정되는 부여 능산리 능사의 관리도 공덕부(공덕사)가 맡았을 것으로 추정된다.

2) 유불의 조화와 한계

성왕(523~554)은 율을 통하여 교단의 정비를 꾀하였고 이는 통치체제의 정비와 짝하여 이루어졌다. 겸익은 성왕 4년에 귀국하여 성왕을 보좌하면서 범본 율장을 번역하고 불교계를 정비하였다. 538년 사비천도 3년 뒤인 541년(성왕 19년) 성왕은 양나라에 모시박사와 열반경 등의 주석서를 청하였다. 이에 양나라에서는 강례박사 육후와 열반경 등의 주석서를 보내 주었고, 이때 양나라에서 유학하고 있던 법화행자 발정도 귀국한 것으로 보인다. 강례박사 육후에 의해 예(《주례》)에 따른 통치체제를 정비하고 불교의 겸익과 발정을 통해 율과 법화ㆍ열반의 불교신앙을 널리 보급하였다. 이렇게 하여 유불의 견제와 조화를 통해서 왕권을 강화할 수 있었다. 그러나 '보천지하 일체중생 개몽해탈'[189]의 근거가 된 《시경》과 《열반경》에 따른 유불의 조화는 끝까지 견지되지 못하였다.

성왕 30년 552년 겨울 백제의 성왕은 서부의 희씨인 달솔 노리사치계 등을 보내 석가불금동상 1구, 번개 몇 개와 경전 몇 권을 일본에 보냈다. 그리고 따로 글을 써서 보냈다. 이 불법은 모든 법 가운데 가장 으뜸이라 이해하여 경지에 들어가기가 어려워 주공周公ㆍ공자孔子라도 능히 알 수가 없습니다. 이 불법은 능히 셀 수 없고 잴 수 없는 복덕의 과보를 내어 궁극의 깨달음을 이루게 합니다. 비유하면 사람이 여의주를 마음에 품고 쓰고자 하는 바에 따라 마음대로 하여 모자람이 없는 것과 같이 이 묘한 법보는 또한 그러합니다. 기원하면 모자람

---

189) 《일본서기》 권19 흠명 6년. 이 책 제2장 제2절 2)열반경의 이해 참조.

이 없습니다. 대저 멀리 천축으로부터 삼한에 이르기까지 불법의 가르침에 따라 부처를 존경하지 않음이 없었습니다. 이에 노리사치계를 보내 그대의 나라에 전하니 기내에 유통시키기를 바랍니다. 과연 부처님이 나의 법은 동쪽으로 흘러갈 것이다는 말이 맞았습니다.[190]

위 내용은 일본의 불교수용을 전하고 있는 《일본서기》의 유명한 기록이다. 백제의 성왕은 서부의 희씨인 달솔 노리사치계를 통해 불상과 경전을 일본에 전해 주었다. 덧붙여 불법을 믿으면 복덕과 깨달음을 얻을 수 있다는 《금광명최승왕경》의 불경 구절—위 밑줄 친 부분—이 들어간 글을 따로 적어 보냈다. 그런데 《금광명최승왕경》은 703년 의정에 의해 번역된 경전으로 552년 성왕이 적어 보낸 연대와 서로 맞지 않는다. 연대가 맞지 않을 뿐만 아니라 불경의 성문聲聞·독각獨覺이 《일본서기》에는 주공·공자로 바뀌어 기술되어 있다.

　　是金光明最勝王經 於諸經中 最爲殊勝 難解難入 聲聞獨覺 所不能知 此經能生無量無邊福德果報 乃至成辦無上菩提(《금광명최승왕경》).[191]

---

190) 冬十月 百濟聖明王(更名聖王) 遣西部姬氏達率怒唎斯致契等 獻釋迦佛金銅像一軀 幡蓋若干 經論若干卷 別表 讚流通禮拜功德云 是法於諸法中最爲殊勝 難解難入 周公孔子 尙不能知 此法能生無量無邊福德果報 乃至成辦無上菩提 譬如人懷隨意寶 逐所須用 盡依情 此妙法寶亦復然 祈願依情 無所乏 且夫遠自天竺 爰泊三韓 依敎奉持 無不尊敬 由是 百濟王臣明 謹遣陪臣怒唎斯致契 奉傳帝國 流通畿內 果佛所記我法東流(《일본서기》권19 흠명 12년).

191) 이 금광명최승왕경은 여러 경전 가운데 가장 뛰어나 이해하기가 매우 어렵다. 성문과 독각이라도 능히 알 수가 없다. 이 경은 무량무변한 복덕의 과보를 생기게 하여 위 없는 깨달음을 이루게 한다. 是金光明最勝王經 於諸經中 最爲殊勝 難解難入 聲聞獨覺 所不能知 此經能生無量無邊福德果報 乃至成辦無上菩提(《금광명최승왕경》여래수량품, 대정장 16-406a).

是法 於諸法中 最爲殊勝 難解難入 周公孔子 尚不能知 此法能生
無量無邊福德果報 乃至成辨無上菩提(《일본서기》).

《금광명최승왕경》과 《일본서기》에 인용된 불경 부분은 한두 자만
다를 뿐이지 거의 완전하게 일치하고 있다.

표 6. 《금광명최승왕경》과 《일본서기》의 인용구 비교

《금광명최승왕경》	是金光明最勝王經	於諸經中	聲聞獨覺	所不能知	此經
《일본서기》	是法	於諸法中	周公孔子	尚不能知	此法

성왕이 보낸 글에는 '금광명최승왕경'이나 '경經'에 해당하는 문구를
'법法'으로 바꾸었다. '상불능지尙不能知'의 '상尙'이 '소불능지所不能知'
의 '소所'로 바뀌었다. 위 바뀐 문구는 의미를 전달하는데 전혀 영향을
미치지 않지만, '성문독각聲聞獨覺'이 '주공周公·공자孔子'로 불교 인물
에서 유교 인물로 바뀐 점은 예사롭게 넘길 문제가 아니다.

성왕이 보낸 상표문이 703년 당나라 의정이 번역한 《금광명최승왕
경》에서 인용했음은 1920년대 이미 밝혀졌지만,[192] 주공·공자로 바
뀐 의미에 대해서는 그동안 검토가 없었다. 저자는 《금광명최승왕경》
의 성문·독각이 《일본서기》에는 주공·공자로 바뀌어 기술된 점에
유의하여 논의를 진행하려 한다.

먼저 풀어야 할 문제는 552년 성왕이 올린 표문에 703년 번역의
《금광명최승왕경》이 실린 연유이다.

---

192) 藤井顯孝, 〈欽明朝の佛敎傳來の記事について〉, 《史學雜誌》 제46편 제8
호, 1925.

첫째, 703년 번역의 《금광명최승왕경》의 내용을 720년 《일본서기》 찬자가 임의로 끼워 넣었을 가능성이다. 720년대 《일본서기》 찬술 당시의 일본은 당의 유교정치이념을 바탕으로 율령제에 기반한 국가 체제 정비를 완비하고 있는 단계였다.[193] 따라서 성왕이 보내지도 않은 《금광명최승왕경》의 내용을 《일본서기》에 일부러 끼워 넣으면서, 성문·독각을 주공·공자로 바꾸어 주공·공자를 낮추려는 하등의 이유가 없다고 생각한다.

둘째, 성왕이 보낸 표문은 5세기에 번역된 《금광명경》이나 6세기에 번역된 《합부금광명경》의 내용이었는데, 《일본서기》 찬자가 《금광명경》과 내용이 같은 703년 번역의 《금광명최승왕경》의 내용으로 바꾸면서 성문·독각을 주공·공자로 바꾸어서 기록했을 가능성이다. 《화엄경》에 《60화엄》·《80화엄》·《40화엄》이 있듯이,[194] 《금광명경》 계열에도 《금광명경》·《합부금광명경》·《금광명최승왕경》이 있다. 《금광명경》은 5세기 번역이고, 《합부금광명경》은 6세기, 《금광명최승왕경》은 8세기 역이다. 《금광명최승왕경》은 당 인도구법승 의정이 703년에 번역한 경전인데, 신라에서는 704년에 입수할 정도로[195] 《금광명경최승왕경》에 대한 관심은 매우 높았다. 일본의 경우도 수차례 《금광명경》

---

193) 일본의 율령제와 《일본서기》의 찬술배경에 대해서는 다음을 참조. 이정희, 〈6, 7세기 일본사에서 율령수용의 과정과 의미〉, 《한국고대사연구》 4, 한국고대사학회, 1991; 주보돈, 〈《일본서기》의 편찬 배경과 임나일본부설의 성립〉, 《한국고대사연구》 15, 한국고대사학회 편, 서경문화사, 1999.

194) 신라 자장의 오대산 행적을 기록하는 가운데 《60화엄》이 아니고 자장의 몰년보다 후대에 번역된 《80화엄》의 내용이 보인다고 하여 이를 부정하는 것이 아니고, 대체로 《60화엄》의 내용을 《80화엄》으로 대체시켰다고 보고 있다(김복순, 〈신라하대 화엄의 1례―오대산사적을 중심으로―〉, 《사총》 33, 고려대학교 역사연구소, 1988). 자장의 오대산 사적에 대해서는 〈자장의 불교사상에 대한 재검토 : 신라불교 초기계율의 의의〉(신종원, 《한국사연구》 39, 한국사연구회, 1982) 참조.

195) 入唐金思讓廻 獻最勝王經(《삼국사기》 권8 신라본기 성덕왕 3년).

도량이 베풀어졌다. 《일본서기》 찬자가 《금광명경》의 내용을 《금광명
최승왕경》의 내용으로 바꾸어 기술하면서 군이 성문·독각을 주공·공
자로 바꿀 이유도 첫째 경우와 마찬가지로 그 가능성이 희박하다.

셋째, 《금광명경》 또는 《합부금광명경》의 내용을 《금광명최승왕경》
으로 바꾸어 기술했지만, 552년 성왕이 보낸 글 속에 이미 성문·독각
이 주공·공자로 바뀌었을 가능성이 있다. 그래서 《일본서기》 찬자가
《금광명최승왕경》의 내용으로 바꿔 기술하면서도 주공·공자 부분을
감히 고치지 못하였다고 생각된다.

정리하면 다음과 같다. 백제는 일본에 불교를 전하면서 《금광명경》
또는 《합부금광명경》의 불경구절을 인용하여 글을 보냈다. 그 글 가운
데 일부였던 성문·독각을 주공·공자로 바꾸었다. 이를 일본서기 찬
자가 불경의 내용을 《금광명최승왕경》으로 대체하여 실었지만,[196] 이
때도 백제가 바꾸어 보낸 주공·공자 부분은 건드리지 않았다.

그렇다면 백제가 경전의 성문·독각을 주공·공자로 바꾼 이유는
무엇일까? 주지하듯이 성문과 독각은 보살과 함께 삼승三乘을 구성하
고 있지만, 대승의 이치를 깨닫지 못하는 소승의 열등한 단계에 해당
된다. 여기에 《주례》이념에 입각한 통치질서를 확립하려 한 주공과 예

---

196) 다음은 《일본서기》에 실린 구절과 유사한 《금광명최승왕경》·《금광명
경》·《합부금광명경》의 구절이다. 《일본서기》·《금광명최승왕경》과 흡사한
내용은 《금광명경》보다 《합부금광명경》이 더 가깝다.
　是金光明最勝王經 於諸經中 最爲殊勝 難解難入 聲聞獨覺 所不能知 此
經能生無量無邊福德果報 乃至成辦無上菩提(《일본서기》권19 흠명 12년).
　是法 於諸法中 最爲殊勝 難解難入 周公孔子 尙不能知 此法能生無量無
邊福德果報 乃至成辦無上菩提(《금광명최승왕경》여래수량품, 대정장 16-
406a).
　如來行處 微妙甚深 一切衆生 無能知者 五通神仙 及諸聲聞 一切緣覺 亦不
能知(《금광명경》찬불품, 대정장 16-357c).
　此金光明諸經之王 難思難解福德無窮 聲聞緣覺 所不能知 此經攝持如是
功德 無邊福報不可思議(《합부금광명경》수량품, 대정장 16-301c).

악의 유교이념을 강조한 공자를 성문·독각에 비유하여 낮추어 본 것은 당시 유불도 삼교가 융섭했던 시대적 분위기와 맞지 않는다. 5세기 초 고구려 덕흥리고분의 묵서명에 묘주인 유주자사 진을 석가문불 제자라 하였고, 주공과 공자가 땅과 길일을 잡아주었다고 하여 당시에 유불이 자연스럽게 연결되어 있음을 알 수 있다. 중국의 경우 4세기 후반에 활약한 손작孫綽(314~371)은 주공과 공자가 곧 부처이고, 부처가 곧 주공과 공자라고 하였다.[197] 4·5세기 유불도 삼교의 융섭 분위기는 6세기 중반 백제에도 그대로 이어졌다.[198] 545년 백제 성왕이 장륙불상을 만들고서 지은 원문에서 '보천지하 일체중생 개몽해탈'이라 하여 유불의 융섭, 즉 시경과 열반경의 융섭에 의한 소원을 빌고 있다. 그런데 545년에서 7년 뒤인 552년 성문·독각을 주공·공자에 비유한 글이 보이고 있다. 더욱이, 성왕 때《주례》와 예제질서를 강조한 육후의 존재를 상정할 때 예사롭게 넘길 문제가 아니다.

백제의 성왕이 552년 일본에 불교를 전해 줄 때 표문을 함께 적어 보냈다면, 이 표문은 백제의 조회에서 인정을 받아야만 하는데, 이는 육후가 본국인 양나라로 돌아간 이후에야 가능한 일이다. 아니면 이 표문을 계기로 불교계와 마찰이 생겨 돌아갔을 수도 있다. 육후는 541년 이후 백제에 와서 552년을 전후하여 본국인 양나라로 돌아간 것이다.

결국, 성왕 때 육후와 겸익·발정을 중심으로 한 유불의 정치이념은 성왕 말년에 이르러 불교계가 일시적으로 주도권을 잡았다. 한국사상

---

197) 周孔卽佛 佛卽周孔 蓋外內名之耳 故在皇爲皇 在王爲王 佛者梵語 晉訓覺也 覺之爲義 悟物之謂(《홍명집》권3, 대정장 12-17a).

198) 신라 하대 최치원의 난랑비서에 풍류도가 삼교도 포함했다 하면서 사구(공자)와 주사(노자)와 축건태자(석가)의 가르침을 들고 있다(《삼국사기》권4 신라본기 진흥왕 37년).

사에 처음 보이는 유불의 마찰은 일단 불교의 승리로 끝났다.[199] 그러
나 554년 성왕이 관산성패전으로 갑자기 죽음을 맞이하자 대립과 갈
등이 다시 표면화되었다. 위덕왕 2년(555)에 보이는 불교와 반대 입장
에 있던 '건방지신建邦之神'에 대한 강조나[200] 기로耆老와의 갈등도 유불
갈등의 한 모습이었다.[201]

　　신라가 김춘추와 자장의 갈등은 있었지만,[202] 이후 유불의 갈등을
조화롭게 해결하여 삼국 통일을 이룬 것과 달리, 고구려는 도교와 불
교의 갈등을 풀지 못해 멸망에 이르렀다. 백제의 경우 지배층의 분열
이 멸망의 한 원인이라고 보통 말하지만, 분열의 근저에는 백제 성왕
때 보이는 유불의 갈등에 있었던 것은 아닐까? 물론 사상의 갈등이 항
상 부정적 의미를 내포하지는 않지만, 이를 다시 종합할 사상적 능력
이 있어야 역사의 긍정적 평가를 받을 수 있는 것이 아닌가 생각한다.

---

199) 한국사의 유불의 대립은 고려 말에 본격화되었다. 삼국·고려에서 유불은
　　서로 융섭 관계에 있었다. 성왕 때 유불의 갈등 혹은 대립이라는 용어는 유불
　　사이 사상적인 갈등·대립이기보다는 정치세력의 갈등·대립으로 보아야 한
　　다. 그 대립도 552~555년, 곧 성왕 때 말~위덕왕 때 초의 몇 년 동안에 지나
　　지 않았다. 성왕 때 육후와 겸익의 대립은 한국사에 보이는 유불갈등의 단초
　　라는 점에서 사상사적 의의가 있다. 중국의 경우 수당 때까지도 유불도가 융
　　섭하는 대표적인 시기였지만 3무 1종의 폐불에서 알 수 있듯이 단기간의 대립
　　은 언제나 있었다고 보아야 한다.

200) 原夫建邦神者 天地割判之代 草木言語之時 自天降來 造立國家之神也 頃
　　聞 汝國輟而不祀 方今悛悔前過 修理神宮 奉祭神靈 國家昌盛 汝當莫忘
　　(《일본서기》권19 흠명 16년 2월). 건방지신에 대해서는 '조경철, 앞의 글,
　　2004b, 167~169쪽' 참조.

201) 百濟餘昌 謂諸臣等曰 少子今願 奉爲考王 出家修道 諸臣百姓報言 今君
　　王欲得出家修道者 且奉敎也 嗟夫前慮不定 後有大患 誰之過歟 夫百濟國者
　　高麗新羅之所爭欲滅 自始開國 迄于是歲 今此國宗 蔣授何國 要須道理分明
　　應敎 縱使能用 耆老之言 豈至於此 請悛前科 無勞出俗 如欲果願 須度國民
　　餘昌對曰諾 卽就圖於臣下 臣下遂用相議 爲道百人 多造幡蓋 種種功德 云
　　云(《일본서기》권19 흠명 16년 8월).

202) 신라의 경우 유불의 대립을 볼 수 있는데, 김춘추와 자장의 그것이고 김춘추
　　가 주도한 것으로 본다(남동신, 〈자장의 불교사상과 불교치국책〉, 《한국사연
　　구》76, 한국사연구회, 1992).

제3장 사비시기 불교

제1절. 사택지적과 법화신앙

사비시기 불교에 대해서는 주로 위덕왕 때, 무왕 때, 그리고 의자왕 때를 중심으로 살펴볼 것이다. 성왕 때 불교는 웅진시기에서 다루었기 때문에 여기서는 다루지 않았다. 백제불교에 관한 문헌자료나 유물자료는 모두 사비시기에 해당한다고 해도 지나친 말이 아니지만, 이 장에서는 사택지적비와 익산의 미륵사·제석사 관련 자료를 중심으로 살펴보고자 한다.

그동안 여러 연구들은 사택지적砂宅智積을 도교적 성격이 강한 것으로 판단해 왔다. 여기서 저자는 사택지적과 불교의 관련성을 강조해보고자 한다.

1) 사택지적과 대좌평 지적

사료가 절대 부족한 고대사 연구에서는 금석문 자료에 대한 활용도가 대단히 높다. 더구나 삼국 가운데 자료가 가장 부족한 백제의 경우에는 더욱더 그렇다. 백제의 가장 대표적인 금석문인 사택지적비는 1948년 탑파 조사를 하고자 부여에 온 황수영이 발견하였다.[1]

발견 뒤 2년이 지난 1950년 1월, 비문에 대한 본격적인 검토가 있었고 백제시대 비임이 밝혀졌다. 같은 해 3월, 이홍직에 의하여 《서울

---

1) 황수영, 〈나의 불교미술사 연구〉, 《한국사학사학보》 3, 한국사학사학회, 2001.

주간》에 그 내용이 간단히 소개되기도 하였다. 이에 대한 연구는 현재
까지 1954년 홍사준의 논문과 1972년 후지사와 가즈오의 논문 등이
있었지만 그 밖의 많은 논의가 이루어지지 않았다.[2]

사택지적비는 글을 새기기 쉬운 화강석으로 가로·세로 줄이 그어
져 있다. 1행에 14자가 써 있으며 4행에 걸쳐 총 56자이다. 5행 이하
는 비석과 함께 잘려져 있다. 비의 높이는 106cm, 폭은 38cm, 두께
는 29cm이다. 문체는 중국 6조시대의 아름다운 사륙변려체이며 자체
는 웅건한 구양순체이다. 같은 시대 신라
금석문과 견주어 보면 백제의 서체문화의
발달 정도를 유추할 수 있다.

사택지적비의 발견으로 말미암아 백제
사에 대한 몇 가지 사실을 얻을 수 있었
다. 첫째는 '갑인년정월구일甲寅年正月九
日'의 간지에 보이듯이 연대 표시에 연호
를 사용하지 않은 또 하나의 백제 금석문
사례를 얻은 점, 둘째는《일본서기》황
극 원년(642)에 보이는 대좌평大佐平 지적
智積이 이 비의 사택지적砂宅智積과 동일

도 6. 사택지적비

---

2) 이홍직, 〈신발견의 백제단비〉, 《서울주간》, 1950. 3; 이홍직, 〈백제인명고〉,
《서울대학교논문집》1, 서울대학교, 1954;《한국고대사의 연구》, 신구문화사,
1987(재판); 홍사준, 〈백제 사택지적비에 대하여〉, 《역사학보》6, 역사학회,
1954; 藤澤一夫, 〈百濟 砂宅智積建堂塔記碑考〉, 《アジア文化》8-3, 1972;
노중국, 〈무왕 및 의자왕대의 정치개혁〉, 《백제정치사연구》, 일조각, 1988;
서영대, 〈사택지적비〉, 《역주한국고대금석문》1(한국고대사연구소 편), 가락
국사적개발연구원, 1992; 김영태, 〈백제사택지적비편〉, 《삼국신라시대불교금
석문고증》, 민족사, 1992; 황수영, 〈백제사택지적비〉, 《금석유문(황수영 전집
4)》, 혜안, 1999; 조경철, 〈백제 사택지적비에 나타난 불교신앙〉, 《역사와 현
실》52, 한국역사연구회, 2004b.

인이라는 점, 그리고 셋째는 백제 대성팔족 가운데 하나인 사씨沙氏가 사택砂宅씨로도 쓰인 점 등이다.[3] 또한 진당珎堂과 보탑을 세웠다는 데서 사택지적이라는 귀족가문의 원사願寺의 의미를 유추하였고,[4] 본 비의 사택지적과 《일본서기》에 보이는 대좌평 지적을 연관시켜서 의자왕 때 초기 정치 상황을 해석하기도 하였다.[5] 사택지적비의 사상 경향에 대해서는 불교적 요소와 더불어 본 비에 희미하게 보이는 봉황문과 주색朱色의 흔적, 비에서 풍기는 염세적인 내용에서 음양오행 및 도가와 관련성이 언급되었다.[6]

사택지적은 《일본서기》에 나오는 대좌평 지적과 동일인으로 《일본서기》에는 그에 대한 기사가 2번 나온다. 이것과 사택지적비를 비교·검토해 보자.

백제 조문사(조사弔使)의 종자(겸인傔人)들이 말하길 작년(641) 11월 대좌평 지적이 죽었다고 말하였다.[7]

백제의 사신 대좌평 지적 등을 위해서 조정에서 잔치를 베풀었다 (다른 책에는 백제사신 대좌평 지적과 아들 달솔, 이름은 빠져있다, 은솔 군선軍善이라 했다). 힘센 자에 명하여 교기翹岐 앞에서 씨름을 시켰다. 지적 등은 연회가 끝나자 물러나서 교기의 문전에서 배례하였다.[8]

---

3) 홍사준, 앞의 글, 1954.

4) 藤澤一夫, 앞의 글, 1972.

5) 노중국, 앞의 글, 1988.

6) 홍사준, 앞의 글, 1954.

7) 百濟弔使傔人等言 去年十日月 大佐平智積卒(《일본서기》 권24 황극 원년 2월).

8) 饗百濟使人大佐平智積等於朝 (或本云 百濟使人大佐平智積 及兒達率闕名

그런데《일본서기》황극 원년(642) 2월조의 기사와 7월조의 기사는
서로 모순되는 내용이다. 2월 기사는 일본 서명천황의 조문을 왔던 백
제 조문사의 일행들이 대좌평 지적이 작년 641년 죽었다고 말하는 내
용이며, 642년 7월 기사는 대좌평 지적이 아들들과 함께 일본에 사신
으로 와서 환대를 받았다는 내용이기 때문이다. 2월과 7월의 지적이
동명이인이면 별 문제가 없겠지만, 둘 다 같은 대좌평이라는 최고 관
직을 띠고 있으므로 동명이인으로 볼 수 없다. 그렇다면 엄연히 살아
있는 대좌평 지적이 죽었다는 말은 어디에 근거한 것일까?

대좌평 지적이 죽었다고 하는 641년 당시 백제의 정황을 살펴볼 필
요가 있다. 641년 3월에 백제의 무왕이 죽었고, 8월은 의자왕이 즉위
하였다. 그리고《일본서기》642년 정월 기유 29일 기사[9]에 백제에는
지금 큰 난리가 있었다는 조문사의 말이 보인다. 또한 며칠이 지난 2
월 2일 사신 일행은 작년(641) 11월 대좌평 지적이 죽었다는 말과 함
께, 올 1월 국왕의 어머니가 죽었고, 왕의 동생의 아들 교기와 내좌평
內佐平 기미岐味 등 40여 명이 섬으로 쫓겨났다고 하였다.

백제에서 일어난 큰 난리는 641년 무왕의 죽음과 의자왕의 즉위를
거쳐, 대좌평 지적이 아들들과 함께 일본에 사신으로 온 이듬해 642
년 7월 일단락된 것 같다. 641년 대좌평 지적이 죽었다는 말은 정변
의 와중에 떠돌았던 소문으로 여겨지는데,[10] 당시 지적이 어떠한 연
유 때문에 위급한 상황에 처해졌는지는 알 수 없다. 641년의 위급한
상황을 넘기고 재기한 대좌평 지적에 대한 기록은 사서에 다시 보이

恩率軍善) 乃命健兒 相撲於翹岐前 智積等 宴畢而退 拜翹岐門(《일본서기》
권24 황극 원년 6월).

9) 然其國者 今大亂矣(《일본서기》권24 황극 원년 정월 기유).

10) 藤澤一夫, 앞의 글, 1972.

지 않다가, 사택지적비의 발견으로 다시 역사에 재등장하였지만 10여
년 뒤인 갑인년(654)에 다시 정계에서 물러난 것으로 보인다.[11]

2) 각의보살覺意菩薩과 지적보살

사택지적비의 내용 가운데 탑과 금당을 세웠다는 것에서 불교적인
분위기를 느낄 수 있다. '지적智積'은 불경에 등장하는 보살의 이름으
로 사택지적비의 성격을 곧바로 드러내고 있다.

대승불교가 흥기하면서 대중에게 직접 붓다의 진리를 전해 주는
보살의 기능이 강화되었고 이들을 법사法師라고도 한다. 더욱이《법
화경》에는 법사품과 법사공덕품을 둘 정도로 법사에 대한 중요성을
강조하고 있다.《법화경》다라니품에는《법화경》을 강하는 법사를
보호하기 위하여 10명의 나찰녀羅刹女와 귀자모鬼子母를 호위신장
으로 두고 있다.

지적보살이 '지적智積'이라는 이름을 얻게 된 경위를《대애경》은 〈지
적보살품〉까지 두면서 다음과 같이 전하고 있다.

---

11) 한편 사택지적의 출신지에 대해서는 柰祇城을 부여군 은산면 내지리로 비정
하고 있다(홍사준, 앞의 글, 1954). 그러나 내지리는 본래 부여군 가좌면의 지
역인데, 1914년 행정구역 폐합에 따라 양지리, 내대리, 지경리와 홍산군 해안
면의 망동리 일부를 병합하여 내대와 지경의 이름을 따서 은산면에 편입시킨
지명으로(한글학회,《한국땅이름큰사전(상)》, 1991, 내지리 항목 참조), 내기
성과는 직접적인 관련이 없음을 알 수 있다. 柰祇城의 '柰'는 독음이 '내' 혹은
'나', '祇'의 독음은 '기' 또는 '지'이다. 따라서 현재 柰祇城의 독음을 '내지성'으
로 가정하고 음상사에 따라서 지명을 비정하는 것은 한계가 있다.

그때에 체분별변逮分別辯이라는 보살이 또 부처님 앞에 나와서 사뢰었다. "지적보살은 어찌하여 그 명호를 지적이라 하였나이까?" 부처님께서 말씀하셨다. 옛날 수적여래首寂如來가 있었는데 그 부처님 세계는 안온하고 쾌락하여 중생들이 아무런 병이 없었다. 수적여래가 중생을 제도할 백억 가지 질문에 대답할 보살을 찾더니 그때 각의보살이 나와 사자후로서 대답하였다. 각의보살의 대답을 듣는 이들은 마치 어두움 속에서 광명을 본 것처럼 기뻐하는 동시에 그 모임의 6만 대중은 다 더없이 바르고 참된 도를 발심하고 8만 4천의 보살들은 생사가 없는 법의 지혜를 얻었다. 이에 하늘의 천왕들이 "이제 이 보살이 백억 가지 질문한 이치를 충분히 대답하였으니 마땅히 그의 명호를 지적이라 해야 하리라."고 말하였다. (부처님께서 말씀하시길) "족성자야, 지혜가 그러하기 때문에 지적이라 함이니, 알아 두라. 그 때의 각의보살은 다른 사람이 아닌 바로 지금의 지적보살이다."[12]

수적여래가 중생을 제도할 여러 가지 방법을 묻자 각의보살은 거침없이 중생 앞에서 부처의 도를 강설하였다. 각의보살의 이야기를 들은 모든 중생들은 생사에 없는 법의 지혜를 다 얻었고, 각의보살의 설법에 감동한 천왕들은 그의 지혜에 찬탄하며 '지적'이라는 명호를 붙여 주었다. 지적보살의 전생이 바로 각의보살이었다. 지적보살은 각의보살의 지혜의 힘을 빌려 《법화경》을 중생들에게 강하고자 하였던 것이다.

사택지적은 《대애경》의 각의보살(지적보살)처럼 불교의 진리를 대중에게 널리 설하는 법사가 되고자 했을 것이다. 당시 지배이념이었던

---

12) 이진영 옮김, 《한글대애경》, 동국역경원, 188~189쪽 ; 《대애경》, 대정장 45-449~450.

불교를 설한다는 것은 고대의 귀족에게 자신의 정치적 힘을 지탱해 주는 든든한 사상적 배경이 되기도 하였다.

　이제 사택지적비의 원문을 통해 사택지적의 불교신앙을 파악할 차례이다. 이해의 편의를 위해 원문과 해석을 함께 제시해 둔다.

　　　甲寅年 正月九日

　　　柰祇城 砂宅智積

　　　慷身日之易往

　　　慨體月之難還

　　　穿金以建珎堂

　　　鑿玉以立寶塔

　　　巍巍慈容 吐神光以送雲

　　　峨峨悲貌 含聖明以□□

　　　갑인년 정월 9일

　　　나지성柰祇城 사택지적은

　　　몸이 날로 쉬이 감을 슬퍼하고

　　　몸을 달로 되돌리기 어려움을 슬퍼하네

　　　금 뚫어 금당金堂 만들고

　　　옥 깎아 보탑寶塔 만드네

　　　높고 높은 자비로운 얼굴 신광神光을 뿜어 구름을 보내고

　　　높고 높은 자비로운 모습 성명聖明을 머금어(단비를 적시는 듯)

사택지적비에는 금을 뚫어 진당을 만들고 옥을 깎아 보탑을 만든
다는 내용이 보인다. 이를 통해 사택지적이 자신의 복을 쌓고자 불
사를 벌였음을 알 수 있다.

그런데 여기서 보탑은 일반적인 탑의 의미라기보다 구체적으로 다
보탑을 의미한다고 볼 수 있다. 다보탑은《법화경》견보탑품見寶塔品
의 교설에 따라 세워진 탑이다.[13] 견보탑품에 따르면 석가모니가《법
화경》을 설할 때 이를 찬탄하고 듣기 위하여 땅 속에서 탑이 솟아나는
데, 솟아난 탑에 다보여래가 정좌하고 있기 때문에 다보탑이라 한다고
하였다. 다보여래는 자리의 한쪽을 석가모니에게 양보하고 나란히 앉
는다. 부처 둘이 나란히 앉아 있거나 서 있는 이불병좌二佛竝坐나 이
불병립二佛竝立의 도상은 이에 연유한 것으로 한국이나 중국, 발해 등
지에서 유행하기도 하였다.[14] 불국사의 다보탑과 석가탑은 이불二佛의
도상을 쌍탑으로 전환시킨 것이다. 곧 다보탑 옆에 탑이 하나 더 세워
지면 이탑병립이 되는데, 나머지 한 개의 탑은 자연히 석가탑이 되는
것이다.[15] 사택지적이 보탑을 세운 이유도《법화경》을 설하는 석가모
니와 이를 증명하는 다보여래에 대한 신앙의 일환이었다고 여겨진다.

그러나 보탑은 일반적인 의미로 탑을 뜻하기 때문에 사택지적이 꼭 법화

---

13) 불국사의 다보탑과 석가탑이 견보탑품에 근거하여 세워졌다는 것은 널리 알
려진 사실이다.

14) 이불병상의 사례로 정읍 보화리 석불병입상(백제), 활석불보살병입상(백제,
현 청주박물관 소장), 괴산 원풍리 마애이불병좌상(고려), 청주 보살사 이불병
입상, 금동이불병좌상(현 대구박물관 소장) 등이 있다. 중국의 경우 태화 13년
(489)명 금동이불병좌상, 희평 3년(518)명 금동이불병좌상 등과 발해의 경우로
는 팔련성에서 발견된 이불병좌상 등의 사례가 있다. 한편 태안마애삼존불의
도상에 관한 여러 견해가 있으나 나란히 서 있는 두 부처를 다보불과 석가불
로 보기도 한다(문명대, 〈태안 백제마애삼존불상의 신연구〉,《불교미술연구》
2, 1995).

15) 아마도 한국 쌍탑의 기원도 이불병좌(또는 이불병립)에서 이탑병립으로의 변
화와 관련이 있을 것으로 생각된다.

신앙에 따라서 보탑을 세웠다고 주장하기에는 근거가 빈약할지 모르겠다.

그런데 《법화경》에는 지적보살과 다보불이 일정한 관계를 맺고 있다. 《법화경》의 제바달다품에서는 하방세계의 다보불을 따라온 보살로 지적보살이 나온다.[16] 하방세계는 세계를 동·서·남·북·상방·하방의 6방으로 나눌 때 땅속 세계를 말한다. 다보불은 땅속 세계에서 부처님의 설법을 듣기 위해 다보탑으로 솟아나는 것이다. 그때 다보불을 협시하는 보살이 지적보살이다.[17]

---

16) 於時下方多寶世尊所從菩薩 名曰智積(《묘법연화경》, 대정장 9-35a).

17) 조선시대의 사례지만 전남 구례 화엄사 각황전 다보불의 좌협시로 지적보살이 모셔져 있다. 사택지적은 다보불을 협시하는 지적보살의 입장에서 보탑을 세워 다보불과 석가불의 이불을 공경·예배한 것은 아닐까? 진당의 주존불로도 다보불과 석가불을 모시지 않았을까? 지적보살과 석가불의 관계는 다보불을 매개로 이루어져서 직접적인 관계를 설정하기 주저된다고 생각할지 모르나 《법화경》 화성유품에는 지적과 석가가 전생에 형제 관계로 설정되어 있다. 곧 지적은 대통불의 16왕자 가운데 장자이며 석가는 막내로 나오고 있다. 화엄사 각황전의 경우 석가(중앙)·다보(왼쪽)·미타(오른쪽)의 여래삼존좌상과 석가의 좌우협시로 문수·보현, 다보의 왼쪽에 지적, 미타의 오른쪽에 관음의 사대보살입상이 모셔져 있다. 한 전각 안에 석가·다보와 지적이 함께 모셔져 있는 좋은 사례이다.

3) 대통불과 지적

《법화경》화성유품에 따르면 지적은 대통불의 16왕자 가운데 첫 번째 왕자로 나오며 전륜성왕의 손자이기도 하다. 전륜성왕의 큰 아들인 대통은 왕위계승보다는 출가에 뜻을 두고 깨달음을 얻어 대통불이 되었다. 대통불의 16왕자도 아버지 대통불을 따라 출가하여 모두 깨달음을 얻었다. 첫 번째 왕자인 지적은 동방을 지키는 아촉불이 되었고, 나머지 왕자도 각기 한 방위를 맡은 부처가 되었다. 막내인 16번째 왕자는 석가불이 되었다고 한다.

백제 성왕이 지었다는 공주의 대통사는 바로 이 대통불을 모시기 위해 지었으니, 성왕은 대통불의 아버지인 전륜성왕에 자신을 비한 셈이 된다. 또한 성왕의 뒤를 이은 위덕왕도 대통불이 되는 것이다. 따라서 공주의 대통사는 양무제를 위해서 지은 것이 아니라 성왕계 왕실의 신성성을 높이기 위해서 지은 절로 봐야 한다.[18]

따라서 사택지적도 《법화경》의 지적이 전륜성왕의 손자이고 대통불의 아들이 되며, 출가하여 깨달음을 얻어 아촉불이라는 부처가 되었다는 교설에 따라 자신의 이름을 지은 것인지 모르겠다. 아니면 그러한 원을 세웠을 사택지적의 아버지나 조부가 지적이라는 이름을 지어 줬을 것이다. 사택지적의 가계에 대해서 전혀 알려지지 않은 상태이기 때문에 사택지적 선대의 정치적 성격이나 불교적 성격을 파악하는 것은 어려운 실정이다. 다만 사택씨(혹은 사씨)라는 귀족가문의 입장에서 대체적인 경향성은 살필 수 있다.

사씨가 백제사에 두각을 나타내게 된 계기는 성왕 때 사비천도를 전

---

18) 조경철, 앞의 글, 2002b.

후해서이다. 백제 성왕의 사비천도를 정치적으로 뒷받침한 세력은 사씨로 알려져 왔다.[19] 그리고 사비천도 등 정치적 개혁을 할 수 있었던 사상적 배경으로는 대통사의 창건이나 겸익의 율종정비가 큰 구실을 하였다. 곧 성왕의 사비천도는 정치적 개혁과 불교나 유교의 사상적 운동이 병행되어 생긴 결과이며 사씨도 정치개혁뿐만 아니라 사상운동, 특히 불교적 측면에서 큰 구실을 하였던 것으로 생각된다. 《법화경》의 지적의 조부가 전륜성왕이었듯이 사택지적의 조부 정도 되는 인물도 백제 성왕의 왕권강화에 이바지하면서 관련을 맺고 있었을 것이다.

다음은 사택지적이 태어나고, 그의 조부나 아버지가 활약했을 것으로 보이는 위덕왕 때의 정치 상황을 검토해 보자. 먼저 사택지적이 태어난 연도는 언제인가? 대좌평 지적이 642년 일본에 사신으로 갈 때 두 아들을 데리고 간 것을 보아,[20] 두 아들은 20세가 넘었을 것이고, 두 아들의 아버지인 사택지적은 50세 전후였다고 추정된다. 사택지적비문에 "몸이 날로 쉬이 감을 슬퍼하고 몸을 달로 되돌리기 어려움을 슬퍼하네."라는 내용에서 나이가 많았음을 유추할 수 있다. 사택지적비가 세워진 654년경에 지적은 환갑을 넘긴 나이였을 것이다. 642년 당시 사택지적의 나이를 50세 전후로 추정할 때 지적이 태어난 시기는 592년 전후가 된다.

곧 사택지적이 태어난 해는 위덕왕(554~598)의 말기에 해당되는—물론 10여 년의 오차는 있는 것으로 보아야 하지만—592년 무렵으로 추정된다. 그리고 사택지적의 조부가 활약했을 위덕왕 때에 당면한 정치

---

19) 노중국, 《백제정치사연구》, 일조각, 1988, 166쪽.

20) 饗百濟使人大佐平智積等於朝 (或本云 百濟使人大佐平智積 及兒達率闕名 恩率軍善) 乃命健兒 相撲於翹岐前 智積等 宴畢而退 拜翹岐門(《일본서기》 권24 황극 원년 6월).

적 과제는 아버지 성왕의 전사에 따른 혼란을 극복하는 것이었다.

> 백제의 여창이 여러 신하에게 말하길, "나는 지금 원컨대 죽은 부
> 왕을 받들기 위하여 출가·수도하고자 한다."고 하였다. 여러 신하
> 와 백성들이 말하길, "지금 군왕이 출가·수도하고자 하는 것은 단
> 지 부처님의 가르침을 받들 따름입니다. 아아! 전에 사려 깊지 못했
> 기 때문에 이제 큰 화가 생겼으니 누구의 허물입니까? …… 기로耆
> 老의 말을 들었다면 어찌 이 지경에까지 이르렀겠습니까? 청컨대 전
> 의 잘못을 뉘우치시고 애써 출가하지 마십시오. 만약 원을 이루고
> 자 하신다면 마땅히 국민을 출가 시키십시오."라고 하였다. 여창이
> 말하길, "좋다."고 하였다. 곧 신하와 상의하여 100명을 출가시키고
> 여러 번개幡蓋를 만들고 여러 가지 공덕을 지었다.[21]

위에서 기로들이 사려 깊지 못한 위덕왕의 허물을 맹렬히 비난하고
있는 것을 볼 수 있다. 이러한 정치적 비난의 원인은 성왕이 전사하기
2년 전인 552년 유교와 불교 정치이념 사이 마찰에서[22] 불교가 우위를
점함으로써 파생하게 된 귀족세력 사이의 사상적 분열에 있기도 하다.

위덕왕 때 초기 사상계의 분열과 관련하여《일본서기》에 나오는 '건
방지신建邦之神' 사료를 먼저 인용하면 다음과 같다.

---

21) 《일본서기》권19 흠명 16년(555) 8월.

22) 552년 백제가 일본에 불교를 전해 주었을 때 백제의 사상계는 육후를 중심으
로 한 유교세력과 겸익을 중심으로 한 불교세력의 갈등이 있었다. 결국 불교
세력이 승리를 거두었고 육후는 중국으로 귀국하였다(조경철, 〈백제 성왕대
유불정치이념—육후와 겸익을 중심으로—〉, 《한국사상사학》15, 한국사상사
학회, 2000).

소아경蘇我卿이 말하길, "옛적 웅략천황(대박뢰, 456-479)의 때에 너희 나라가 고려의 핍박을 받아 누란의 위기에 있을 때 천황이 신기백神祇伯에게 명하여 계책을 신기神祇에게 받았다. 축자祝者가 신탁을 받아 말하길, '건방建邦의 신을 간절히 청하여(屈請), 가서 장차 망할 왕을 구하면 반드시 국가가 안정되고 인물이 편안해 질 것이다.'고 하였다. 이로 말미암아 신을 청하여 가서 구하자 사직이 안정되었다. 대저 건방신이라는 것은 천지가 나뉘어 분별되고 초목이 말을 할 때 하늘로부터 내려와 국가를 세운 신이다. 듣건대, 너의 나라는 이 신을 버리고 제사를 지내지 않는다고 하니 지금이라도 과오를 뉘우치고 신궁을 수리하고 신령을 받들어 제사하면 나라가 창성하리니 너희는 결코 잊지 말라."[23]

554년 백제의 성왕이 전사한 뒤 위덕왕은 이듬해인 555년 왕자 혜를 일본에 보내어 저간의 사정을 알리고 위기를 극복할 방안을 구하였다. 이에 소아경이 옛적 한성 함락 때 건방지신을 믿어 나라의 사직을 구한 것처럼 이번에도 건방지신을 제사하면 나라가 다시 태평해질 것이라고 하였다. 건방지신에 대해서는 일본의 신이라는 설[24], 백제의

---

23) 蘇我卿曰 昔在 天皇大泊瀬之世 汝國爲高麗所逼 爲甚累卵 於是 天皇命神祇伯 敬受策於神祇 祝者迺託神語報曰 屈請建邦之神 往救將亡之主 必當國家謐靖 人物乂安 由是 請神往救 所以社稷安寧 原夫建邦之神者 天地割判之代 草木言語之時 自天降來 造立國家之神也 頃聞 汝國輟而不祀 方今悛悔前過 修理神宮 奉祭神靈 國家昌盛 汝當莫忘(《일본서기》 권19 흠명 16년(555) 2월).

24) 坂本太朗 外,《日本書紀》-日本古典文學大系 67- 岩波書店刊行, 1967, 115쪽, 關晃의 주석.

신이라는 반론,[25] 그리고 이에 대한 재반론[26]이 있었다. 현재는 대개 백제의 신이라는 설을 따르고 있는 듯하다.[27]

그러나 소아경이 말한 《일본서기》의 내용에는 몇 가지 석연치 않은 점이 있다. 552년 백제에서 일본에 불교를 전해 준 이래로 일본에서는 소아씨蘇我氏가 불교를 적극적으로 받아들였다. 그런데 난데없이 3년 뒤인 555년 소아씨가 백제에게 건방지신을 믿으라며 꾸지람을 하고 있다. 백제는 건방지신을 멀리하고 불교를 지나치게 신봉하였기 때문에 성왕이 전사하는 등 국가적인 위기를 맞았다고 말하고 있는 것이다.

소아씨가 이렇게 말한 배경을 이해하기 위해서는 552년 이후 일본 불교의 동향에 대한 이해가 필요하다. 552년 일본에 불교가 들어오자 소아씨는 "서번西蕃의 여러 나라가 모두 예배하거늘 일본이 어찌 홀로

---

25) 石田一良 지음·홍순창 옮김, 〈건방의 신, 상고일본인의 세계상과 정치이념〉, 《한일관계연구소기요》 8, 영남대학교 한일관계연구소, 1978. 이 논문 24쪽에서는 '건방의 신'이 백제의 신이라는 근거를 다음과 같이 들고 있다. 첫째 《일본서기》는 백제나 신라 등의 신을 이야기 할 때 '국신', '신' 등으로 기록했을 뿐, 신의 이름을 쓰지 않는 것이 보통이다. 둘째 씨족시대에 있어서 어느 씨족이 타씨족의 신의 이름을 알고 그 신을 제사하는 것은 타씨족 신의 혜택을 내 것으로 하고, 타씨족을 지배하는 것을 뜻한다. 따라서 제압자가 피제압자에게 자기의 신을 제사 지내게 하는 경우는 결코 없었다.

26) 關晃, 〈건방의 신'에 대하여〉, 《한일관계연구소기요》 8, 1978. 이 논문 37쪽에서 '건방의 신'을 일본의 건국신으로 보는 근거를 다음과 같이 지적하고 있다. 하나는 흠명기의 기술인데, 그 기사에는 옛날 백제국이 위급했을 때, 웅략천황이 일본에서 건방의 신을 엎드려 청하여 그것을 받들고 백제를 구제하려 보냈다고 되어 있다. 만약 백제의 건국신이었다면, 일본의 엎드려 청하는 것에 응하여 백제가 아닌 일본에 분명히 나타났다는 그러한 일이 과연 있을 수 있는 것일까? 그리고 또 하나는 흠명기에서는 이 건방의 신이라는 것은 천지가 개벽했을 때, 초목이 말했던 때에 天에서 내려와 나라를 만들어 세운 신이라고 설명되어 있지만, 이것은 우리들이 알고 있는 백제의 건국 전설과는 그 취지를 달리하고 있다.

27) 이기동, 〈백제국의 정치이념에 대한 일고찰; 특히 《주례》주의적 정치이념과 관련하여〉, 《진단학보》 69, 진단학회, 1990; 《백제사연구》, 일조각(재수록), 1996; 이종태, 〈백제 시조구태묘의 성립과 계승〉, 《한국고대사연구》 13, 한국고대사학회, 1998, 139~142쪽; 문동석, 〈풍납토성 출토 '대부'명에 대하여〉, 《백제연구》 36, 충남대학교 백제연구소, 2002, 59~60쪽; 길기태, 〈백제 사비기의 불교정책과 도승〉, 《백제연구》 41, 충남대학교 백제연구소, 2005.

나 몰라라 할 수 있겠습니까?"라고 하면서 불교를 받아들이길 원했다. 이와 달리 물부씨物部氏는 "우리나라가 천하의 왕 노릇을 하게 된 것은 항상 천지사직의 백팔십신百八十神을 춘하추동으로 제사했기 때문입니다. 지금 이를 바꿔 번신蕃神을 예배한다면 국신國神의 노여움을 살 것입니다."고 하면서 반대의 입장을 취하였다.[28] 물부씨는 불교를 번신으로 규정하고 이는 국신의 노여움을 산다는 점을 강조하였다.

그런데 얼마 뒤 나라에 역병이 돌자 물부씨는 불교 때문이라고 주장하면서 불상을 바다에 버리고 절을 불태울 것을 주청했고 이를 그대로 시행하였다. 그러자 불교의 번신이 노했는지 궁궐의 대전을 불태웠다고 한다.[29] 이듬해인 553년에는 바다에서 범패소리가 뇌성과 같이 일어나고 햇빛(日色)이 비쳐, 그곳에 가 이를 찾아보니 빛나는 장목樟木이 있었고 이를 깎아 불상 2구를 만들기도 하였다.[30]

552년 일본에 불교가 들어온 이래 소아씨가 불교를 적극적으로 받아들였지만, 불교를 번신으로 규정하고 국신을 믿을 것을 주장하는 물부씨 등의 반대 때문에 불상을 버리기도 하고 새로 만들기도 하는 등 불교수용이 순탄하게 이루어지지 않았다. 일본에 불교가 국가적인 공인을 받게 된 계기는 소아씨가 정권을 장악하는 580년대이다. 그 이전 30여 년 동안은 불교수용의 모색기였으며 소아씨가 믿었던 불교도 자신의 영향권 안의 범위를 벗어난 것은 아니었다. 소아씨의 입장에서도 다른 씨족들이 믿었던 국신에 대한 배려가 아직은 필요하다고 생각하였을 것이다. 백제에게 건방지신을 믿으라고 했던

---

28) 《일본서기》 권19 흠명 13년 10월.
29) 각주 28)과 같음.
30) 《일본서기》 권19 흠명 14년 5월.

이유도 불교만 너무 믿지 말고 다른 전통적인 신에 대한 제사도 병행
해야 한다고 충고한 것은 아닐까?

그러나 이러한 충고는 일본의 소아씨나 물부씨가 이해했던 국신이
나 국신의 의미인 건방지신[31]이 백제에서 사라진 지 이미 오래임을 간
과한 것이다. 백제의 사상계는 이미 불교와 대립하는 국신 · 번신의 단
계를 넘어섰고 유교적 정치이념과 불교적 정치이념의 마찰로 인해 갈
등 단계에 있었다. 위덕왕 초기의 위기상황은 바로 성왕 때 위축되었
던 유교세력의 불만이 표출된 것으로 파악해야 된다. 일본에서는 백제
유불사상계의 대립을 자국이 겪고 있는 불교(번신)와 국신의 대립 관계
로 잘못 파악하고 있었던 것이다.

위덕왕은 기로들의 불만을 일부 받아들이면서 능동적인 타개책
의 일환으로 성왕의 원찰인 능사를 창건한 것으로 보인다. 또한 성왕
의 추복을 위하여 일본 법륭사 몽전의 구세관음상을 조성하기도 하였
다.[32] 부여 능산리 능사에서는 위덕왕의 누이가 사리를 봉안하였다는
명문이 있는 사리감이 출토되기도 하였다.

전륜성왕(백제의 성왕)에서 대통지승여래(백제의 위덕왕), 그리고 지
적(아촉, 백제의 사택지적)으로 이어지는 《법화경》의 계보에서 볼 때,
사택지적은 성왕의 손자도 아니고 위덕왕의 아들도 아니었다. 그렇
다면 어떻게 사택씨(사씨)가 위덕왕의 아들이어야 가질 수 있는 지적

---

31) 소아경이 말한 내용의 원문을 자세히 살펴보면 건방지신은 백제의 신이 아님
   을 알 수 있다. 원문은 "건방지신을 간절히 청하여 '가서' 장차 망할 나라의 임
   금을 구하라[屈請建邦之神 往救將亡之主]."고 되어 있다. 건방지신이 일본
   의 신이기 때문에 (이 신을 데려)가서 (백제를) 구하라고 한 것이다. 덧붙여 원
   문 '原夫建邦神者 天地割判之代 草木言語之時 自天降來 造立國家之神也'
   가운데 건방지신을 설명하면서 '나라를 세운 신[造立國家之神也]'이라고 정의
   하고 있다. 곧 건방지신은 국신이다.
32) 김상현, 〈백제 위덕왕의 부왕을 위한 추복과 몽전관음〉, 《한국고대사연구》
   15, 한국고대사학회, 1999.

이라는 이름을 감히 칭할 수가 있었을까? 이에 대해서 몇 가지 가능성을 상정할 수 있다.[33]

첫째, 지적이 불경에서 대통불의 아들이었듯이 왕실의 아들일 경우다. 앞서 백제의 불교수용 과정에서 해씨의 소임을 주목한 바가 있으며, 그러한 역할에 힘입어 해씨가 왕비족으로서의 권위를 누려 왔다고 했다.[34] 백제사에 등장하는 왕비의 성씨는 한성시기 진씨와 해씨이지만 웅진시기 이후는 밝혀진 바가 없다. 사(택)씨는 사비천도를 뒷받침한 중심귀족이었으며 백제 후기까지 그 세력을 떨쳐 백제의 대표적인 대성팔족大姓八族 가운데 가장 높은 위치를 차지하였다. 그러한 사씨가 왕실과 인척 관계를 맺었을 가능성은 충분히 있다.[35]

둘째, 사택씨가 위덕왕과 직접적인 인척 관계는 아니지만 위덕왕의 적극적인 지원세력일 가능성이다. 성왕 때 사비천도를 전후하여 정치적 실권을 장악한 사씨는 성왕의 전사로 중대한 고비를 맞았을 것이다. 성왕의 아들 위덕왕이 여러 귀족들에게 신랄한 비판을 받았을 때, 그래도 위덕왕의 편을 들어주었던 것은 사씨였을 것이라고 생각한다. 위덕왕이 성왕의 명복을 빌기 위해 세운 능산리의 능사 창건 연대는 사리감이 만들어진 567년(위덕왕 14년) 이전으로 추정되는데, 이 절의 창건을 지원한 귀족세력은 성왕의 적극적인 후원 세력인 사씨일 가능성이 높다. 따라서 이러한 배경에서 사씨가 왕실이 아니면서도 왕실의 아들이어야 얻을 수 있는 지적이라는 이름을 얻을 수 있

---

33) 조경철, 앞의 글, 2002b.

34) 조경철, 앞의 글, 1999, 3~9쪽; 이 책 제1장 제3절 참조.

35) 조경철, 〈백제 익산 미륵사 창건의 신앙적 배경 : 미륵신앙과 법화신앙을 중심으로〉, 《한국사상사학》 32, 한국사상사학회, 2009.

었으리라 여겨진다.[36)]

　셋째, 사택씨가 왕실의 성, 바로 부여씨에서 갈라져 나온 성씨였을 가능성이다. 《법화경》에서 대통불과 지적이 모두 전륜성왕의 계보로 연결되는 왕실인 점을 강조한 추측이다. 백제 멸망기 부흥군의 장군이 었던 흑치상지黑齒尙之도 그 선대가 부여씨였는데, 흑치 지방에 봉해 져서 흑치씨를 성씨로 삼았다고 한다.[37)]

---

36) 위덕왕이 성왕의 명복을 빌기 위하여 사씨와 더불어 능사를 조영하였다면 능 사는 법화신앙과 연결될 가능성이 높다. 김수태는 능사가 왕실의 원찰이었으 며 귀족에 대한 왕권강화의 측면이 강하다고 하였다(김수태, 〈백제 위덕왕대 부여 능산리 사원의 창건〉, 《백제문화》 27, 1998). 능사에서 발견된 〈창왕명 사리감〉의 명문 가운데 '매형공주'는 창왕의 맏공주로(신광섭, 〈능산리사지 발굴조사와 가람의 특징〉, 《백제금동대향로와 고대동아세아》 국립부여박물 관, 2003, 50쪽) 사씨가 '매형공주'와 결혼하여 왕실과 인적 관계를 맺었을 수 도 있다.

37) 사택지적이 《법화경》을 강하는 법사로 있을 때 이 법사를 위호해 주는 나찰 녀가 있었으니 바로 흑치이다. 흑치는 백제 부흥군 흑치상지의 성씨로, 백제 인들은 지적을 《법화경》을 설해주는 법사로, 흑치를 《법화경》을 설하는 법사 를 지켜 주는 나찰로 존경했을 것이다. 다음은 《법화경》의 구절이다. "그때 에 또 나찰녀들이 있었으니, 첫째 이름은 남파, 둘째 이름은 비람파이며, 셋 째 이름은 곡치이고, 넷째 이름은 화치이며, 다섯째 이름은 흑치이고, 여섯째 이름은 다발이며, 일곱째 이름은 무염족이고, 여덟째 이름은 지영락이며, 아 홉째 이름은 고제이고, 열째 이름은 탈일체중생정기이었다. 이 열명의 나찰 녀는 귀자모와 아울러 그 아들의 권속들과 함께 부처님 앞으로 나아가 다 같 이 여쭈었다. 세존이시여, 저희들도 또한 《법화경》을 읽고 외우며 받아 지니 는 이를 위하여 옹호하고, 그의 쇠함과 환난을 없애 주오리다. 만일 어떤 이 가 이 법사의 허물을 찾아 내려 하여도 능히 얻지 못하오리다."(《한글법화경》 다라니품, 389쪽)
　흑치상지의 딸 흑치씨의 불교신앙 예로는 순장군공덕기로 삼세불신앙이 나 타나 있다. 삼세불신앙은 법화신앙과 밀접한 관련이 있다. "于神龍二年三 月, 與內子樂浪郡夫人黑齒氏, 即大將軍燕公之中女也, 蹭京陵, 越巨壑, 出入坎窞, 牽攣莖蔓, 再休再呬, 酒詹夫淨域焉. 於是, 接足禮巳, 卻住一 面, 瞻覩口歷, 歎未曾有. 相與俱時, 發純羨, 誓博施, 財具富, 以口上. 奉 爲先尊, 及見存姻族, 敬造三世佛像, 幷諸賢聖. 刻彤口相, 百〔福〕莊嚴, 冀 籍勝因, 圓資居往" 이에 대해서는 〈천룡산 제21석굴과 당대비명의 연구〉 (Marylin M. Rhie지음·문명대 옮김, 《불교미술》5, 1980)와 〈순장군공덕 기〉(송기호, 《역주한국고대금석문》1(한국고대사연구소 편), 가락국사적개발 연구원, 1992) 참조.
　흑치상지묘지명(府君諱尙之 字恒元 百濟人也 其先出自扶餘氏 封於黑齒 子孫因以氏焉)에 따르면 흑치씨가 부여씨에서 갈라졌다고 하는데, 그 시기 는 흑치씨가 법화신앙을 믿었다는 가정과 관련하여 유추한다면, 법화신앙이 극성에 달했던 성왕 때나 위덕왕 때일 가능성이 높다.

위 세 가지 가운데 사실일 가능성이 높은 순서는 둘째-첫째-셋째 순이다. 이제부터 둘째의 경우, 곧 왕실의 일원이 아니면서 지적이라는 이름을 취한 것과 관련해서 고려시대의 예를 들어 설명하고자 한다.

영주 태백산 부석사에 있는 고려 원융국사비는 화엄종 사찰인 부석사에 아미타불이 모셔져 있는 이유와 협시보살이 없는 이유, 그리고 탑이 없는 이유를 설명하고 있는 것으로 유명하다. 그러나 무엇보다 당시의 고려 왕인 정종(1034~1046)이 자신을 지적보살에 비유하고 원융국사(964~1053)를 지승여래智勝如來에 비유하고 있는 점이 주목된다.

> 임금께서 앙궁鴦宮에 행행하여 절을 올리고 국사로 모셨으니 마치
> 지적이 지승여래를 받들고 약왕藥王이 뇌음정각雷音正覺을 친견한
> 것과 같았다.[38]

원융국사비에는 지적과 지승여래로 표기되어 있지만, 지적은 지적이며 지승여래는 대통지승여래 또는 대통불과 같은 말이다. 비에서 원융국사는 지승여래로, 정종은 지적보살로 설정되어 있다. 곧《법화경》의 대통불(아버지)과 지적(아들)의 혈연관계가 여기서는 원융국사와 정종의 비혈연관계로 되어 있다. 보통 불교에서는 석가와 제자, 석가와 신자 사이를 부자 관계로 설정한다. 석가는 아버지요, 그를 따르는 사람들은 석가의 아들이 되는 것이다. 《법화경》 비유품에 나오는 궁자의 비유가 이를 잘 드러내 주고 있다.

정종의 입장에서 원융국사는 나라의 스승이면서 자신이 받들어야

---

38) 幸于鴦宮 拜爲國師 如知積奉智勝如來 藥王觀雷音正覺(이지관, 〈순흥 부석사 원융국사비〉,《교감역주 역대고승비문 고려편 2》, 가산연구원, 1994, 285쪽).

할 부처이기도 했다. 그래서 자신을 지승여래를 예배 · 공경하는 지적
보살에 비한 것이다. 정종과 원융국사의 예에서 알 수 있듯이, 사택지
적이 지적이라는 이름을 얻게 된 배경을 굳이 백제 왕실과 혈연관계를
상정하지 않아도 될 듯하다. 지적보살이 대통불을 섬긴다는 일반적인
신앙행위로 볼 수 있을 것이다.[39]

　사택지적은 백제의 불법을 홍포하는 법사이자 다보불을 협시하는
지적보살이면서 불국토 백제의 동방을 지키는 아촉불[40]이었다. 그는
사택지적비에 보이듯이 654년 일선에서 은퇴하고 금당과 보탑을 세워
쉴 곳을 마련하였다.[41] 이미 의자왕은 즉위 2년 여러 왕자와 좌평 등
40여 명을 일본으로 추방하면서 왕권강화를 기도하고 있었다. 그때
사택지적은 신변이 위태로운 지경까지 갔었다. 의자왕의 통치이념은
해동증자라 불릴 정도로 유교정치이념으로 기울고 있었다. 그래도 의
자왕 14년(654)까지는 유불의 세력균형이 어느 정도 유지되었지만 사

---

39) 이상 지적과 다보불, 지적과 각의보살, 지적과 대통불의 관계를 살펴보았다.
　　이 3인의 지적이 같은 인물을 가리키는 것인지, 아니면 각기 다른 지적을 가
　　리키는지는 알 수 없다. 다만 지적을 뜻하는 범어의 표기가 두 가지인 것으로
　　보아 지적에 관한 다른 내용들이《법화경》의 각 품으로 들어간 것 같다. 지적
　　의 범어는 제바달다품에는 'prajñā-kūṭa'(《묘법연화경》제바달다품, 대정장
　　9-35a)로, 화성유품에는 'Jñānākara'(《묘법연화경》화성유품, 대정장 9-22c)
　　로 되어 있다. 제바달다품의 지적은 다보불의 협시보살이고, 화성유품의 지적
　　은 대통불의 큰아들이다. 지적에 관한 다른 내용이 법화경 안에 혼재하고 있
　　는 것이다.《대애경》에 나오는 '지적보살'의 범어표기명은 알 수 없다.
40) 더구나《법화경》의 화성유품의 지적은 대통불의 장자로 깨달음을 얻은 뒤 불
　　국토의 동방을 지키는 아촉불이 되었다. 백제의 사택지적도 백제의 대표적인
　　귀족으로서 백제의 동방을 신라로부터 지키고자 하는 서원을 세웠을 것이다.
41) 사택지적이 금당과 보탑을 만들어 절을 세웠다면 그 절 이름이 있을 법한데,
　　절 이름이 알려지기 전까지는 사택사나 지적사로 불러도 될 듯하다(藤澤一夫,
　　1972, 앞의 글). 사택사나 지적사라는 절 이름을 생각해 낸 것은 이 절을 사택
　　지적의 원사로 보고 사택지적의 이름에서 절명을 유추한 것이다. 그러나 지적
　　이 지적보살에서 따온 이름으로 밝혀진 이상 지적사라는 명칭이 타당하리라
　　여겨지며, 사택지적비에 보이는 보탑의 의미를 살린다면 보탑사라 명명해도
　　좋을 듯하다.

택지적의 은퇴를 전후하여 세력균형이 급격히 기울어진 것으로 생각된다. 《삼국사기》 의자왕조에 따르면 이듬해 의자왕 15년 이후는 사치와 향락에 빠져 정사를 그르친 것으로 되어 있다.

　종래 사택지적의 정계일선 은퇴는 의자왕의 귀족세력에 대한 통제책으로 말미암은 것이었으며, 이것이 결국 귀족세력 내의 분열을 가져왔다고 보아 왔다. 그러나 사택지적이 불교, 더욱이 법화신앙에 독실했다는 관점에 주목한다면 의자왕의 귀족세력에 대한 통제책은 사상적으로 불교정치이념에서 유교정치이념으로의 방향전환이었다고 생각한다. 이러한 사상적 분열이 결국 백제를 멸망하게 한 원인 가운데 하나였던 것으로 생각된다.

제2절. 신도神都 익산과 불국토신앙

1) 신도 익산

백제 무왕의 익산경영에 대해서는 여러 설이 있어 왔다. 김정호는 《대동지지》에서 무왕(무강왕)이 별도를 두었다고 했다.[42] 《삼국유사》 무왕조에서는 익산이 무왕의 탄생지이고 왕이 된 뒤 선화공주와 함께 내려와 미륵사를 창건했다고 하였고, 익산 왕궁평에서는 '대관사', '대궁사', '왕궁사'라는 기와가 발견되었다고 했다. 《관세음응험기》에는 무왕(무광왕)이 익산으로 추정되는 지모밀지枳慕蜜地에 천도하였다는 기록[43]이 보여 이로써 천도설이 힘을 얻게 되었다.[44] 한편 백제의 도읍 행정 체제는 5부인데, 따로 별부別部가 보여 이 별부는 익산을 말한다는 별부설이 제기되었다. 덧붙여 사비시기 목간에서 '육부오방六部五方'이라는 명문이 새겨진 목간이 발견되었는데, 여기서의 6부는 5부에

---

42) 本百濟金馬只 武康王時築城 置別都 稱金馬渚 唐滅百濟 置馬韓都督府(《대동지지》익산).
  이병도, 〈서동설화에 대한 신고찰〉, 《한국고대사연구》, 박영사, 1975.

43) 百濟武廣王遷都 枳慕蜜地 新營精舍(《관세음응험기》).

44) 김삼룡, 〈백제의 익산천도와 그 문화의 성격〉, 《마한백제문화》 2, 원광대학교 마한·백제문화연구소, 1977; 홍윤식, 〈백제무왕과 익산천도에 관한 역사적 사실〉, 《익산쌍릉과 백제고분의 제문제》, 원광대학교 마한·백제문화연구소, 2000; 이도학, 〈백제 무왕대 익산 천도설의 재검토〉, 《경주사학》 22, 경주사학회, 2003.

익산 별부를 포함한 표현이라고 하였다.[45]

　이상 무왕의 익산경영에 대해서는 천도설, 별도설, 별부설, 이렇게 3가지가 대표적이며, 나머지는 이 3가지를 약간 변형시킨 견해들이다. 근래에는 중국의 사서에 보이는 동서양성東西兩城[46) 또는 동서이성東西二城[47)의 양성과 이성을 사비와 웅진이 아닌 사비와 익산으로 보는 양성설兩城說(양경설)이 새로 제시되었다.[48) 이 밖에 천도 좌절설,[49) 천도 계획설,[50) 행궁 또는 이궁설,[51) 이궁 또는 이경설,[52) 이궁설[53) 등의 설이 있다.

　그런데 위의 설들은 익산의 미륵사, 제석사, 대관사라는 사찰의 성격을 간과한 측면이 있다. 물론 위 3가지 설들도 위 세 사찰을 주목했다. 미륵사는 백제에서 가장 규모가 큰 사찰인 동시에 삼국에서도 가장 큰 사찰이다. 더욱이 도성이 아닌 지방에 도성보다 큰 사찰이 존재하는 곳은 익산이 유일하다고 볼 수 있다. 그렇다면 무왕의 익산경영의 1차적인 목적은 미륵사 창건으로 볼 수 있다. 도읍의 구성요건으로 궁궐, 사찰, 성곽, 고분 등을 들 수 있는데, 익산의 경우는 사찰이 두

---

45) 김주성, 〈백제 사비시대의 익산〉, 《한국고대사연구》 21, 한국고대사학회, 2001.

46) 其王所居 有東西兩城(《구당서》 권199 백제전).

47) 王居東西二城(《신당서》 권220 백제전).

48) 이도학, 앞의 글, 2003.

49) 노중국, 〈백제사에 있어서의 익산의 위치〉, 《익산의 선사와 고대문화》, 원광대학교 마한·백제문화연구소, 2003.

50) 김수태, 〈백제의 천도〉, 《한국고대사연구》 36, 한국고대사학회, 2004.

51) 유원재, 〈익산 문화유적의 성격〉, 《마한백제문화》 14, 원광대학교 마한·백제문화연구소, 1999.

52) 이병도, 〈익산문화권의제문제〉, 《마한백제문화》 2, 원광대학교 마한·백제문화연구소, 1977.

53) 박순발, 〈사비도성과 익산 왕궁성〉, 《고대도성과 익산 왕궁성》, 2005.

드러진 도시라고 볼 수 있다. 사찰은 당시 국가의 정신적 이데올로기
를 제공하였다. 익산경영은 이러한 점이 특징인데, 천도설이나 별도설
54) 등은 이를 잘 설명해 주지 못했다. 따라서 저자는 익산의 종교적·
정신적인 측면을 중시하여 신도설神都說을 제시하고자 한다.

  신도는 도읍의 여러 요소 가운데 사찰의 기능, 정확히는 사찰이 표
방하는 이념을 중시하고 궁궐이나 성곽, 고분 등이 상대적으로 약화된
도시를 말한다. 신도는 정식 도읍은 아니지만 종교의 기능만큼은 도읍
의 기능을 뛰어넘는 구실을 하는 도시로 볼 수 있다.

  역사에서 처음 등장하는 신도는 중국 당의 낙양洛陽이다. 당시 당나
라의 도읍은 장안長安이었고 동쪽에 위치한 낙양은 동도라고 불렸다.
그런데 당의 측천무후則天武后는 광택 원년(684)에 동도 낙양을 신도라
명명하고55) 자신의 통치 기반의 토대를 마련하였다. 또한 여자 황제라
는 약점을 극복하기 위하여 불교의 교리를 끌어들였다.《대방등무상
경》과 여기에 인용된《대운경》등에서 '정광천녀淨光天女는 중생을 제
도하기 위하여 여자의 몸으로 왕이 되었다는 것'56)을 강조하였다. 이를
홍포하기 위해 장안과 신도의 양경兩京, 그리고 전국의 각 주에 대운
사를 건립하고 천 명의 승려를 만들어《대운경》을 강하도록 하였다.57)
그리고 급기야 당 왕조에 만족하지 않고 국호를 당唐에서 주周로 바꾸

---

54) 고산자 김정호의 별도설을 마한의 별읍과 연관시킨다면 종교적 측면이 없지
   는 않다. 마한의 국읍과 별읍의 관계는 백제의 국도와 별도의 관계로 대비시
   킬 수 있다. 별읍은 소도와 관련이 있으며 별도인 익산에는 백제 최대의 사찰
   미륵사가 있었다.

55) 改東都爲神都(《구당서》권6 측천무후 광택 원년(684)).

56)《대방등무상경》, 대정장 12-1106~1107.

57) 制頒於天下令諸州各置大雲寺 總度僧千人(《구당서》권6 칙천무후 재초 원
   년(690)).
   僞大雲經 頒於天下寺 各藏一本 令昇高座講說(《구당서》권183 설회의).
   壬申勅兩京諸州 各置大雲寺(《자치통감》권204).

는 혁명을 일으켰다.[58] 이후 신도를 다스리는 위치에 걸맞게 자신을
미륵불을 기다리는 전륜성왕(금륜)으로 자처하였다. 나아가 신, 즉 미
륵불(자씨)이 하생한 염부제주閻浮提主로 자처하였다.[59] 곧 측천무후는
동도인 낙양을 신도라 하고, 그 신도를 자신, 곧 신이 다스리는 이상
도시로 삼은 것이다.

우리나라는 조선의 한양을 신도라 부르기도 하였다. 조선이 고려를
이어받아 새 도읍 한양을 건설하게 되는데 이를 신도라 하였다.[60] 물
론 유교국가인 조선이 측천무후가 추구한 불신佛神의 도시라는 의미로
한양을 신도라 한 것은 아니었다. 측천무후가 한때 사용한 신도는 이
후 낙양의 별칭이 되었고, 나아가 도읍의 별칭이 되었던 것 같다. 그래
서 한양을 신도라 불렀다.

우리 역사에서 종교적 · 정신적 측면을 강조한 도시의 첫 예는 신시
神市라고 볼 수 있다. 신시는 단군신화에 나오는 도시로 하느님(환인)의
아들(환웅)이 태백산 신단수에 내려와 연 도시이다.[61] 신시는 말 그대로

---

58) 革唐命改國號爲周 改元爲天授 大赦天下 賜酺七日 乙酉加尊號曰聖神皇帝
   (《구당서》권6 칙천무후 재초 원년(690)).
59) 懷義與法明等 造大雲經 進符命言 則天是彌勒下生 作閻浮提主(《구당서》
   권183 설회의)
      加號金輪聖神皇帝 大赦 賜酺七日 作七寶(《신당서》권4 장수 2년(693)).
      加號慈氏越古金輪聖神皇帝 改元證聖 大赦 賜酺三日(《신당서》권4 천책만
   세 원년(695)).
60) 奠于神都 傳祚八百(《삼봉집》권2 수보록).
      鎭于神都 於千萬年(《양촌집》권23 주종명).
61) 雄率徒三千 降於太伯山頂 神壇樹下 謂之神市 是謂桓雄天王也(《삼국유사》
   기이 고조선).
      신시를 신의 도시인 신시가 아니고 신불로 읽어야 한다는 견해도 있다(신종
   원, 《삼국유사 새로 읽기》1, 일지사, 2004, 54~58쪽). 신불로 읽을 경우 '신
   의 수풀[神樹]'이므로 신시는 신이 사는 수풀이므로 신의 도시에서 도시의 성
   격이 구체적으로 드러나는 신성한 장소로 볼 수 있다. 市에는 도시의 상업적
   성격과 제사적 성격이 동시에 함축되어 있는 용어로 볼 수 있다. 시의 성격에
   대해서는 《중국고대의 주술적 사유와 제왕통치》(이성구, 일조각, 1997), 〈한
   국 고대의 市와 井에 관한 일연구〉(강영경, 《원우논총》2, 숙명여대대학원

신이 다스리는 도시다. 환웅천왕이 내려와 다스린 세계는 지상의 여러 세계와 다른 신이 다스리는 세계이며, 환웅이 다스리는 신시를 중심으로 뭉쳐지는 세계이다. 신의 도시, 곧 신시 그 자체가 신성구역이고 권력의 중심이었다. 또한 환웅의 아들인 단군이 제단의 임금이었으므로 신시는 정치와 종교가 하나인 제정일치사회의 상징으로 볼 수 있다.

삼한에는 소도蘇塗가 있다. 삼한의 국읍國邑에는 천군天君이 천신天神에게 제사를 드리고 별읍別邑에는 소도가 있어서 이곳에서 귀신을 섬긴다고 하였다. 소도는 일종의 신성구역으로 이곳에 '망도亡逃'가 들어오면 감히 들어와 잡아가지 못한다고 하였다.[62] 아마 국읍에도 별읍의 소도와 비슷한 신성구역이 있었을 것인데 구체적인 이름을 알 수가 없다.

신시가 도시 전체의 신성을 강조하였다면, 소도는 국읍이나 별읍의 일정 공간만을 신성시한 것으로 볼 수 있다. 즉 신시와 달리 소도는 신성 공간이 별읍 내의 일정 공간으로 축소되었다.[63]

신시와 소도는 역사적으로도 일정 부분 계승 관계가 있다. 위만에 쫓겨 남쪽으로 옮긴 고조선의 준왕은 한지韓地에 거하여 한왕韓王을 칭했다고 하는데,[64] 그 한지에 대해서는 여러 설이 있다. 《삼국유사》에서는 준왕이 세운 나라를 마한이라고 하였다.[65] 준왕이 남쪽으로 옮긴 한

원우회, 1984), 〈한국고대 市의 원형과 그 성격변화〉(김창석, 《한국사연구》 99·100, 한국사연구회, 1997) 등의 논문이 있다.

62) 國邑各立一人 主祭天神 名之天君 又諸國各有別邑 名之爲蘇塗 立大木 懸鈴鼓 事鬼神 諸亡逃至其中 皆不還之 好作賊 其立蘇塗之意 有似浮屠 而所行善惡有異(《삼국지》 권30 한전).

63) 소도적 성격이 강한 국읍도 있을 수 있는데, 마한 54국 가운데 보이는 신소도국이 그 예이다.

64) 爲燕亡人衛滿所功奪 將其左右宮人 走入海居韓地 自號韓王(《삼국지》 권30 한전).

65)《삼국유사》 기이 마한.

지에 대해서는 익산, 광주, 공주, 서울, 직산, 인천, 예산, 홍성, 금강 등 여러 설이 있다. 이 가운데 익산은 《제왕운기》, 《응제시주》, 《고려사》, 《신증동국여지승람》 등 옛 기록이 주로 주장하고 있듯이 준왕이 처음 남쪽으로 옮긴 지역일 가능성이 높다.[66] 이후 준왕 세력은 절멸하고 건마국이 나타났다.[67] 준왕 세력은 절멸하였지만 그에 대한 제사가 이어진 것[68]으로 볼 때 고조선의 전통이 남아 있었다고 볼 수 있다.

백제는 웅진천도 이후 이곳에 대한 관심을 집중시켜 왔고 사비천도 이후에도 마찬가지였다. 익산이 정치적으로 백제의 직접 지배 체제에 들어갔다고 하더라도 아직은 소도의 전통이 강하게 남아 있다고 볼 수 있다.

《삼국지》 위지 동이전에 따르면 소도에 큰 나무를 세우고, 방울과 북을 걸어 놓고, 귀신을 섬긴다고 하였다. 큰 나무를 세웠다는 것에서 환웅천왕이 신수神樹인 신단수에 내려와 신시를 세웠다는 나무 신앙을 이어받았음을 알 수 있다.

그런데 《삼국지》의 찬자 진수는 소도가 부도浮屠와 비슷하다고 하였다.[69] 부도는 일반적으로 승려의 부도탑을 말하지만, 여기서의 부도는 부처의 상(金人)인 불상[70]이나 부처의 사리를 봉안한 불탑을 말하는 것으로 볼 수 있다. 소도의 성격이 부도와 같다고 한 것은 불교를 이미 받아들인 중국의 경우에 빗대어 설명한 것이다. 부도가 불상을

---

66) 노중국, 〈백제사상의 익산지역〉, 《익산쌍릉과 백제고분의 제문제》, 원광대학교 마한 · 백제문화연구소, 2000.
67) 노중국, 앞의 글, 2000.
68) 《삼국지》 한전.
69) 소도에 대해서는 〈한국고대 신관념의 사회적 의미〉(서영대, 서울대학교박사학위논문, 1991) 참조. 여기서는 소도를 불교적 의미로 풀지 않았다.
70) 최치원은 소도를 금인을 모신 것과 유사하다고 하였다(〈봉암사지증대사비〉).

의미한다면 불상을 안치하고 예배를 드리는 행위가 소도에서 귀신을 섬기는 행위와 비슷하다고 생각했을 것이고, 부도가 불탑을 의미한 다면 높이 솟은 불탑이 소도에 높이 솟은 나무와 비슷하다고 여겼을 것이다. 더욱이 소도의 나무에 방울이 달리는데 불탑에도 방울이 달려 있기 때문이다.

그러나 진수가 소도가 부도와 비슷하다고 한 의미는, 불상이나 불탑의 의미에 소도에 망도가 들어가도 속세의 권력이 들어가지 못한다는 의미를 덧붙여 부도와 비슷하다고 본 것으로 생각된다. 불교의 불상이나 불탑은 사원의 중심구역으로 주로 승려들이 예배하는 공간이다. 이 예배공간을 포함하여 승려들이 거주하는 공동체를 승가라고 하는데, 하나의 승가는 결계結界를 중심으로 구분된다. 결계란 속세의 법이 미치지 못하며 승려의 계율로 운영되는 구역이다. 설사 살인죄를 짓더라도 계내界內로 들어와 출가하면 세속법으로 처단하지 못한다.[71] 이러한 것을 염두에 두고 소도가 부도와 비슷하다고 말한 것이다.

마한에 아직 불교가 들어오지 않았기 때문에 《삼국지》 찬자 진수는 중국 부도의 용례를 들어 소도를 설명하였다. 이후 마한 지역에 불교가 들어왔고, 그때 들어온 불교는 소도의 전통을 이어받았다고 볼 수 있다. 마한에 불교가 들어온 연대에 대해서는 확인할 바가 없지만 마한이 백제에 병합된 이후일 가능성이 높다. 익산에 들어온 불교는 물론 소도의 전통을 계승했다고 볼 수 있다.

최치원이 찬한 〈봉암사지증대사비〉에는 삼국의 불교전래를 언급하면서 '백제소도百濟蘇塗'를 말하고 있다. 백제에는 소도의 의례가 있었

---

71) 상가는 출세간이고 국법이 개입할 수 없는 신성한 영역이라는 것이 세간 측에서도 분명하게 승인되고 있었던 것이다(平川彰 지음 · 석혜능 옮김, 《원시불교의 연구》, 민족사, 2003, 51쪽).

는데, 한나라 무제가 감천궁에서 금인金人을 예배한 것과 같다고 하였
다.[72] 금인에 대해서는 현재 흉노 고유의 신상神像으로 파악하지만, 최
치원 당시에 금인을 불상으로 여겼으므로[73] 백제의 불교는 소도와 연
관성이 있는 것으로 파악된다.

백제의 영역 가운데 소도적 전통이 가장 두드러진 곳은 고조선 신시
의 전통과 마한 소도의 전통이 많이 남아 있는 지역으로 추정할 수 있
다. 또한 신라의 흥륜사가 소도적 전통의 신성 지역인 천경림에, 그리
고 석불사가 석탈해의 동악사가 있는 토함산에 세워진 사례[74]라든가,
또는 최초의 사액서원인 소수서원이 숙수사라는 절터에 세워진 것을
참조할 때, 사찰이 세워진 곳은 소도적 전통이 강하게 남아 있는 지역
으로 유추할 수 있다.[75] 백제에서 웅진·사비를 제외하고 이를 만족하
는 지역의 제1후보지는 익산이라고 볼 수 있다. 익산은 고조선의 준
왕이 남하한 '한지'로[76] 이곳에서도 고조선 신시의 전통을 이은 의례가
행해졌을 것이다. 또한 준왕의 한을 계승한 것으로 생각되는 마한 54

---

72) 有百濟蘇塗之儀 若甘泉金人之祀(〈봉암사지증대사비〉).

73) 서영대, 〈한국고대 신관념의 사회적 의미〉, 서울대학교박사학위논문, 1991,
275쪽.

74) 강인구, 〈석탈해와 토함산, 그리고 석굴암〉, 《정신문화연구》 82, 한국학중앙
연구원, 2001.

75) 명산대천의 신령을 제사하는 제장祭場인 산천단묘山川壇廟의 경우 일부는
불교가 수용되고 사찰이 확대되면서 사원에 흡수되어 점차 소멸되어 가기도
하였다. 조선 중기에 열세에 몰려 폐사화 직전의 사찰에 서원이 건립된 것
도 같은 맥락으로 보았다('허흥식, 〈세종시 산천단묘의 분포와 제의의 변화〉,
《청계사학》 16·17(유산강인구교수정년기념 동북아고문화논총), 한국학중앙
연구원, 2002, 808쪽; 허흥식, 〈명산과 대찰과 신당의 의존과 갈등 : 묘향산
과 보현사와 단군굴의 사례〉, 《불교고고학》 1, 위덕대학교박물관, 2001; 허
흥식, 〈구월산 삼성당사적의 제의와 그 변화〉, 《단군학연구》 13, 1999, 단군
학회' 참조).

76) 김정배, 〈준왕 및 진국과 '삼한정통론'의 제문제 : 익산의 청동기 문화와 관련
하여〉, 《한국고대의 국가기원과 형성》, 고려대학교출판부, 1987.

개국 가운데 하나인 건마국은《삼국지》한전에서 말하는 소도의 전통
이 강했던 것으로 여겨진다.

 이러한 익산 지역에는 7세기 백제 무왕 때 당시 백제의 어느 절보다
거대한 미륵사가 세워졌다.[77] 무왕은 고조선 준왕의 신시적 전통과 한
의 소도적 전통이 남아 있는 익산에 미륵사를 창건함으로써 익산을 불
교적 전통의 신도로 삼고자 하였다.

2) 동성왕의 익산경영

 백제는 7세기 무왕 이전 시기인 5세기 말부터 익산을 경영하였다.
그 경영은 군사 · 경제적인 측면이 강했겠지만 사찰의 건립과 같은 불
교경영도 포함되었을 것이다. 따라서, 이 책에서 익산경영이라는 용어
는 미륵사를 창건하기 이전인 6세기까지의 익산을 설명하는 말로 제
한하고, 뒷 시기 무왕 때의 익산경영은 별도로 신도神都 익산경영益山
經營 또는 신도경영神都經營이라는 용어를 쓰고자 한다.

 먼저 동성왕의 익산경영은 사비천도 계획과 병행하여 진행되었다
고 볼 수 있다.

> 왕이 나라 서쪽 사비 벌판에서 사냥을 하였다.[78]

---

77) 익산 미륵사의 창건연기설화에 대해서는《삼국유사》무왕조에 자세한 이야기
 가 실려 있다. 이에 대한 검토는 뒤에서 말하겠지만 창건연기설화 가운데 무
 왕의 어머니가 연못의 용과 교합하여 무왕을 낳았다는 이야기는 각별하다. 연
 못과 그곳에 사는 지룡의 모티브는 고유신앙적 요소를 많이 내포하고 있기 때
 문이다. 한편 자장이 세운 정암사도 뱀이 휘감아 돌았다는 소도적 전통이 강
 한 갈반지에 세워졌다고 한다(서영대, 앞의 글, 1991, 283쪽).
78) 王田於國西泗沘原 (《삼국사기》권26 백제본기 동성왕 12년).

10월 왕이 사비 동쪽 벌판에서 사냥을 하였다.[79]

11월 사비 서쪽 벌판에서 사냥을 하였다.[80]

위 사료에서 보듯이 동성왕은 재위 연간에 여러 차례의 사냥을 나갔다. 고대 군주의 사냥이 정치적·군사적·종교적 성격을 띠고 있다고 볼 때,[81] 동성왕의 빈번한 사냥은 그 의미가 크다. 더욱이 웅진천도 이후 사비에 세 차례나 사냥을 나간 점은 주목할 만하다. 동성왕이 사비에 자주 사냥을 간 것은 천도지의 물색과 관련이 있다.[82] 익산은 바로 사비의 배후도시로서, 익산경영은 사비천도의 안전판적인 구실을 수행하기 위해서 진행된 것으로 볼 수 있다.[83] 동성왕이 익산에 행행行幸한 사실은 나타나 있지 않지만 그것을 추측할 만한 다음의 기사가 있다.

탐라국이 방물을 바치자 왕이 기뻐하여 사자를 은솔로 삼았다.[84]

왕은 탐라가 공부를 바치지 않자 친히 정벌하려고 무진주까지 이르렀다. 탐라가 이를 듣고 사신을 보내 사죄하니 이에 멈추었다.[85]

백제는 문주왕 때 탐라국이 방물方物을 바치자 은솔이라는 관등을

79) 冬十月 王獵於泗沘東原 (《삼국사기》 권26 백제본기 동성왕 23년).

80) 十一月 田於泗沘西原 (《삼국사기》 권26 백제본기 동성왕 23년).

81) 김영하, 〈백제·신라왕의 군사훈련과 통수〉, 《태동고전연구》 6, 한림대학교 태동고전연구소, 1990.

82) 노중국, 앞의 글, 94쪽.

83) 한성이 함락될 때 한성의 배후도시가 없었기 때문에 고구려에 효율적으로 대응하지 못한 역사적 선례가 있었다.

84) 眈羅國獻方物 王喜 拜使者爲恩率(《삼국사기》 권26 백제본기 문주왕 2년).

85) 王以眈羅不修貢賦 親征至武珍州 眈羅聞之 遣使乞罪 乃止(《삼국사기》 권26 백제본기 동성왕 20년).

제수하여 세력권 내로 포섭했다. 그러나 문주왕과 삼근왕 때에는 국정
이 불안하였으므로 지방세력의 귀부歸附는 그 여부가 불투명하였고 동
성왕 20년에는 결국 탐라가 공부를 바치지 않는 상황이 발생하였다.
동성왕은 탐라의 친정親征에 나섰으니 이는 다른 지역 지방세력의 이
탈을 미연에 방지하고자 함이었다. 백제사에서 동성왕 이전 왕이 친정
에 나선 사례는 종종 있었지만 탐라 지역이라는 먼 지역까지는 유례가
없는 일이었다. 더구나 고구려에 밀려 웅진으로 천도한 이후 왕의 친
정은 획기적인 일이었다고 생각된다.

　　끝내 동성왕의 친정군이 무진주武珍州(지금의 전남 광주)에 이르자 탐
라는 죄를 빌었다. 동성왕의 친정군은 왕도 웅진을 출발할 때부터 탐
라를 응징한다는 선전을 했을 법한데, 이는 탐라에 대한 응징뿐만 아
니라 여타 지방세력에게는 일종의 무력시위의 효과가 있었을 것이다.
그렇다면 친정군은 지방세력의 거점을 통과했다고 볼 수 있다. 추정하
면 웅진-사비-익산-무진주 등을 거치지 않았을까? 익산은 이전 마
한의 도읍지 가운데 하나로 여겨질 정도로[86] 지방세력이 강한 지역이
었다. 따라서 동성왕이 사비로 천도를 물색했다면 사비의 후방인 익산
에 대한 장악은 필수조건이었을 것이다. 더욱이 고구려로 말미암아 중
국으로 가는 뱃길이 막혀 있는 상황에서[87] 금강 유역권의 중심인 익산
은 관심의 대상이 될 수밖에 없었다.

　　그리고 동성왕의 친정은 사비천도의 일환이었을 것으로 생각된다.
493년 북위 효문제가 평성에서 낙양으로 천도할 때 신하들의 반대가

---

86) 마한(목지국)의 위치에 대해서는 미추홀설, 직산설, 예산설, 익산설, 나주반남
　　설 등이 있다(최몽룡, 앞의 글, 1993, 21쪽).
87) 중국으로 가려했던 내법좌평 사약사가 고구려에 의해 뱃길이 막혀 돌아온 경
　　우가 있다(《삼국사기》 권26 백제본기 동성왕 6년).

심하였다. 이에 효문제는 양나라를 친다는 남벌南伐 명분으로 군대를 이끌고 낙양에 머물러 천도를 선포하였다.[88] 498년(동성왕 20년) 동성왕도 남정南征을 계기로 자신의 권력기반을 굳건히 할 수 있었고, 사비천도의 계획도 구체화시킬 수 있었을 것이다. 신하들의 반대도 만만치 않았지만 궁문을 굳게 닫고 이들의 말을 일축하였다. 오히려 사비지역으로 1년에 두 차례 사냥을 나가는 등 천도계획을 계속 추진하였다. 그러나 동성왕의 사비천도는 그가 위사좌평 백가에게 살해됨으로써 물거품으로 돌아갔다.[89]

동성왕 때 추진됐던 사비천도와 익산경영은 다음 왕인 무령왕 때에 소강상태가 된 것으로 보인다. 무령왕의 아들인 성왕은 대통사 창건을 통해 왕실의 성족관념을 높여 이를 기반으로 사비천도를 단행할 수 있었다. 웅진은 사비를 북방에서 외호하는 구실을, 익산은 사비를 후방에서 지탱해 주는 구실을 했다. 따라서 성왕 때 익산에 대한 경영은 꾸준히 진행되었을 것이다. 익산 왕궁평에서 발견된 청자의 편년은 성왕 때 말 위덕왕 초기로 비정되는데,[90] 이로 보면 성왕과 위덕왕 때에 지속적으로 익산이 경영되었음을 알 수 있다.

---

88) 《위서》 권53 이충전에는 이를 '겉으로는 남벌이지만 속은 천도에 뜻이 있었다〔外名南伐 其實遷也〕.'라고 하였다.
　　동성왕의 친정은 백제 전 지역에 떠들썩하게 퍼졌을 것인데, 특히 동성왕이 지나쳤던 익산 지역은 더 했을 것이다. 백제의 무왕과 신라 선화공주의 이야기 모티브도 신라여자와 혼인한 동성왕의 이야기가 일부 반영된 것으로 생각된다.

89) 八月 築加林城 以衛士佐平苩加鎭之 冬十月 王獵於泗沘東原 十一月 獵於熊川北原 又田於泗沘西原 阻大雪 宿於馬浦村 初 王以苩加鎭加林城 加不欲往辭以疾 王不許 是以怨王 至是 使人刺王 至十二月乃薨(《삼국사기》 권26 백제본기 동성왕 23년).

90) 박순발, 〈사비도성과 익산 왕궁성〉, 《고대도성과 익산 왕궁성》, 2005, 136쪽.

3) 무왕의 신도 익산경영

(1) 미륵사

성왕은 관산성 패전으로 전사하였지만, 위덕왕은 554년에서 598년까지 45년 동안 재위하였다. 위덕왕 초기에는 기로들 중심의 세력에 따라 왕권이 위축되었다.

그러나 성왕의 능사가 완성되는 위덕왕 14년(창왕명사리감에 따르면 위덕왕 13년) 이후에는 중국의 남북조와 동시에 외교관계를 여는 등 국가 체제가 재정비되어 나갔다. 하지만 뒤를 이은 위덕왕의 아우 혜왕은 즉위한 이듬해에 죽었고 혜왕의 아들 법왕도 즉위한 이듬해에 죽었다. 이렇게 혜왕과 법왕이 재위 1년을 채우지 못하고 죽음에 따라 정국은 극도로 불안정하였다. 더구나 법왕의 아들로 뒤를 이은 무왕은 《삼국유사》 무왕조에 따를 때, 적자가 아닌 것으로 판단되어 무왕의 정통성에도 문제가 있었던 것으로 파악된다.

무왕은 이어지는 정국의 불안정과 자신의 정통성을 확보하기 위해서는 새로운 조처가 필요했고, 그 일환으로 익산에 관심을 두게 되었다. 성왕이 사비천도를 단행하고 남부여로 국호를 개칭하면서 부여 계승의식을 강조하였다면, 무왕은 신도익산을 경영하여 고조선-마한의 전통을 이어 나갔다.[91] 웅진천도 이후 사비 이남 지역에 대한 관심이 고조되고, 사비천도 이후에는 익산 이남 지역에 대한 관심도 높아져 갔다. 백제의 발전방향이 남쪽으로 진행되고 있었던 것이다.

익산 이남 지역은 영산강 유역의 고분군에서 살펴볼 수 있듯이 마한

---

91) 조법종은 《제왕운기》의 웅준을 백제의 별칭으로 보고, 백제가 웅준으로 불리게 된 이유를 부여계의 문화와는 다른 삼한(마한)의 문화가 반영된 결과라고 보았다(조법종, 〈백제 별칭 웅준고〉, 《한국사연구》 66, 한국사연구회, 1989).

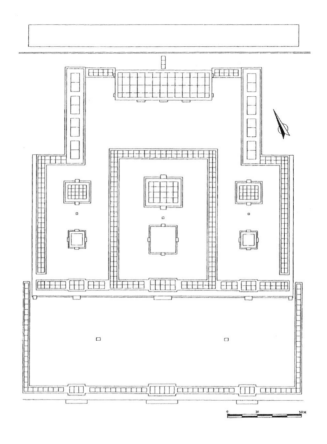

도 7. 미륵사 가람배치도[92)]

의 전통이 강하게 남아 있었고, 소도의 전통 또한 강하게 남아 있었던 곳으로 생각된다. 무왕은 익산과 그 이남 지역을 정치적·군사적으로 장악할 필요가 있었고, 소도의 전통을 불교적 이데올로기로 승화해 정

---

92) 화재관리국문화재연구소,《미륵사유적발굴조사보고서》I (도판편), 고려서적주
식회사, 1987, 도면3-2.

신적 일체감을 불어넣고자 하였다. 말하자면 익산을 종교적·정신적
도시인 신도로 만들려고 했던 것이다.[93] 그 첫걸음이 미륵사 창건이었
다. 다음은《삼국유사》기이 무왕조의 기사이다.

제30대 무왕의 이름은 장璋이다. 어머니는 서울〔京師〕 남쪽 연못가
에 집을 짓고 과부로 살더니, 그 못의 용과 관계하여 장을 낳고, 어
렸을 때 이름을 서동이라고 하였다. 그 도량이 커서 헤아리기 어려
웠다. 늘 마를 캐다 팔아서 생업을 삼았으므로 나라 사람이 그로 말
미암아 이름을 지었다. 신라 진평왕의 셋째 공주 선화善花(또는 善化)
가 더없이 아름답다는 말을 듣고, 머리를 깎고 (신라의) 서울로 왔다.
마로써 마을의 뭇 아이들을 먹이니, 그를 가까이 따랐다. 이에 노래

---

93)《구당서》와《신당서》에 따르면 백제에는 왕이 머무는 동서양성(동서이성)이
있다고 하였다. 동서양성에 대해서는 종래 사비를 서성, 웅진을 동성으로 파
악하였다. 최근 이에 대해 동서양성은 무왕 때의 사비와 익산의 2개 도성 체제
를 가리킨 것으로 보았다(이도학, 〈백제무왕대 익산 천도설의 재검토〉,《경주
사학》22, 동국대학교사학회, 2003).
　동서양성에 대한 언급은 중국 사서인《구당서》가 처음이다. 그 이전 사서에
서는 언급이 없다. 백제가 사비시기 익산을 신도로 경영하기 이전 백제의 2
대 중심 성은 사비와 웅진이었다. 그런데 중국 사서에서는 이때의 도성 체제
를 동서양성으로 언급하지 않았다. 따라서 동서양성 체제는《구당서》편찬자
가 웅진을 염두에 두고 언급한 것이 아니다. 웅진 외에 사비와 버금가는 도시
를 상정한 것이다.
　당나라의 도성 체제는 양도 또는 양성 체제였다. 도읍인 장안은 상경·서
경·서도 등으로 불렸으며, 낙양은 동경·동도로 불렸다. 더욱이 측천무후는
동도를 신도로 개명하고 자신의 정치적 이상도시로 삼았다. 측천무후가 동도
를 신도로 개명하고 이곳에 머무른 것은 천도에 버금가는 조처였지만 엄연히
당시의 도읍은 장안이었다.《구당서》편찬자는 낙양의 신도라는 도시의 성격
에 주목하여 당의 도성제를 양경제도로 파악한 것으로 보인다. 이러한 당의
양경제도가 특징적이었기 때문에 백제의 도성제도도 동서양성으로 본 것은
아닐까?
　동성으로 추정되는 익산은 무왕이 한때 머무른 곳이며 이는 측천이 한동안
자신의 정치적 입지를 강화할 목적으로 신도로 삼은 낙양에 머무른 것과 유사
하며, 무왕이 미륵사를 창건하여 자신을 미륵과 전륜성왕에 비한 것은 측천이
자신을 慈氏(미륵의 한자 표현)와 금륜(전륜성왕)에 비한 것과 대비시킬 수 있
다. 측천이 실세하자 신도는 다시 동도로 환원되었고 무왕의 신도 익산 경영
도 무왕 사후 종언을 고하게 된다.

를 지어 뭇 아이들을 꼬여 부르게 하였다. 노래는 이렇다. '선화공주님은 남모르게 사귀어 두고 서동방을 밤에 안고 간다.'

동요가 서울에 두루 퍼져 대궐에까지 알려지니, 백관이 임금께 극간하여 공주를 먼 곳으로 귀양 보내게 되었다. 바야흐로 떠나려고 할 때 왕후는 순금 한 말을 주고 가게 하였다. 공주가 귀양살 곳으로 가는데, 서동이 도중에 나와 절하고, 모시고 가고자 하였다. 공주는 그가 어떻게 오게 되었는지는 알 수 없었으나, 우연히 믿고 기뻐하였고, 따라가다가 몰래 정을 통하였다. 그 뒤에 서동의 이름을 알고, 동요의 신통함을 믿었다. 함께 백제에 이르러 모후가 준 금을 내어 장차 생계를 꾀하려 하니, 서동이 크게 웃으며 말하기를, "이게 도대체 무엇이오?"라고 하였다. 공주는 말하기를, "이것은 황금이니 백년의 부를 이룰 것입니다."고 하였다. 서동이 말하기를,

"내가 어려서부터 마를 캐던 곳에는 이런 게 진흙처럼 마구 쌓여 있어요."라고 하였다. 공주가 이 말을 듣고 크게 놀라 말하기를, "이는 천하의 진귀한 보물입니다. 그대가 지금 금이 있는 곳을 아신다면, 이 보물을 부모님 궁전에 보내는 것이 어떻겠습니까?"라고 하니, 서동이 좋다고 하였다. 이에 금을 모아 언덕과 같이 쌓아 두고, 용화산 사자사의 지명법사에게 가서 금을 수송할 방법을 물었다. 법사가 말하기를, "내가 신통력으로 보낼 수 있으니, 금을 가져오시오."라고 하였다. 공주는 편지를 써서 금과 함께 사자사 앞에 가져다 두었다. 법사는 신통력으로 하룻밤 사이에 신라 궁중으로 날라다 두었다. 진평왕은 그 신통한 조화를 이상히 여겨 더욱 존경하여 늘 편지를 보내 안부를 물었다. 서동은 이로 인해 인심을 얻어 왕위에 올랐다.

하루는 왕이 부인과 함께 사자사로 가려고 용화산 아래 큰 못가에

이르자 미륵삼존이 못 가운데서 나타나므로 수레를 멈추고 경배하였다. 부인이 왕께 이르기를, "이곳에 꼭 큰 가람을 세우는 것이 저의 소원입니다."고 하니, 왕이 이를 허락하였다. 지명법사에게 가서 못을 메울 일을 의논하니, 신통력으로 하룻밤 사이에 산을 헐어 못을 메워 평지를 만들었다. 이에 미륵삼회彌勒三會를 법法대로 본받아 전殿·탑塔·낭무廊廡를 각각 세 곳에 세우고, 절 이름을 미륵사(國史에는 왕흥사라고 하였다)라고 하였다. 진평왕은 백공을 보내 이를 도왔다. 지금도 그 절이 남아 있다(三國史에는 법왕의 아들이라고 했는데, 여기서는 홀어미의 아들이라고 전하니, 알 수 없다).[94]

위 사료에 따르면 무왕은 왕비인 선화공주와 함께 익산에 내려와 미륵삼존이 못에서 솟아 나온 영험을 바탕으로 미륵사를 창건했다고 한다. 먼저 무왕이 왕이 될 수 있는 기반을 마련해 준 황금이야기를 언급하고자 한다.

서동이 귀양 가는 선화공주를 맞아 백제로 돌아올 때, 공주는 자기

---

94) 第三十武王 名璋 母寡居 築室於京師南池邊 池龍交通而生 小名薯童 器量難測 常掘薯蕷 賣爲活業 國人因以爲名 聞新羅眞平王第三公主善花(一作善化) 美艶無雙 剃髮來京師 以薯蕷餉閭里群童 群童親附之 乃作謠 誘群童而唱之云 善化公主主隱 他密只嫁良置古 薯童房乙夜矣卯乙抱遣去如童謠滿京 達於宮禁 百官極諫 竄流公主於遠方 將行 王后以純金一斗贈行 公主將至竄所 薯童出拜途中 將欲侍衛而行 公主雖不識其從來 偶爾信悅 因此隨行潛通焉 然後知薯童名 乃信童謠之驗 同至百濟 出母后所贈金 將謀計活 薯童大笑曰 此何物也 主曰 此是黃金 可致百年之富 薯童曰 吾自少掘薯之地委積如泥土 主聞大驚曰 此是天下至寶 君今知金之所在 則此寶輸送父母宮殿何如 薯童曰 可 於是聚金 積如丘陵 詣龍華山師子寺知命法師所 問輸金之計 師曰 吾以神力可輸 將金來矣 主作書 幷金置於師子前 師以神力 一夜輸置新羅宮中 眞平王異其神變 尊敬尤甚 常馳書問安否 薯童由此得人心 卽王位一日 王與夫人欲幸師子寺 至龍華山下大池邊 彌勒三尊出現池中 留駕致敬 夫人謂王曰 須創大伽籃於此地 固所願也 王許之 詣知命所 問塡池事 以神力一夜頹山 塡池爲平地 乃法像彌勒三會 殿 塔 廊廡 各三所創之 額曰彌勒寺(國史云王興寺) 眞平王遣百工助之 至今存其寺(三國史云 是法王之子 而此傳之獨女之子 未詳)(《삼국유사》 기이 무왕).

가 가지고 온 백 년의 보배 황금을 서동에게 내보인다. 그러자 서동은 자기가 마를 캐던 곳에 금이 산처럼 쌓여 있다고 하였다.[95] 공주는 놀라 이것은 천하의 보배이고 이것이 있으면 모든 일을 이룰 수 있다고 하였다. 서동과 공주는 이 금을 신라 진평왕에게 보내 인심을 얻게 되었고 결국 왕위에 오르게 되었다고 한다.

서동은 모든 일을 뜻대로 이룰 수 있는 여의주와 같은 금을 산처럼 쌓아 놓았지만[96] 그 가치를 알지 못하였다. 《법화경》의 비유[97]에 따르면 어려운 친구를 돕기 위해 그의 옷 속에 값을 매길 수 없는 보주寶珠를 넣어 주었는데 그 친구는 그것을 알지 못하였고, 평생 보주를 옷 속에 넣고 다니면서 의식衣食을 걱정하면서 살았다고 한다. 옷 속에 손만 넣으면 평생 남부럽지 않게 살 수 있는데 말이다.

여기서 보주의 의미는 불성으로 사람은 누구나 자신 속에 부처가 될 선근종자善根種子를 갖고 있다는 것이다. 마음속의 종자를 틔우기는 마치 손을 주머니에 넣어 보주를 취하듯 쉬운 일이건만, 세상 사람들이 불성의 종자를 마음 밖에서 헛되이 찾고 있음을 경계한 비유이다. 이와 마찬가지로 서동 또한 주머니 속의 보주인 황금을 갖고 있으면서도 이를 깨닫지 못하다가 선화공주의 도움으로 황금의 가치를 알게 되었고 불성의 선근종자를 키워 나갔다. 불성의 자각은 《열반경》의 '일

---

95) 무왕의 출신지와 관련하여 《삼국유사》 무왕조의 '경사남지京師南池(서울 남쪽의 연못)'를 부여로 보기도 하지만 익산이 옳을 듯하다. 서동은 태어난 곳에서 늘 마를 캤고, 금이 산처럼 묻혀 있는 곳도 늘 마를 캐던 곳이었으며, 산처럼 쌓아 둔 금을 신라로 옮겨 준 지명법사도 늘 마를 캐던 근처 용화산 사자사의 승려 지명법사였다.

96) 익산 오금산이 있는데 금이 산처럼 쌓여 있다는 뜻에서 붙여진 이름으로 생각된다.

97) 《법화경》 권4 오백제자수기품, 대정장 9-29a.

체중생一切衆生 실유불성悉有佛性'사상으로 발전한다.[98] 사실 선화공
주는 중생을 깨달음으로 이끄는 보살의 구실을 한 것이다.[99]

자신의 주머니에 황금이 들어 있음을 안 서동은 결국 왕위에 오르게
되었다. 왕이 된 이후 공주와 함께 다시 금이 산처럼 쌓인 익산 용화산
사자사를 찾아가다가 용화산 아래 연못에서 미륵삼존이 솟아 나온 영
험을 겪고 이곳에 3탑 3금당의 미륵사를 창건하게 되었다.

미륵사 창건설화의 금은 깨달음의 불성을 뜻하기도 하지만, 미륵이
하생하여 중생을 제도하기 전에 현생의 백성을 정법으로 다스리는 전
륜성왕과도 연관이 있다. 전륜성왕에게는 그가 굴리는 4종류의 수레
가 있는데, 그것이 금륜金輪, 은륜銀輪, 동륜銅輪, 철륜鐵輪이다. 그래
서 금륜전륜성왕은 4천하를 통합하고, 은륜전륜성왕은 3천하를 교화
하며, 동륜전륜성왕은 2천하를 겸병하고, 철륜전륜성왕은 염부제를
통치한다고 한다.[100] 백제의 무왕이 금을 매개로 하여 왕위에 올랐고
미륵사 창건을 통해 자신을 전륜성왕에 비한 것으로 보았을 때, 무왕
의 금은 금륜전륜성왕의 금륜을 상징한 것은 아닐까?[101]

---

98) 서동이 황금을 몰라본 것은 서동 자신이 지니고 있던 불성을 자각하지 못한
것이고, 거기에는 만민 평등의 《열반경》 사상이 담겨 있다고 보기도 한다(정
경희, 《한국고대사회문화연구》, 일지사, 1990, 288~291쪽).

99) 선화善花 또는 선화善化. 불경에 선화보살 또는 선화불이 보인다. 선화는 《삼
국유사》 미륵선화미시랑진자사조에 미륵선화로 보이기도 한다.

100) 論曰 案仁王經 世間帝王有其五種 一粟散王威德最劣 二鐵輪王治閻浮提
三銅輪王兼二天下 四銀輪王化三天下 五金輪王統四天下(《광홍명집》, 대정
장 52-170c).

101) 전북 김제의 금산사도 금산인데 대표적인 미륵도량이다.
미륵과 금륜의 강조는 주의 측천무후가 미륵을 자처한 자신의 존호에 미륵의
다른 이름인 자씨와 금륜을 자칭한 것에서 단적으로 드러난다. 측천무후의 경
우는 금金을 금륜 뿐만 아니라 오행의 금과도 연관시켜 금덕왕이라고도 하였
다. 오행상생설에 의하면 토생금인데 당은 토덕이므로 당을 이은 주는 금덕이
므로 금덕왕이라 칭한 것이다. 발해의 문왕도 왕호에 금륜을 관칭하였다.
신라는 진흥왕이 태자에게 동륜, 차자에게 사륜(철륜)이라는 이름을 붙여 주

익산의 미륵사는 미륵이 출현하는 미륵불국토임을 안팎으로 선포한 것이다. 미륵이 출현할 때 지상세계는 전륜성왕이 다스리는 세계이므로 무왕은 자신을 전륜성왕에 비한 것이다. 또한 미륵삼존이 익산에 현현했으므로 무왕 자신을 미륵에 비긴 셈이기도 하다.

미륵은 원래 56억 7천만 년 뒤에 도솔천에서 용화산에 내려와 3번의 설법을 통해 석가가 미처 제도하지 못한 중생을 제도하는 부처이다. 따라서 사자사가 소재한 용화산의 미륵삼존과 가람배치의 3탑 3금당은 모두 미륵이 하강한 용화산과 중생을 제도한 3번의 설법과 밀접히 연관된 것이다. 미륵신앙에는 미륵상생신왕과 미륵하생신앙이 있다. 상생신앙은 중생이 직접 도솔천에 올라가 미륵의 설법을 듣고 깨달음을 얻는 것이고, 하생신앙은 중생이 도솔천에서 내려온 미륵의 설법을 듣고 깨달음을 얻는 것이다. 따라서 미륵이 움직일 경우에는 도솔천에서 내려오는 것이 원칙이라 볼 수 있다. 그런데 여기서 특이한 점은 미륵사의 미륵이 도솔천에서 내려오지 않고 땅 속 연못에서 솟아 나왔다는 점이다.

기도 하였다. 태자 동륜이 죽자 동생인 사륜이 진지왕으로 등극한다. 《삼국사기》에 따르면 진지왕의 이름은 사륜이고 금륜으로 불리기도 했다고 하였다. 전륜성왕의 순서상 태자 동륜 다음의 동생에는 철륜이 맞는데 사륜의 舍의 음이 쇠로 읽힐 때 '쇠 금金' 또는 '쇠 철鐵'로 불릴 가능성이 있다. 《삼국사기》에서 사륜을 '쇠 금金'으로 읽어 금륜과 같은 의미로 본 것은 전륜성왕의 순서에 대한 착오로 생각된다. 그렇다면 태자의 이름을 금륜이라 하지 않고 굳이 동륜이라 한 이유가 궁금하다. 동륜에 앞서 금륜과 은륜이 있었던 것은 아닐까. 법흥왕은 성왕 혹은 성법흥대왕으로 불린 것에서 전륜성왕을 자처한 것을 유추할 수 있고, 진흥왕도 자신의 아들에게 동륜과 사륜이라는 이름을 지어 준 것에서 자신을 전륜성왕으로 자처한 것을 알 수 있다(김철준, 〈신라 상대사회의 Dual Organization〉, 《한국고대사회연구》, 서울대학교출판부, 1990). 진흥왕의 경우 금륜 혹은 은륜을 자처한 사례를 찾을 수 없지만 《삼국유사》 원종흥법염촉멸신조에서 신라에 불교를 널리 펴게 한 원종(법흥왕)의 위덕을 찬한 글 '聖智從來萬世謀 區區興議護秋毫 法輪解逐金輪轉 舜日方將佛日高'에서 금륜을 굴렸다는 '금륜전金輪轉'을 찾을 수 있다. 신라에서 처음 전륜성왕을 자처한 법흥왕은 4천하를 통합할 금륜전륜성왕을 자처한 것은 아닐까?

미륵이 못에서 솟아 나온다는 것을 미륵신앙과 승천하는 수룡신水龍
神신앙이 교섭하는 방식의 결과로 이해하기도 한다.[102] 그러나 미륵이
솟아 나온다는 발상은 미륵경전이 아닌 다른 경전에서 근거를 찾아야
하지 않나 생각한다.《법화경》견보탑품에 따르면, 석가가 법화경을 설
할 때 부처의 진리를 증명하기 위해 탑이 '종지용출從地涌出'했다고 한
다. 곧 땅 속에서 탑이 솟아 나온 것이다. 그 탑 안에는 다보불이 앉아
있어 다보탑이라 한다. 다보불은 자리 한쪽을 석가불에 양보하고 나란
히 앉기를 청한다. 다보불과 석가불이 나란히 앉아 있는 도상을 이불병
좌상이라 하는데, 이를 잘 반영한 것이 불국사의 다보탑과 석가탑이다.
《법화경》종지용출품從地涌出品에 따르면, 다보와 석가가 앉아 있는 칠
보탑에 예배하기 위하여 여러 보살이 땅 속에서 솟아 나왔다고 한다.
용화산 아래 연못에서 미륵삼존이 솟아 나온 것은《법화경》견보탑품
의 다보탑이 땅에서 솟아 나온 모티브와《법화경》종지용출품의 여러
보살이 땅에서 솟아나온 모티브를 결합시킨 것으로 볼 수 있다.[103]

익산 미륵사의 미륵은 하늘에서 내려온 미륵이 아니라 못에서 솟아
나온 미륵, 곧 연못과 관련된 미륵이다. 무왕의 아버지는 연못의 용인

---

102) 송화섭, 〈한국의 용신앙과 미륵신앙〉,《한국문화와 역사 민속》, 신아출판사,
   2003, 120쪽 ; 김봉렬,《불교건축》, 솔, 2004, 53쪽.

103) 이불병좌상은 보통 법화신앙에 근거하여 다보와 석가불로 본다. 병립의 모
   티브를 살려 보살이 나란히 서 있는 이보살이 병립한 이관음보살병립상〔雙觀
   音像〕(태녕 2년명, 북제시대, 하북성 곡양 출토 ; 松原三郎 지음,《동양미술
   사》, 예경(한글번역판), 1993, 112쪽)도 있다. 또한 사유상이 병좌한 二思惟竝
   坐像의 조상사례로 하청 4년명 석조쌍사유상(松原三郎,《中國佛教彫刻史研
   究》, 吉川弘文館, 1966, 134쪽)이 보이는데, 사유상을 미륵반가사유상의 미
   륵신앙과 관련 있다면 미륵신앙에 법화신앙의 이불병좌상의 모티브가 결합된
   사례로 볼 수 있다. 법화신앙은 석가가 주존불로 현세신앙이며 미륵신앙은 미
   륵이 주존인 미래의 신앙이므로 둘은 자연스럽게 결합될 소지를 갖고 있다.
   이 글을 쓰는 도중 미륵삼존이 솟아 나온 것을 법화의 조탑신앙과 연결시킨
   논문이 발표되었다(이내옥, 〈미륵사와 서동설화〉,《역사학보》188, 역사학회
   2005.12).

지룡池龍이므로 미륵이 못에서 솟아 나온 것은 곧 아버지 용이 미륵의 화신으로 다시 솟아났음을 의미한다. 미륵신앙이 한국에서 성행한 이유가 '미륵'이 용의 고유어인 '미르'와 통하여 용신앙과 연관된다는 점도 참고된다. 지룡이 미륵삼존으로 승화했다면 지룡의 아들인 무왕 스스로는 바로 미륵의 아들이 되는 것이다.

미륵사의 가람배치인 3탑 3금당 양식은 미륵이 용화수 아래서 3번의 설법을 통해 중생을 제도함을 나타낸 것으로 알려져 왔다. 미륵사의 3탑 3금당은 동서병렬로 배치되어 있다. 그러나 중앙의 탑과 금당, 동탑과 동금당, 서탑과 서금당은 각각 회랑으로 분리 · 독립되어 있다. 이 회랑으로 분리된 독립성을 강조하여 중앙의 탑과 금당 구역을 중원中院, 동탑과 동금당 구역을 동원東院, 서탑과 서금당 구역을 서원西院으로 규정하여 미륵사의 가람배치를 3탑 3금당 삼원병렬양식으로 보기도 한다.[104]

그런데 미륵사는 동원과 서원의 북쪽 회랑 일부가 트여져 강당과 직접 연결된 배치구조다. 정면에서 보면 삼원三院으로 분리되어 있지만 위에서 보면―예를 들어 미륵사 뒤편 산인 용화산―삼원이 강당의 회랑과 연결되어 미륵사 전체가 하나로 연결되어 있음을 알 수 있다. 삼원의 병렬 · 독립성도 중요하지만 삼원이 미륵사라는 하나의 절로 통합되어 있다는 점도 주목되어야 한다. 이 점을 강조하여 미륵사의 가람배치를 재규정하면 3탑 3금당 3원1가람 양식으로 볼 수 있겠다. 줄여서 3원1가람양식이라 해도 무방하다. 미륵사가 3원1가람 배치 양식을 띠게 된 사상적 배경은 미륵신앙과 법화신앙인 듯하다. 삼원은 미

---

104) 장경호, 〈백제 사찰 건축에 관한 연구〉, 홍익대학교건축학과박사학위논문, 1988.

륵의 용화세계의 삼회三會 설법을 의미하며 법화의 삼승三乘을 의미
한다고 볼 수 있다. 일가람은 법화의 일승一乘 또는 불승佛乘을 의미
한다. 곧 미륵사의 3원1가람 배치양식에는 미륵의 용화삼회와 법화의
회삼귀일이 함축되어 있는 것이다.[105]

　미륵과 법화의 융섭은 웅진시기 대통사 창건에서 볼 수 있듯이 전륜
성왕과 대통불로 연결된 사례가 보이지만, 미륵의 설법과 직접 연결되
지는 않았다. 익산 미륵사는 3원 가람으로 미륵의 3회 설법을 직접 나
타내고 있다. 미륵사는 미륵이 세 번의 설법을 통해 성문·독각·보살
로 상징되는 3승의 모든 중생들을 1승인 부처의 세계에 살게 하고 싶
다는 염원을 반영하고 있다.

　물론 법화신앙 안에도 미륵신앙이 반영되어 있다. 서산마애삼존불

---

105) 미륵사가 미륵신앙과 법화신앙의 회삼귀일·보탑신앙이 융섭되어 창건되었
　다면 3탑 3금당의 3탑의 명칭과 3금당의 주존불에 대해서 다음과 같은 추측이
　가능하다. 3탑의 명칭을 먼저 살펴보겠다. 삼존불은 보통 중앙 본존이 부처고
　양협시가 보살로 본존이 보살보다 크기나 위세 면에서 두드러진다. 미륵사의
　삼탑도 중앙의 탑지가 동서 양탑보다 월등히 큰 것을 알 수 있다. 더구나 동
　서탑이 석탑인 것과 달리 중앙 탑은 목탑으로 추정되고 있어 양탑과 차별성을
　보이고 있다. 동서 양탑은 석탑으로 현재 서탑은 해체보수중이고 동탑은 소실
　되었지만 현재 모형 탑이 자리하고 있다. 동서탑은 삼존불의 양협시처럼 중앙
　의 목탑을 협시하는 구도인데 쌍둥이처럼 같은 탑이라 한다. 중앙의 목탑이
　없다면 이불병립처럼 이탑병립의 구도이다. 이불병좌[립]의 존상이 대부분 법
　화경 견보탑품의 다보불과 석가불이라는 것은 널리 알려진 사실이므로 미륵사
　의 동서석탑의 이탑병립의 이탑도 불국사의 다보탑과 석가탑처럼 다보탑과 석
　가탑을 상징했을 가능성이 높다.
　다음은 3금당을 살펴볼 차례다. 중앙의 중금당은 사명이 미륵사이므로 미륵
　을 주존으로 모셨을 가능성이 높다. 미륵이 주존이라면 미륵사의 중앙탑은 미
　륵이 하생할 때 지상세계를 다스리는 전륜성왕의 탑인 육왕탑으로도 불렸을
　것이다. 동서금당은 동서탑이 다보탑과 석가탑이므로 동금당의 주불은 다보탑
　과 연관된 다보불, 서금당의 주불은 석가탑과 연관된 석가불로 추정된다.《법
　화경》종지용출품에 따르면 '미륵이라 이름하는 보살이 석가모니불의 수기를
　받고 다음에 성불하리라.'라고 하였다. 다보탑 속의 석가와 다보, 그리고 수기
　를 받는 미륵이 동시에 등장하고 있다. 미륵신앙과 법화신앙이 융합된 미륵사
　는 3탑이 중앙목탑은 육왕탑, 동탑은 다보탑, 서탑은 석가탑으로 불리고, 3금
　당은 중금당이 미륵불, 동금당이 다보불, 서금당이 석가불을 모신 미륵전, 다
　보전, 대웅전 등으로 불리지는 않았을까?

의 도상에 대한 여러 견해 가운데 하나가 법화경의 삼세불사상이다. 서산마애삼존불의 본존이 석가불이고, 좌협시가 미륵반가사유상, 우협시가 제화갈라보살이라면 제화갈라는 과거, 석가는 현재, 미륵은 미래를 상징하는 법화경의 수기삼세불授記三世佛사상을 반영한 것으로 볼 수 있기 때문이다.[106)

석가불을 자처한 법왕은 사비에 왕흥사를 창건하여 자신의 이상을 펼치고자 했으나 재위 1년도 채우지 못하고 죽었으므로 아들 무왕은 아버지가 못다 한 불국세계를 세우고자 하였다. '부기자구父基子構'는 아버지가 터를 닦고 아들이 엮었다는 말이다. 석가에 비견된 법왕이 이루지 못한 중생구제를 미래의 미륵이 구원하므로, 아버지 법왕이 이름 지은 석가의 왕흥사를 아들 무왕이 미륵의 미륵사로 개명함으로써 법왕의 이루지 못한 원을 풀어 준 것으로 생각된다.[107)

왕흥사는 법왕이 법왕 자신, 곧 석가의 이상을 펼칠 목적에서 세운 절이기도 했지만, 아버지 혜왕의 원찰일 수도 있으며, 왕흥사의 창건 도중에 법왕이 죽었으므로 자연스럽게 법왕의 원찰도 되었던 것이다.

무왕은 미륵삼존이 못에서 솟아 나온 것을 계기로 하여 3탑과 3금

---

106) 문명대, 〈백제 서산 마애삼존불상의 도상 해석〉, 《미술사학연구》 221 · 222, 한국미술사학회, 1999; 〈서산 백제 마애삼존불상의 도상 해석〉, 《관불과 고졸미》, 예경(재수록), 2003.

107) 《삼국유사》 흥법 법왕금살조에 따르면 '創王興寺於時都泗沘城(今扶餘) 始立裁而昇遐 武王繼統 父基子構 歷數紀而畢成 其寺亦名彌勒寺'라 하여 사비의 王興寺를 彌勒寺로도 불렀다. 사비의 미륵사를 익산의 미륵사와 혼동되어 《삼국유사》 기이 무왕조에서는 '額曰彌勒寺(國史云王興寺)'라 하여 익산의 미륵사를 왕흥사로 오해하였다. 법왕이 사비에 절을 지을 때는 절 이름이 왕흥사였지만 법왕이 죽고 무왕이 절을 완공할 때에는 미륵사로 이름을 바꾸지 않았을까? 그 이유는 무왕의 아버지 법왕이 왕흥사를 창건하여 법왕, 곧 석가모니불이 되고자 하였으나, 재위 2년 완공을 이루고 못하고 죽자, 석가모니가 이루지 못한 뜻을 미래불인 미륵이 이루길 소망하였기 때문으로 생각된다. 한편 김주성은 왕흥사가 건립된 뒤에 왕흥사가 미륵사라 불렸을 가능성을 제시하고, 그 이유를 무왕의 전제권력의 한계성에 있다고 하였다(김주성, 앞의 글, 1990, 107~108쪽).

당을 조성하고, 미륵의 3회 설법을 강조한 가람배치로 미륵사를 창
건하였다. 그런데 미륵삼존이 지룡인 법왕과 관련이 있다면, 이 익
산의 미륵사는 사비의 미륵사와 마찬가지로 법왕의 명복을 비는 원
찰일 가능성이 있다. 무왕이 죽은 뒤에는 미륵사가 무왕의 쌍릉과 관
련된 공덕분사功德墳寺로 계속 기능했을 것이다. 법왕이 이루지 못한
석가정토의 세계를 미륵정토로 승화시키고자 했다. 그런데 미륵이
하생할 불국토는 익산만이 아니었다. 웅진에는 이미 미륵도량인 흥
륜사[108)와 수원사[109)가 있었고, 사비에도 미륵사가 있었다. 사비에는
앞서 말했던 법왕이 왕흥사라는 절로 창건했다가 무왕 때 완성 뒤 미
륵사로 불린 사찰이 있다.

   그렇다면 백제의 미륵신앙은 웅진-사비-익산을 거쳐서 전 국토로
확산되어 갔다고 볼 수 있다. 익산의 미륵사가 3탑 3금당 양식의 가람
배치로 미륵의 3회 설법을 상징했다면 웅진의 흥륜사(또는 수원사), 사
비의 미륵사(왕흥사), 익산 미륵사의 3사찰의 건립으로 또다시 미륵의
3회 설법을 상징했다고도 볼 수 있다. 사비시기 성왕(전륜성왕)에서 위덕
왕(대통불), 그리고 법왕(석가모니)으로 이어지는《법화경》의 전륜성왕 ·
석가족의 성족관념을 무왕은 미륵불국토신앙으로 이어받았던 것이다.

표 7. 웅진 · 사비기 왕실원찰

	무령왕	성왕 · 위덕왕	혜왕 · 법왕	무왕
王室願刹 (功德墳寺)	大通寺	陵寺	王興寺	彌勒寺

---

108) 이능화,《조선불교통사》(上 · 中), 보련각, 1918, 33~34쪽.
109)《삼국유사》탑상 미륵선화미시랑진자사.

표 8. 백제 왕실과 부처의 계보 비교

백제 왕실의 계보	성왕	위덕왕	법왕	무왕
부처의 계보	轉輪聖王	大通佛	釋迦佛	彌勒
신앙적 배경	《법화경》의 전륜성왕 석가계보			《법화경》의 수기삼세불 + 미륵하생신앙

(2) 제석사

익산의 제석사는 미륵사에 견주어 그동안 주목을 받지 못하였다. 다만 최근 1970년대 발견된 《관세음응험기》에 백제 무왕의 익산천도 사실을 언급하면서 무왕이 제석사를 창건했다고 하는 내용도 함께 들어 있어 관심이 고조되기도 하였다. 다음은 《관세음응험기》에 나오는 내용이다.

백제 무광왕武廣王이 지모밀지에 천도하고 정사精舍를 새로 지었다. 정관 13년(639) 기해년 11월 비번개가 치더니 제석정사帝釋精舍의 불당, 7층탑, 회랑, 그리고 승방 등 모두를 태웠다. 탑 아래 초석 가운데 여러 가지 7보와 불사리가 들어 있는 수정병과 동으로 만든 종이에 금강반야경을 사경한 것이 들어 있는 나무 칠함이 있었는데, 초석을 드러내 보니 (내용물은) 모두 없어지고 오직 불사리병과 반야경 칠함만이 온전하였다. 수정병의 안과 밖을 볼 수 없었고 뚜껑은 꼼짝도 하지 않아 사리가 어떻게 사라졌는지 알 수가 없었다. 병을 가지고 대왕大王에게 가니 대왕은 법사를 청하였다. 곧 발심 참회하고 병을 열고 보자 불사리 6개가 병 안에 있었다. (뚜껑을 닫고) 밖에서 보아도 6개가 모두 보였다. 이에 대왕과 여러 궁인들은 공경과 믿음이 배가倍加되어

발심공양하여 다시 이에 절을 세웠다. 위 내용은 《법화경》 보문품의
'불도 능히 태우지 못하다.'의 응험이다.[110]

위 내용에 따르면 백제 무광왕이 지모밀지로 천도하고 새로 절(精
舍)을 지었다고 한다. 무광왕은 《삼국사기》나 《삼국유사》 등 사서에
등장하지 않는 백제의 왕호이다. 다만 정관 13년(639)에 벼락이 떨어
져 절이 불타자 다시 절을 세우는 '대왕'이 보이는데, 그의 구체적인
왕호를 명기하지 않았다. 그렇다면 백제 무광왕과 대왕을 같은 왕으로
보는 것이 순리라고 생각한다. 따라서 정관 13년(639) 당시의 백제왕
은 무왕이므로 무광왕은 무왕의 다른 왕호였음을 알 수 있다.

무왕이 지은 제석정사가 정관 13년(639년, 무왕 40년)에 불탔다고 했
으므로 무왕이 지모밀지로 천도하고 제석정사를 지은 연도는 무왕 40
년 이전이 된다.[111] 절은 불탔지만 불사리가 들어 있는 수정병과 동판
[112]으로 만든 금강반야경은 온전히 남아 있었다고 한다. 금강반야경의
온전한 명칭은 《금강반야바라밀경》으로 5세기 초 구마라집이 번역한
경전이다. 금강석처럼 깨지지 않는 지혜 반야를 얻는 방법을 설한 경

---

110) 百濟武廣王遷都 枳慕蜜地 新營精舍 以貞觀十三年歲次己亥 冬十一月 天
　　大雷雨 遂災帝釋精舍 佛堂七級浮圖 乃至廊房一皆消盡 塔下礎石中 有種種
　　七寶 亦有佛舍利 目+采水精瓶 又以銅作紙 寫金剛波若經 貯以木漆函 發礎
　　石開視 悉皆消盡 唯佛舍利瓶與波若經漆函如故 水精瓶內外徹見 盖亦不動
　　而舍利悉無 不知所出 將瓶以歸大王 大王請法師 發即懺悔 開瓶視之 佛舍
　　利六箇俱在處內瓶 自外視之 六箇悉見 於是 大王及諸宮人倍加敬信 發即供
　　養 更造寺貯焉 右一條 普門品云 火不能燒(《관세음응험기》). 《六朝古逸觀
　　世音應驗記研究》(牧田諦亮, 平樂書店, 1970, 60~61쪽)에서 재인용.

111) 황수영, 〈백제 제석사지의 연구〉, 《백제불교문화의 연구》(백제연구총서 제4
　　집), 서경문화사, 2000.

112) 익산 왕궁리 탑에서 나온 금판 금강반야경을 제석사에서 나온 금강반야경과
　　같은 것으로 보기도 하는데, 《관세음응험기》에는 제석사의 금강반야경이 동
　　판으로 만들어졌다고 하였다.

전이다. 반야바라밀은 보시 · 지계 · 인욕 · 정진 · 선정 · 지혜의 6바라
밀의 지혜바라밀이다. 수정병에 남아 있는 6개의 부처님 사리는 바로
이 6바라밀을 상징한 것으로 보인다. 사리와 경판이 온전히 남아 있던
것에 감복하여 무왕은 다시 절을 지어 이것들을 안치하였다.

　제석정사가 불탔지만 불사리가 남았다는 이야기는 관세음보살의 응
험과 직접적인 관련은 없다. 그러나 《법화경》 관세음보살보문품에 '큰
불이 나도 태우지 못하는 것은 관세음보살의 위신력 때문이라(設入大
火 火不能燒 由是菩薩威神力故).'는 것에 근거해 제석정사 이야기가 《관
세음응험기》에 실린 듯하다.

표 9. 불교적 세계관과 신도 익산의 사찰 비교

불교적 세계관				神都 익산의 사찰
육도六道	하늘세계	⑥ 천天	…	…
			도솔천兜率天	미륵사
			제석천帝釋天	제석정사
			사천왕천四天王天	
	지상세계	⑤ 인人		왕궁(대관사)
		④ 수라修羅		
		③ 축생畜生		
		② 아귀餓鬼		
		① 지옥地獄		

《관세음응험기》의 제석정사는 제석帝釋을 주존으로 모시는 사찰이
다. 제석은 본래 고대 인도의 신으로 인드라(因陀羅)라고 칭했는데,[113]
나중에 불교의 천天으로 받아들여졌다. 불교적 세계관에서 제석이 사
는 도리천忉利天은 수미산 정상에 있는데, 육도六道에서 천에 속하는
욕계 6천[114] 가운데 하나이다. 제석은 제석천왕帝釋天王이라고 하며[115]
사방에 각 8천이 있어 모두 32천에 제석천까지 합쳐 33천이라 부르기
도 한다.[116] 제석은 휘하에 사천왕을 거느리고 인간세계를 다스리는 천
상의 최고 지배자이며, 인드라와 마찬가지로 번개를 일으켜 비를 내리
게 하는 농경신이자 싸움을 승리로 이끄는 전쟁의 신이기도 하였다.

천상과 천하의 인간세계를 다스리는 제석의 이미지는 불교수용 이
후 적극적으로 받아들여졌다. 《삼국유사》 고조선조에서 단군의 조부
인 환인에 제석이라는 주를 달았다. 환인은 석가제환인타라釋迦提桓因
陀羅 또는 석제환인釋提桓因의 줄임말로 의역하면 능천주能天主의 뜻
이다.[117] 단군신화에 환인(제석)이 언급될 정도로 제석신앙의 기원은
오래다. 고구려에서는 구체적인 사례를 찾을 수 없지만 백제의 경우
제석사가 있고 신라의 경우 사례가 여럿 보인다.[118] 대표적인 예로

---

113) 인드라에 대해서는 《힌두이즘》(로버트 찰스 제너 지음·남수영 옮김, 도서
    출판여래, 1996) 32~46쪽 참조.
114) 욕계 6천은 사천왕천, 도리천, 염마천, 도솔천, 화자재천, 타화자재천이다.
115) 諸大菩薩帝釋天王 滅一切煩惱阿脩羅難(《화엄경》 권6 입법계품, 대정장
    9-719c).
116) 共阿修羅 起戰鬪時 帝釋天王 告其三十二天言(《기세인본경》 전투품, 대정
    장 1-404c).
117) 환인은 석제환인의 줄임말로 알려져 있지만 사실은 석제환인의 줄임말로 환
    인을 쓴 사례는 《삼국유사》 기이 고조선조가 처음이다(조경철, 〈단군신화의
    불교적 세계관〉, 《삼국유사 기이편의 연구》, 경인문화사, 2005).
118) 신라의 천신의 사례와 그 사상적 특성에 대해서는 〈신라불교 천신고〉(김영
    태, 《신라불교연구》, 민족문화사, 1987) 참조.

《삼국유사》선덕왕지기삼사조에 선덕여왕의 지혜를 말해 주는 세 번째 이야기가 있다.

> 셋째는 왕이 아무런 병을 앓지 않을 때 여러 신하들에게 이르기를, "짐이 아무 해 아무 달 아무 날에 죽을 것이니, 나를 도리천 가운데에 장사지내라."고 하였다. 여러 신하들이 그곳을 알지 못해, "어느 곳입니까?"라고 아뢰었더니, 왕이 말하기를, "낭산狼山 남쪽이니라."고 하였다. 과연 그달 그날에 이르니 왕이 죽었으므로 여러 신하들이 낭산의 양지바른 곳에 장사지냈다. 10여 년 뒤에 문호대왕文虎大王(문무대왕文武大王―저자 주)이 왕의 무덤 아래에 사천왕사를 창건하였다. 불경에는 '사천왕사의 위에 도리천이 있다.'고 했으니, 그제야 대왕의 신령神靈하고 성스러움을 알게 되었다.

선덕여왕은 인간세계를 포함한 수미산을 다스리는 도솔천의 제석의 이미지를 통해서 신라 최초의 여왕이라는 취약점을 극복하려 한 것으로 보인다. 이 밖에 진평왕이 내제석궁에 행차하여 돌계단을 밟자 돌 3개가 한꺼번에 부러졌다는 내용[119]이나 삼국 통일을 이룬 김유신이 삼십삼천三十三天의 아들[120]이라는 내용이 보인다. 김유신뿐만 아니라 충담사가 〈찬기파랑가〉를 불러 덕을 기린 화랑 기파耆

---

119) 《삼국유사》 기이 천사옥대.
　　진평왕 때 제석신앙에 대해서는 '김두진, 〈신라 진평왕대의 석가불신앙〉, 《한국학논총》 10, 국민대학교 한국학연구소한문학연구실, 1988; 안지원, 〈신라 진평왕대 제석신앙과 왕권〉, 《역사교육》 63, 역사교육연구회, 1997' 참조.

120) 三十三天之一人降於新羅爲庾信(《삼국유사》 기이 태종춘추공).
　　聖考今爲海龍 鎭護三韓 抑又金公庾信乃三十三天之一子 今降爲大臣 二聖同德 欲出守城之寶(《삼국유사》 기이 만파식적).

婆[121)도《장아함경》에 석제환인, 곧 제석의 7번째 천자로 나온다.[122)

고려시대에 들어와서도 제석은 대단한 숭배를 받았는데, 태조 왕 건은 내제석원과 외제석원을 세워[123) 제석과 사천왕을 모셨다.[124) 또 한 고려 후기 몽고의 침략을 불력으로 물리치기 위하여 이규보가 재 조고려대장경의 조판을 독려한 대장각판군신기고문大藏刻板君臣祈告 文에도 천제석天帝釋에게 호소하는 내용이 보인다.[125) 이승휴의《제 왕운기》에도 단군을 석제의 손자라고 하였고《고려사》세가에는 제 석의 용례가 113회나 보이기도 한다.

이상 삼국과 통일신라를 거쳐《삼국유사》가 편찬된 고려 후기까지 제석신앙이 널리 유행하였음을 알아보았다. 제석신앙이 이렇게 유행 하게 된 배경에는 불교수용 이전부터 제석천이 원래 갖고 있었던 하늘

---

121)《삼국유사》기이 경덕왕충담사표훈대덕.

122) 釋提桓因 左右常有十大天子 隨從侍衛 何等爲十 一者名因陀羅 二名瞿夷 三名毗樓 四名毗樓婆提 五名陀羅 六名婆羅 七名耆婆 八名靈醯 九名物羅 十 名難頭(《장아함경》, 대정장 1-132-2).
　보통 화랑을 미륵의 화신으로 보기도 하지만 제석의 화신으로도 본 듯하다. 帝 釋의 天子 耆婆에서 기파랑의 이름을 따온 것은 악신인 아수라와 싸우는 제석 의 전쟁신으로서의 역할을 강조한 것으로 생각된다.
　이 밖에《삼국유사》에 등장하는 제석 관련 사료는 기이편〈경덕왕 충담사 표훈 대덕〉조에 표훈이 드나들었다는 천궁("假使我得帝釋天宮"《불본행집경》), 탑상 편 백율사조에 도리천, 전후소장사리조의 제석궁과 도리천, 대산오만진신조의 도리천신, 의해편 자장정율조의 제석 등이 있다. 한편 천신이나 천사 등의 용례 도 제석천신이나 제석천사 등으로 볼 수 있는 경우도 많이 있다(김영태,〈신라 불교 천신고〉,《신라불교연구》, 민족문화사, 1987).

123)《삼국유사》왕력 태조.

124) 고려시대 제석신앙에 대해서는〈제석사상과 그 신앙의 고려적 전개〉. 《한국밀교사상사연구》(서윤길, 불광출판부, 1994)와《고려의 국가 불교의례 와 문화 : 연등·팔관회와 제석도량을 중심으로》(안지원, 서울대학교출판부, 2005) 참조.
　태조 왕건은 내제석원과 외제석원뿐만 아니라 신중원도 창건하였다. 신중은 사 천왕의 권속이며 사천왕은 제석의 휘하이므로 제석신앙이 제석-사천왕-신중 순서로 체계화되었음을 알 수 있다.

125) 이규보,《동국이상국집》.

〔天〕의 개념과 일맥상통하는 면이 있기 때문이다. 종래의 하늘〔天〕은
최고신이며 지고신이었다[126]. 물론 불교의 제석천은 최고신이나 지고
신은 아니다. 욕계, 색계, 무색계의 욕계 6천의 하나에 불과한 도리천
에 사는 천신이다. 그렇지만 제석천은 사천왕을 거느리고 인간세계를
다스리는 도리천상의 최고 지배자이기 때문에 종래의 하늘〔天〕의 관념
과 쉽게 맞물리게 된 것으로 보인다.

제석이 사는 수미산의 중록에 사천왕이 머물고 있으므로 사천왕에
대한 신앙 역시 제석신앙 못지않았다고 볼 수 있다. 실제로 백제의 경
우 의자왕 20년(660)에 천왕사와 도양사 두 절의 탑에 벼락이 쳤다고 한
다.[127] 천왕사는 사천왕을 모시는 절로 백제를 지켜 주는 호국사찰일 가
능성이 높은데, 그 당시 이곳에 벼락이 쳤다는 것은 백제 멸망을 암시하
는 것으로 볼 수 있다. 신라에서 선덕여왕이 묻힌 도리천 아래 당나라를
물리치기 위하여 문두루도량을 개선한 사천왕사를 지은 것은 매우 유명
한 이야기이며, 사천왕사는 줄여서 천왕사라 불리기도 하였다.

사천왕은 북방의 다문천왕, 남방의 증장천왕, 서방의 광목천왕, 동
방의 지국천왕을 말한다. 거란이나 몽골, 왜구의 침입이 많았던 고려
의 경우 제석천 · 사천왕, 북방의 다문천왕 또는 북방 다문천왕의 권속
인 공덕천왕功德天王에 대한 도량道場이 무수히 열렸다.[128]

제석천과 사천왕천은 모두 수미산과 관련이 있다. 제석천은 수미
산 꼭대기에 머물고 있고, 사천왕은 수미산 중록에 위치하고 있으며,
인간이 살고 있는 남염부제는 수미산 아래에 위치하고 있다. 제석은

사천왕 등을 보내 인간세계의 일을 돌보는 역할로 나온다. 사천왕은 8일(23일) 사자使者를 보내고, 14일(29일)에는 태자를 보내고, 15일 (30일)에는 사천왕이 직접 내려와 누가 선행을 하고 누가 악행을 하는가를 관찰하여 제석에게 보고한다.[129] 또한 제석 자신이 직접 백룡상白龍象을 타고 인간세계를 안행案行하면서 누가 육바라밀을 행하며, 누가 부모에게 효순孝順하고, 사문과 바라문을 공양했는가를 살피기도 한다.[130]

천왕은 제석천 또는 사천왕천 등 하늘세계의 왕이며 인왕은 지옥· 아귀· 축생· 수라· 인간(人)· 하늘(天)이라고 하는 육도의 하나인 人, 곧 인간세계의 왕이다. 인왕은 불경에서 제석이나 사천왕의 외호外護를 받는다고 했다. 《금광명경》에 따르면 사람 가운데 태어나 나라를 다스리므로 인왕이라 한다고 하였으며,[131] 인간 속에 태어났지만 하늘 (天)이 보호해 주기 때문에 천자天子라고 한다고 하였다.[132] 인간이 사는 염부제의 왕이므로 염부제인왕閻浮提人王이라고도 한다.[133] 인왕이 너끈히 보시의 공덕을 닦는다면 천왕이 인왕과 그 인민들을 안은구족安隱具足하게 하고 근심이 없게 한다고 하였다.[134]

---

129) 《대루탄경》 도리천품, 대정장 1-298ab.

130) 爾時釋提桓因 乘白龍象 案行世間 誰有孝順父母 供養沙門婆羅門 有能報施 持戒修梵行者(《마하승기율》, 대정장 22-232c).

131) 因集業故 生於人中 王領國土 故稱人王(《금광명경》, 대정장 16-347a).

132) 雖在人中 生爲人王 以天護故 復稱天子(《금광명경》, 대정장 16-347a).

133) 釋王等與忉利諸天不可復計 梵王與諸 梵不可復計 阿闍世王與閻浮提人王衆多不可復計(《살담분타리경》, 대정장 9-197-1) 또한 불교의 이상적인 왕으로 인왕보다는 전륜성왕이 보다 많이 알려져 있는데, 인왕은 전륜인왕으로 불리기도 하였다. 중국 측천무후의 경우 염부제주라고 불리기도 하였다.

134) 若諸人王有能供給施其所安 我等四王 亦當令是王及國人民一切安隱具足無患(《금광명경》, 대정장 16-341a).

백제의 제석신앙을 보여 주는 구체적인 사례는 제석사가 유일하지만 제석이 살고 있는 수미산에 대해서는 몇 가지를 첨부할 수 있다. 부여 능산리 능사에서 출토된 금동대향로는 용이 수미산을 떠받치고 있는 형상이며,[135] 수미산 꼭대기에는 봉황이 앉아 있다. 그리고 《일본서기》에 따르면 612년 일본에 건너간 백제인이 수미산 모양의 산을 남정南庭에 만들었다는 기록이 보여[136] 7세기 백제에는 수미산에 대한 관심이 매우 높았음을 알 수 있다.

백제의 무왕은 제석사를 창건하여 자신을 지상세계 염부제를 포함한 도솔천 수미산의 천신으로 여겼을 것이다. 그뿐만 아니라 도리천의 세계인 제석사 아래, 인간세계 궁궐자리에 대관사를 지어 이곳을 염부제로 상정하고 자신을 염부제인왕으로 여겼을 것이다.

익산 미륵사의 미륵이 지신地神인 지룡과 연관되었다면, 제석사의 제석은 종래의 천신과 연관되었다고 볼 수 있다. 제석사를 창건함으로써 천신인 제석이 인간세계를 돌봐 준 것을 드러내 보였다. 제석이 돌봐 주는 인간세계는 제석사 옆의 왕궁의 세계이고,[137] 왕궁의 세계는 인간세계를 다스리는 인왕이 다스리는 세계이다. 무왕은 왕궁에

---

135) 도교의 봉래산으로 보기도 한다.

136) 是歲 自百濟國有化來者 其面身皆斑白 若有白癩者乎 惡其異於人 欲棄海中嶋 然其人曰 若惡臣之斑皮者 白斑牛馬不可畜於國中 亦臣有小才 能構山岳之形 其留臣而用 則爲國有利 何空之棄海嶋耶 於是 聽其辭以不弃 仍令構須彌山形及吳橋於南庭 時人號其人 曰路子工 亦名芝耆摩呂 又百濟人味摩之歸化 曰 學于吳 得伎樂儛 則安置櫻井 而集少年 令習伎樂儛 於是 眞野首弟子 · 新漢齊文 二人習之傳其儛 此今大市首 · 辟田首等祖也(《일본서기》 권22 추고 20년) 《日本書紀》에 보이는 수미산의 용례는 다음과 같다. 作須彌山像於飛鳥寺(《일본서기》 권26 제명 3년); 甘檮丘東之川上 造須彌山而饗陸奧與越蝦夷(《일본서기》 권26 제명 5년); 又於石上池邊 作須彌山 高如廟塔(《일본서기》 권26 제명 6년)

137) 제석사와 궁궐(왕실)이 밀접히 관련된 것도 제석과 인왕의 관계에 연유한 것으로 생각된다.

거주하며 인왕을 자처하면서 백제를 다스리고자 하였다. 익산은 미륵의 도솔천신, 제석의 도리천신이 보호하는 신도이며 인왕은 그 신도를 다스리는 무왕이었다.

제3절. 백제 멸망과 아미타신앙

사비천도를 전후하여 추진된 성왕의 대통불국토大通佛國土는 관산성 패전으로 말미암아 퇴색되었다. 그러나 성왕의 손자인 무왕이 익산 미륵사를 중심으로 하는 신도를 세움으로써 대통불국토는 미륵불국토彌勒佛國土로 되살아났다. 의자왕 때 불교에 대해서는 목차를 달리하여 다루지는 않았지만 사택지적비의 주인공인 지적을 통해서 검토해 보았다. 불교신앙이 돈독했던 대좌평 지적의 은퇴는 의자왕이 추진했던 유교정치이념의 강조와 짝을 이루는 것이었다. 백제의 멸망의 이유를 사상사적 측면에서 찾는다면 의자왕 때 유교와 불교의 조화를 이루지 못했던 것이다. 이 절에서는 백제가 멸망한 뒤 백제 유민의 아미타신앙을 살펴보고자 한다.

1) 계유명아미타삼존불비상의 조성 연도

계유명아미타삼존불비상癸酉銘阿彌陀三尊佛碑像(이하 아미타불비상으로 줄임)은 한때 백제의 수도이자 부흥운동이 활발했던 웅진의 관할지방인 연기 비암사에서 발견되었다. 이곳에서는 기축명아미타삼존불비상己丑銘阿彌陀三尊佛碑像과 석조반가사유보살비상石造半跏思惟菩薩碑

像이 함께 발견되었다. 그
리고 연기·조치원 인근에
서는 무인명연화사사면불
비상戊寅銘蓮華寺四面佛碑像
과 계유명삼존천불비상癸酉
銘三尊千佛碑像이 발견되기
도 하였다. 아미타불비상은
조성 연대가 백제의 멸망
이후로 여겨지는데도 '달솔
達率'이라는 백제 관등이 새
겨져 있어 더욱 큰 관심을
끌었다.

도 8. 계유명아미타삼존불비상

1960년에 발견된 국보 106호인 아미타불비상은 형식상으로도 특
별하다. 불보살상이 4면에 걸쳐서 조각되어 있고 각 면에 명문이 새겨
져 있다. 앞면의 하단 밑부분에 세로로 명문이 새겨져 있는데, 나머지
3면에도 조각하고 남은 부분을 따라 명문을 새겨 놓았다. 일반적으로
돌판에 불상을 조각하면 석상, 비석 모양의 석상에 명문을 새기면 비
상이라 한다. 비상은 석상에 포함되는 범주이다.

석상이나 비상은 중국에 다수 존재하지만 우리나라의 경우 유례가 드물
다. 비의 일반적인 형태는 빗돌(碑身), 빗돌을 받치는 받침돌(龜趺), 비신을
덮고 있는 덮개돌(螭首)로 구성되어 있다. 아미타불비상은 현재 받침돌과 덮
개돌이 없고 빗돌에 해당하는 비상만 남아 있다. 비상 아래 부분이 돌출되
어 있어 이곳에 대좌를 끼웠음을 유추할 수 있다. 아미타불비상의 높이는
43cm, 앞면의 폭은 26.7cm, 측면의 폭은 17cm이다.

아미타불비상의 명문은 다음과 같다.

② 좌측면[138]

□□癸酉年四月十五日 兮乃末首□□道□發願 敬□□供爲弥次乃
□□正乃末 全氏三□□等□五十人智識 共國王大臣 及七世父母含靈
願敬造寺智識名記 達率身次願 眞武大舍 □□大舍願.

□□ 계유년 4월 15일에 혜 내말 …… 발원하여 삼가 지어 바치니,
미차내□, □정 내말, 전씨 삼□□ 등 □50인 지식과 함께 국왕·대신
및 칠세부모 등의 함령들을 위하여 발원하여 삼가 절을 지었다. 지식의
이름을 기록하면, 달솔達率 신차身次가 원했고, 진무 대사가 원했고, □
□ 대사大舍가 원했다.

③ 뒷면

上次乃末 三久知乃末 兎大舍願 大舍願 夫信大舍 大□ 乃末願 久大
舍願 久大舍願 惠信師 夫乃末願 林乃末願 惠明法師 道師.

상차 내말과 삼구지 내말, 토 대사가 원했고, …… 대사가 원했고, 부
신 대사가 (원했고), …… 내말이 원했고, 혜신사가 (원했고), 부 내말이 원
했고, 임 내말이 원했고, 혜명법사가 (원했고), 도사가 (원했다).

---

138) 아미타불비상을 보는 사람의 입장을 기준으로 ①앞면, ②좌측면, ③뒷면, ④
우측면으로 나눈다. 명문의 해석은 〈계유명아미타삼존사면석상〉(김정숙, 《역
주 한국고대금석문》1(한국고대사연구소 편), 가락국사적개발연구원, 1992)을
참조하였다.

④ 우측면

歳□□□年四¹³⁹⁾月十五 日爲諸□敬造此石 諸佛□□ 道作公願 使 眞公□ □□願.

674년¹⁴⁰⁾ 4월 15일에 여러 □를 위하여 삼가 이 돌로 된 여러 제불 (보살)을 만들었다. 도작공이 원했고, 사진공이 (원했고) □□가 원했다.

① 앞면

全氏□□ 述況□□ 二兮□木 同心敬造 阿彌陀佛 像觀音大 世至 像□ □道□□ 上爲□□ 願敬造□ 佛像□□ 此石佛像 內外十方 十六□□.

전씨 □□ …… 술황 …… 이혜 …… 한마음으로 아미타불상, 관음 상, 대세지상을 삼가 만들었다. …… 원컨대 삼가 만든 이 석불상이 내외 시방十方과 십육十六(방을 비추소서).

아미타불비상에 새겨진 명문에는 불비상을 조성하는 데 참여한 사 람과 불비상을 봉안할 절의 조성에 참여한 사람들이 함께 언급되어 있 다. ②좌측면과 ③뒷면의 명문은 절 조성, ④우측면과 ①앞면의 명문 은 불비상의 조성에 관한 내용이다.

일반적인 불사에서 불상과 절의 조성은 동시에 이루어지는 것이 보 통이지만, 반드시 그렇다고 볼 수는 없다. 아미타불비상의 조성도 불 비상과 불비상을 봉안할 절이 같은 시기에 조성되었다고 볼 수도 있겠

---

139) 五로 판독하기도 한다(김창호, 〈계유명아미타삼존불비상의 명문〉,《신라문 화》8, 동국대학교 신라문화연구소, 1991; 김주성, 앞의 글, 2000).
140) 통상 계유년(673)으로 보고 있으나 따르지 않는다.

지만 달리 생각해 보고자 한다.

절의 조성 연도를 알 수 있는 단서는 ②좌측면에 보이는 계유년이다. 계유년은 백제16관등 중 좌평 다음의 제2관등인 달솔의 존재로 백제가 멸망한 660년 이전으로 볼 수도 있지만, 내말乃末이나 대사大舍 등 신라 관등도 보여 속단할 수는 없다. 백제 멸망 후 멀지 않은 계유년으로 생각된다.

660년 이후 계유년에 해당하는 해는 673년과 733년 등이다. 그러나 733년일 가능성은 희박하다. 왜냐하면 백제가 멸망할 때 달솔 신차의 나이를 20세 전후로 본다면 733년에는 적어도 그의 나이가 93세 이상이어야 하고, 백제 멸망 후 73년이 지나서도 백제 관등을 사용한 것이 되기 때문이다. 불비상의 명문에 보이는 조사造寺의 연도인 계유년은 673년으로 추정된다.

한편 아미타불비상의 조성 연도는 ④우측면의 歲□□□年四月十五의 미상인 연도를 ②좌측면의 □□癸酉年四月十五日의 계유년과 같은 계유년 간지로 보아 673년으로 추정하고 있다. 그러나 여기에 대해서는 의문의 여지가 있다. 불비상의 명문에 계유라는 같은 간지를 사용하여 같은 연도를 중복해서 표기했다고 볼 수 있을까? 더욱이 아미타불비상은 명문을 새길 여유 공간이 매우 부족하기에 더욱 그렇다. 앞면의 경우 불비상 아래쪽 마감 부분에, 측면이나 뒷면도 조각상 사이사이에 명문이 새겨져 있다.

④우측면의 미상인 연도가 계유년이 아니라면 불비상과 절의 조성 연도가 다르게 되며 둘의 선후 관계도 검토의 대상이 된다. 선후 관계는 불비상 네 면에 새겨진 명문의 판독 순서와도 밀접한 관련이 있다. 현재 불비상의 판독 순서에 대해서는 ①앞면-②좌측면-④우측

면-③뒷면, [141] ①앞면-②좌측면-③뒷면-④우측면, [142] ②좌측면-③
뒷면-④우측면-①앞면[143] 등의 의견이 제시되어 있다. 이 견해들은
모두 불비상과 절이 673년 같은 해에 조성된 것으로 보고 있다.

표 10. 계유명아미타불비상의 연대

논자	판독 순서	계유명아미타불비상 조성 연도	절 조성 연도	명문 새긴 연도
조경철	1) ④①②③	672	673	673
〃	2) ④①②③	672	673	672 · 673
〃	3) ②③④①	674	673	674
〃	4) ②③④①	672	673	673
김창호 · 김정숙 · 곽동석	5) ②③④①	673	673	673
김주성	6) ①②③④	673	673	673
황수영	7) ①②④③	673	673	673

* ①앞면 ②좌측면 ③뒷면 ④우측면

　　그러나 ④우측면의 연도가 계유년이 아닐 경우, 아미타불비상의 조
성 연도에 대한 네 가지 해석이 가능하다.
　　첫째, 판독 순서를 기존의 견해와 다르게 ④우측면-①앞면-②좌
측면-③뒷면의 순서로 파악할 때다. 판독 순서는 시간 순서이기도 한
다. ④우측면의 미상인 연도는 ②좌측면의 계유년(673년)보다 앞선 연
도—672년, 671년, 670년,⋯⋯—가 된다. 가장 가능성이 있는 연도는
672년으로 생각된다. ④우측면의 연도는 미상이지만 날짜는 4월 15

---

141) 황수영, 〈충남연기석상조사개요〉, 《예술논문집》 3, 대한민국예술원, 1964;
　　《한국불상의 연구》, 삼화출판사, 1973.

142) 김주성, 〈연기지방 백제유민의 동향〉, 《백제사비시대정치사연구》, 전남대학
　　교박사학위논문, 1991.

143) 곽동석, 〈신라불비상의 연구〉, 한국정신문화연구원석사학위논문, 1985; 김
　　창호, 〈계유명아미타삼존불비상의 명문〉, 《신라문화》 8, 동국대학교 신라문
　　화연구소, 1991; 김정숙, 앞의 글, 1992.

일이며 ②좌측면은 계유년(673) 4월 15일로 우연인지 모르지만 날짜가 겹치고 있다. 이를 우연으로 돌리기보다는 의미 있는 4월 15일[144]로 볼 수 있으며 이럴 경우 1년의 시차가 가장 현실성이 있지 않을까?

도작공 · 전씨 등은 672년 4월 15일에 아미타불비상을 조성했지만 바로 명문을 새기지는 않았다. 이듬해 673년 4월 15일 전씨 · 달솔 신차 · 진무 대사 등은 불비상을 안치할 절을 조성하고 이를 기념하여 불비상과 절의 조성에 참여한 선지식을 함께 명문에 남겨 놓았다고 볼 수 있다. 다시 말해서 아미타불비상을 만든 시기와 명문을 새긴 시기가 다르니, 672년 아미타불비상을 만들고 673년 명문을 새긴 셈이 된다. 불비상과 명문 가운데 중요한 것은 불비상을 조성한 연도이므로 결국 아미타불비상의 조성 연도는 기존의 견해와 다른 672년이 된다.

둘째, 위 첫째의 견해에 따라 아미타불비상을 조성한 연도를 672년으로 보면서도 명문을 새긴 연도는 달리 파악할 수도 있다. 672년 4월 15일 아미타불비상을 조성하고 불비상의 조성과 관련된 내용의 명문을 ④우측면과 ①앞면에 새기고, 673년 4월 15일 아미타불비상을 안치할 절이 조성되자 절 조성과 관련된 내용의 명문을 ②좌측면과 ③뒷면에 새겼을 수도 있다. 즉 아미타불비상과 ④, ①의 명문은 672년, ②, ③의 명문은 673년 추가로 새긴 것이다.

그러나 첫째와 둘째의 견해는 몇 가지 문제점을 안고 있다. 먼저 명문이 여러 면에 새겨졌을 경우 ④우측면을 명문의 출발점으로 하여 ①앞면-②좌측면-③뒷면으로 돌아가는 판독 순서가 일반적인 경향이 아니라는 점이다. 또한 현재 우측면부터 시작하는 구체적인 용례가 알

---

144) 15일은 육재일의 하나이며 포살이 행해지는 날이지만, 아미타삼존불비상의 4월 15일은 불상과 절의 조성과 창건에 참여한 선지식에게 의미 있는 날일 수도 있다.

려져 있지도 않다.[145] 둘째의 견해와 관련해서는 ④우측면 · ①앞면과
②좌측면 · ③뒷면에 새긴 연대가 적어도 1년 이상의 차이가 있으므로
새긴 사람이 다를 수도 있다. 다르다면 명문의 필체에 다른 점이 나타
나는데 아직 이에 대한 확신을 갖고 있지 못하다. 다만 앞면과 다른 세
면의 필체가 다를 수도 있다는 견해는 제기된 바 있다.[146]

셋째, ②좌측면-③뒷면-④우측면-①앞면의 판독 순서에 따르면
다음과 같은 설명이 가능하다. 판독 순서는 자연 시간의 추이와 관련
되므로 ②좌측면 · ③뒷면에 나오는 절의 조성은 계유년인 673년 4
월 15일이며 ④우측면 · ①앞면의 아미타불비상의 조성은 673년 또
는 674년, 675년, 676년, 677년, ……—이 된다. 그런데 앞서 지적
한 대로 4월 15일 날짜가 같으므로 바로 계유년 1년 뒤인 갑술년인
674년이 가장 유력하다.

앞의 첫째와 둘째 견해에 따르면 아미타불비상이 조성되고 절이 뒤
에 조성되었지만, 셋째 경우는 절을 조성하고 나중에 불비상과 명문이
조성되었다. 674년 아미타불비상을 조성하고 불비상의 조성에 관한 명
문을 새길 때 1년 전 673년 절 조성에 관한 내용을 함께 새긴 것이다.

넷째, 셋째의 판독 순서 ②좌측면-③뒷면-④우측면-①앞면을 따르
지만 ②좌측면 · ③뒷면을 673년, ④좌측면 · ①앞면을 672년으로 볼
수도 있을 것이다. 이에 따르면 672년 아미타불비상을 조성하였지만,
이때는 명문을 새기지 않고 673년 절을 조성하여 한꺼번에 명문을 새
긴 셈이 된다. 그러나 이 견해는 시간적 추이를 드러내는 판독 순서와

---

145) 아미타불비상과 같은 경우 명문이 위주가 아니고 불비상 자체가 고식古式이
    기 때문에 순서에 연연하지 않았을 가능성은 있다.
146) 김주성, 〈연기 불상군 명문을 통해 본 연기지방 백제유민의 동향〉,《선사와
    고대》15, 한국고대학회, 2000.

달리 673년에서 672년으로 시간이 거슬러 올라간다는 문제가 있다.

　앞서 언급한 네 가지 견해 가운데 현재까지는 673년에 절을 조성, 674년에 불비상 조성 및 명문을 새겼다고 주장하는 세 번째 견해가 가장 가능성이 높다. 그러나 어느 견해를 취하든 아미타불비상의 조성 연도는 계유년(673년)이 아닐 것으로 생각된다.

2) 백제 유민의 아미타신앙

　이상 아미타불비상의 조성 연도에 대해서 살펴보았다. 다음 내용 검토에 들어가기 전에 백제 멸망의 전후 과정을 알아볼 필요가 있다. 660년 김유신의 신라군과 소정방의 당나라군이 연합하여 백제를 공격하였다. 신라군은 황산벌에서 백제 계백장군의 결사대와 처절한 전투를 치른 뒤 일사천리로 사비성(부여)으로 진격하였고, 당나라군은 금강의 기벌포에서 백제군을 물리치고 계속 거슬러 올라가 사비성을 쳤다. 백제의 의자왕은 이렇다 할 저항을 못하고 웅진성(공주)에서 재기를 도모했지만 예식 진의 반란으로 결국 항복하고 말았다. 그 결과, 의자왕과 왕자들, 대신·장군과 사졸 등 88명과 만 이천 명의 백성들이 당나라로 끌려갔다.

　백제의 부흥 운동은 이에 굴하지 않고 백제 멸망 뒤 10여 년 동안 줄기차게 이어진다.[147] 복신과 승려 도침, 흑치상지 등이 활약한 부흥 운동의 초기에는 200여 성을 회복할 정도로 그 기세가 등등하였다. 665년 신라·당·백제가 웅진의 취리산에서 서로 피를 마시며 맹약 의식을 치뤘지만 백제 유민의 저항은 계속되었다. 신라는 670년 백제의 남은 무

---

147) 백제의 부흥운동에 대해서는 《백제부흥운동사》(노중국, 일조각, 2003) 참조.

리들이 배반할까 의심하여 웅진을 공격해 82성을 공취하기도 하였다. 신라가 백제 지역에 대한 지배권을 확실하게 장악하게 된 계기는 671년 당을 사비성(부여)에서 몰아내고 소부리주를 설치하면서부터였다.

670년 웅진, 671년 사비를 장악하면서 자신감을 얻은 신라는 673년 백제인에 대한 회유책으로 그들에게 신라의 경관京官과 외관外官의 관등을 주었다.[148] 이것은 백제 지배층에 대한 우대를 통해 백제 유민들의 불만을 잠재우고자 취한 조치였다. 674년 조성된 아미타불비상에 명기된 백제 유민들의 신라 관등은 그렇게 해서 얻어진 것이었다. 신라는 백제 유민에게 관등을 수여하고, 절과 불상을 조성하는 불사를 통해 유민들을 회유하여 당과의 전쟁에서 백제 지역의 인심을 얻고자 하였다. 신라는 매초성과 기벌포에서 당을 크게 무찔러 676년 당군을 한반도에서 완전히 몰아낼 수 있었다.

불비상의 조성에 참여한 인물은 도작공·전씨 등 6명이고 절의 조성에 참여한 인물은 달솔 신차·진무 대사·전씨 등 50여 지식智識이다. 지식은 본래 선지식善知識으로 깨달음을 얻기 위해 정진하면서 서로 격려하는 도반이라는 의미지만, 여기서는 절 조성에 참여한 사람을 말한다. 향도香徒도 본래 부처님께 향을 공양하는 무리라는 뜻이지만 넓은 의미로 절이나 탑·불상을 만드는 데에 참여한 사람을 의미하는 것과 같은

---

148) 百濟人位 文武王十三年以百濟來人授內外官 其位次視在本國官銜 京官 大奈麻本達率 奈麻本恩率 大舍本德率 舍知本扞率 幢本奈率 大烏本將德 外官 貴干本達率 選干本恩率 上干本德率 干本扞率 一伐本奈率 一尺本將德(《삼국사기》권40 직관지 외관).
  신라의 대백제유민정책에 대해서는 다음 논문을 참조.
  노중국, 〈통일기 신라의 백제고지지배〉, 《한국고대사연구》 1, 한국고대사학회, 1988; 주보돈, 〈통일기 지방통치체제의 재편과 촌락구조의 변화〉, 《신라 지방통치체제의 정비과정과 촌락》, 신서원, 1998; 김수태, 〈신라 문무왕대의 대복속민정책 : 백제 유민에 대한 관등수여를 중심으로〉, 《신라문화》 16, 동국대학교 신라문화연구소, 1999; 김주성, 〈연기 불상군 명문을 통해 본 연기 지방 백제유민의 동향〉, 《선사와 고대》 15, 한국고대학회, 2000.

맥락이다.[149)]

아미타불비상의 명문에 보이는 지식은 크게 달솔 신차 등 백제 관등을 갖고 있는 무리, 대사 등 신라 관등을 갖고 있는 무리, 승려 무리 등 3가지로 분류된다. 달솔은 백제의 16관등에서 좌평 다음으로 높은 제2관등이다. 아미타불비상에는 백제 관등을 띠고 있는 인물이 달솔 신차 1명만 언급되어 있지만, 신라의 관등보다는 백제의 관등에 미련을 갖는 이들도 있었으리라 생각된다.

신라 관등을 갖고 있는 인물은 진무 대사, 상차 내말 등이다. 이들이 신라 관등을 갖고 있어서 국적을 신라로 단정할 수도 있지만, 673년 백제인에게 신라 관등을 준 사실을 염두에 둔다면 그렇지 않을 가능성도 있다. 더욱이 진무는 성씨가 진씨로 여겨지는데, 진씨는 백제의 대표적인 귀족가문으로 대성팔족大姓八族 가운데 하나이다. 진씨는 백제 한성시기 왕비족으로 행세하였고 웅진·사비시기에도 여전히 세력을 형성하고 있었다. 진무가 대사라는 신라 관등을 띠고 있는데 이는 신라에게서 받은 것이다. 진무와 달리 상차 내말처럼 성씨를 알 수 없는 인물들도 신라인이기보다는 백제 유민일 가능성이 높다. 진무 대사나 상차 내말 등 백제 유민으로서 신라 관등을 받은 이들은 달솔 신차와는 달리, 백제에 대한 미련보다는 현실적인 선택으로써 신라로 기울어졌다고 생각한다.

관등을 알 수 없는 전씨는 ②좌측면과 ①앞면에 모두 등장하고 있어 절의 조성과 아미타불비상의 조성에 모두 적극 참여한 인물로 보인다. 전씨는 아미타불비상이 발견된 연기 지역 토성의 하나로 여겨지고 연

---

149) 계유명삼존천불비상의 경우 비상을 만드는 데에 참여한 인물로 향도 250인을 들고 있다.

기 인근의 전의全義라는 지명에서 전씨가 유래되었다고 보기도 한다. 전씨의 경우도 신라인이나 백제인이라는 증거는 없지만, 달솔 신차나 진무 대사, 상차 내말처럼 백제 유민일 가능성이 높다고 생각한다.

마지막으로 혜신사惠信師나 혜명법사惠明法師 등의 승려 무리다. 이들은 달솔 신차, 진무 대사, 전씨 등의 선지식 불사에 참여한 정신적 후원자들이다. 승려 무리의 경우 이들도 백제 유민일 가능성이 높다. 백제의 승려들 가운데 일부는 도침처럼 백제 부흥운동에 참여하거나, 도장처럼 제3국인 일본으로 건너가거나, 경흥처럼 신라에 적극적으로 가담하였다. 그러나 대부분은 백제 지역에 그대로 남아 있었다고 여겨진다. 그들은 속세의 인연에 초연한 승려의 입장에서 처지가 다른 위지식들을 불교 안에서 하나로 묶는 구실을 했을 것이다.

백제는 한성시기 왕실과 귀족의 적극적인 후원 아래 불교를 받아들였다. 물론 불교수용기에 다소 갈등은 있었지만 웅진시기, 사비시기를 거치면서 전성기를 맞이하였고, 법화신앙과 미륵신앙, 그리고 계율을 중심으로 발전하였다. 그러다 의자왕 때 후기에 이르렀을 때에는 유교와 갈등을 일으켜 대표적인 법화신앙자인 대좌평 사택지적이 일선에서 물러나기까지 했다. 고구려 멸망의 한 원인이 도교와 불교의 갈등이었다면, 백제는 유교와 불교의 갈등이었다.

백제 멸망 뒤 백제의 불교계는 조국 백제가 멸망한 현실을 받아들이면서 새로운 길을 모색하게 된다. 백제의 법화신앙과 미륵신앙은 현세적이며 미래 희망적인 불교였다. 백제는 이 땅에 법화의 세계를 드러내기 위해 대통사를 짓고, 미륵의 세계를 나타내기 위해 미륵사를 창건하였다. 그러나 이제는 전쟁의 과정에서 죽어간 중생들을 위한 아미타신앙에 관심을 두게 되었다.

석가는 깨달음을 얻어 부처가 된 역사의 한 인물이지만, 중생들은 그를 역사에서 끌어내 여러 부처를 만들어 냈다. 시간적으로는 석가 이전의 부처인 과거 연등불, 미래의 부처인 미륵불을 만들어 내고, 공간적으로는 동쪽에 아축불, 서쪽에 아미타불 등 사방불을 만들어 냈다. 더욱이 아미타불은 죽어서 가는 서방정토의 구세주로 인식되어, 항상 죽음과 맞닿게 되는 중생들에게 위안을 주었다. 이제 현실적으로 미래가 없는 백제 유민의 입장에서는 아미타신앙이 더욱더 절실하게 다가왔을 법하다.

이 책에서 다룬 아미타삼존불비상도 그 연장선에서 조성되었을 것이다.[150) 아미타삼존이란 주불이 아미타불이고 양쪽의 협시보살이 관세음보살과 대세지보살이라는 뜻이다. 아미타불의 왼쪽 협시인 '관세음觀世音' 보살은 이름 그대로 세상 사람들의 고통스런 소리를 듣고 자비를 베푸는 보살이며, 오른쪽 협시인 '대세지大勢至'보살은 지혜의 보살이다. 불교에서는 무명無明을 벗어난 지혜가 있어야 진정한 믿음과 자비가 생긴다고 보고 있다.

관세음보살은 법화신앙에서 강조되는 보살이다. 법화신앙은 이미 백제에서 성행한 바 있으므로 백제인들은 관세음보살의 주불인 아미타불에게도 친근감을 느꼈을 것이다.[151) 백제의 아미타신앙의 사례로

---

150) 673년 제작의 계유명삼존천불비상의 경우 미타(석가로 판독하기도 함)가 보이며, 678년 제작의 무인명연화사불비상의 5존의 본존은 아미타불로 추정되며, 계유명아미타삼존불비상과 함께 비암사에서 조사된 689년 제작의 기축명아미타불비상의 '아미타불' 등 백제 고지에서의 아미타신앙 사례를 많이 찾을 수 있다.

151) 아미타불의 협시로 나오는 관음과 대세지의 경우 화불과 보병이 표현된다. 공주 의당출토 금동보살입상이나 규암출토 금동보살입상의 경우 아미타신앙에 근거한 수나라 보살상의 영향으로 삼면보관의 정면에 화불이 표현되어 있으며, 지물로 연봉과 정병을 들고 있다. 보관에 보병이 표현된 대세지보살의 예는 금동불로는 없고 부여 구교리에서 출토된 작은 석불두가 있다(김춘실, 〈백제 7세기 불상과 중국 불상〉, 《선사와 고대》15, 한국고대학회, 2000, 42쪽).

예산 사방불을 주목할 필요가 있다. 6세기 중반 백제에 유포된《금광명경》에 서방불로 무량수불(아미타불)이 언급되어 있고[152],《법화경》에도 서방불로 아미타불을 언급하고[153] 있기 때문에 예산 사방불의 서쪽 서방불은 무량수불 또는 아미타불일 가능성이 높다.[154]

아미타신앙은 삼국전쟁기를 거치며 통일신라 이후 급속히 퍼져 갔다. 흔히 '나무아미타불'이라고 염불하곤 하는데, 이는 곧 아미타불에 귀의한다는 뜻이다.

아미타불비상을 조성한 지식들은 자신들뿐만 아니라 ②좌측면의 국왕·대신 및 칠세부모 등의 함령含靈들을 위해 기원하였다. 기원의 대상 가운데 칠세부모는 선대의 죽은 부모들을 말하고, 함령은 죽거나 살아 있는 모든 중생을 의미한다. 함령을 계유명삼존천불비상의 국왕대신급칠세부모법계중생國王大臣及七世父母法界衆生에 보이는 법계중생의 용례를 들어 단지 살아 있는 중생만으로 보거나 죽은 중생의 영혼만으로 한정할 필요는 없을 것 같다. 법계중생의 법계는 시간의 선후와 공간을 떠난 의미로 보아야 한다. 마찬가지로 국왕·대신도 살아 있는 신라의 국왕·대신만으로 보거나, 백제의 죽었거나 생사를 모르는 국왕·대신만으로 볼 필요도 없을 것이다.

아미타불비상의 조성에 참여한 지식들이 명복을 빈 국왕·대신과

---

152) 조경철,〈백제의 지배세력과 법화사상〉,《한국사상사학》12, 한국사상사학회, 1999, 18~21쪽.

153) 彼佛弟子十六沙彌 今皆得阿耨多羅三藐三菩提 於十方國土 現在說法有無量百千萬億菩薩聲聞 以爲眷屬 其二沙彌東方作佛 一名阿閦在歡喜國 二名須彌頂 …… 西方二佛一名阿彌陀二名度一切世間苦惱 …… 東北方佛名壞一切世間怖畏 第十六我釋迦牟尼佛 於娑婆國土 成阿耨多羅三藐三菩提(《법화경》화성유품, 대정장 22-25bc).

154) 문명대,〈백제사방불의 기원과 예산 석주사방불상〉,《한국의 불상조각》1, 예경, 2003, 281쪽.

칠세부모 등의 함령에는 백제 멸망이나 백제 부흥운동 과정에서 죽고 핍박 받았던 중생들이 포함됨은 물론이다.[155] 당나라에 끌려 간 일만 이천 명 가운데에는 자신들의 부모 형제들이 있었고 생사를 모르는 의 자왕과 대신들, 그리고 불확실한 미래의 불안에 떠는 일반 백성들이 있었다. 그러나 그들의 기원은 마음속에서만 이루어졌을 뿐 현실의 그 들을 지배하고 보호해 주는 신라의 국왕과 대신을 무시할 수는 없었 다. 대외적·표면적인 면에서 아미타불비상의 조성은 신라의 국왕· 대신을 위해서였고, 심정적으로는 백제의 국왕·대신을 위해서였다.

그리하여 아미타불의 구제 대상은 종래의 죽은 이들만이 아닌 살아 있는 이들을 포함하게 되었고, 아미타불의 정토는 죽은 이만이 아닌 산 이도 갈 수 있는 곳이 되었다. 삼국 통일을 전후하여 불교의 대중화 가 전개되면서 서방정토는 죽어서 가는 세계가 아니라 바로 예토穢土, 곧 살아 있는 이 땅인 신라가 정토라는 관념을 원효와 의상 등이 제기 했다는 점을 유념할 필요가 있다.[156]

아미타불비상 조성에 참여한 지식들은 죽은 백제의 국왕·대신 및

---

155) 국왕과 대신, 칠세부모에 대한 언급은 불상의 명문에 으레 등장하는 형식적 인 것이라고 볼 수도 있지만(김영미, 《신라불교사상사연구》, 민족사, 1994, 133쪽), 백제 멸망 후 10여 년 뒤인 673년 무렵의 국왕과 대신, 칠세부모는 바로 백제 유민의 국왕과 대신과 부모를 포함하고 있으므로 형식적인 것으로 보기는 힘들 듯하다.

156) 안계현은 '원효가 예토穢土와 정국淨國이 본래 일심이며 생사와 열반도 끝 내는 같은 것이라고 한 것에서 예토, 즉 내가 살고 있는 바로 이 신라가 정토 요, 불국토요, 극락정토라는 그의 생각을 알 수 있다(안계현, 〈원효의 미타정 토왕생사상〉, 《신라정토사상사연구》, 현음사, 1987, 32쪽).'고 하였고, 정병삼 은 '부석사의 가람구조가 9품을 거쳐 무량수전의 극락세계에 이른다는 것은 이 극락정토가 육신이 죽어 없어진 다음에 가는 곳이 아님을 상징한다고 볼 수 있다(정병삼, 《의상화엄사상연구》, 서울대학교출판부, 1998, 232쪽).'고 하였 으며, 김두진은 '의상의 백화도량은 관음의 정토였고, 그것은 미래가 아닌 현 실정토이면서도 사후가 아닌 산몸으로 왕생할 수 있는 곳(김두진, 《신라화엄 사상사연구》, 서울대학교출판부, 2002, 271쪽)'이라고 하였다.

칠세부모를 비롯한 함령들이 서방정토에 왕생할 것을 빌면서, 동시에 살아 있는 백제 유민들과 현실의 신라 국왕·대신과 함령들도 통일된 이 땅 정토에서 아미타불의 가호를 받기를 빌었다. 673년 신라에서는 백제인들에게 신라의 관등을 주면서 신라와 백제의 일체감을 강조했으며, 이것을 기념하여 계유년을 전후하여 여러 불비상을 만든 것인지도 모른다.[157] 백제에 미련을 둔 달솔 신차, 신라에 기운 진무 대사, 그 밖에 여러 선지식 등의 정신적 괴리를 새로운 아미타신앙으로 흡수해 가며 이제는 백제, 신라가 대립적인 구도를 벗어나 이 땅 불국토에서 하나되는 불자佛子로 만나게 된 것이다.

---

157) 계유명삼존천불비상(현재 공주박물관 소장)도 계유년에 만들었다.

맺음말

 지금까지 백제불교의 전개 과정을 한성·웅진·사비시기로 나누어 살펴보았다. 백제의 불교는 법화·율·열반·미륵·아미타가 중심을 이루었다. 그 가운데 법화신앙이 주류를 이루었고, 다른 불교신앙에도 법화신앙이 융화되어 백제 나름의 불교적 특색을 드러냈다. 그렇지만 백제불교가 불교와 짝을 이루어 들어온 유교와 끝까지 조화를 이루지 못한 점은 백제 사상사의 한계로 지적할 수 있다. 여기에서는 본 글에서 다룬 내용을 요약하고 앞으로의 연구방향을 전망하고자 한다.

 한성시기 근초고왕 때 고이계와 비류계를 통합하기 위해 왕실의 계보를 뛰어넘는 새로운 이데올로기가 필요했고, 이것의 일환으로 왕실에서는 불교에 관심을 두기 시작하였다. 이 시기 왕실의 파트너로 백제의 대표적인 귀족 가운데 하나인 해씨解氏의 활약이 두드러졌다. 해씨의 집권은 전지왕의 옹립에 대한 반대급부로 왕척王戚이 된 데서 비롯된 것이 아니었다. 해씨인 팔수부인이 전지왕의 태자비로 이미 들어갔으므로 해씨가 왕척이 된 시기는 아신왕 때까지 거슬러 올라가야 한다. 아신왕 즉위년에 '불법을 믿어 복을 구하라〔崇信佛法求福〕.'는 조서를 내리고, 전지를 태자로 책봉하여 해씨를 태자비로 맞이한 일련의 사건을 통해 아신왕의 불교수용과 왕권강화에 해씨가 밀접히 관련되었음을 알 수 있다.

해씨는 북부 출신으로 낙랑·대방의 문화적 경험을 바탕으로 주로 대외 관계에 안목을 지니고 있었다. 이것은 외교와 예의 관계를 맡는 내법좌평에 해수解須가 임명된 것을 통해 알 수 있다. 당시 외교와 예의에서 중요한 부분을 차지하는 것이 불교 외교와 불교의례였으므로 내법좌평의 임무도 불교와 관련 있고, 특히 내법좌평의 내법內法이라는 어의가 불법佛法을 의미한다고 보았다.

한성시기 불교수용 연대에 대한 종래 연구는《일본서기》624년 관륵기사의 상표문에 대해 한·중·일의 불교수용의 입장에서 해석하였다. 그러나 관륵의 상표문은 불교수용보다 율의 수용이 보다 중요한 문제였음을 지적하였다. 백제는 불교를 받아들인 이후 율도 받아들여 불교계가 정비된 지 100년이 지났지만, 일본의 경우는 율은 고사하고 불교가 들어온 것도 100년이 되지 않았기 때문에 승려가 조부를 구타하는 사태가 발생하였다고 보았다. 관륵의 상표문은 시급히 일본에 율을 받아들여 승관제를 정비해야 한다는 관점에서 올린 글이었다. 그러므로 관륵의 상표문을 근거로 백제의 불교수용 연대가 침류왕 원년(384)이 아니라고 주장할 수는 없다.

백제불교의 초전지에 대해서는 경기도 하남시 고골이라는 견해와 전남 영광 불갑사라는 견해가 있다. 그러나 이에 대해서는 고고학적 발굴 성과와 문헌에 대한 재검토의 필요성을 제기하였다. 다만, 전남 영광의 경우 마라난타와 직접 연결할 수는 없지만 백제의 불교수용에 대해서 중앙이 아닌 지방불교에 대한 논의와 남방불교전래설에 대한 가능성은 열어두어야 할 것이다.

웅진시기와 성왕 때 불교에 대해서는 대통사 창건과 겸익의 활동을 중심으로 살펴보았다. 웅진의 대통사는《삼국유사》원종흥법염촉멸신조에 따르면 신라의 법흥왕이 대통 원년(527) 양나라 무제를 위해서 웅진에 지은 절이라고 하였다. 대통이 양무제가 사용한 연호이므로 대통사는 양무제를 위해서 지은 절이고 그 창건 연도는 527년으로 본 것이다. 그러나 웅진은 당시 백제의 도읍이었기 때문에 신라의 법흥왕이 웅진에 대통사를 지을 수 없음은 명백한 것이다. 백제의 경우 중국 연호를 사용한 전례가 없고, 무령왕과 무령왕비의 지석에도 대통이라는 연호를 사용하여 연대를 표시하고 있지 않은 채 간지로만 표시하고 있다.

대통이 연호가 아니라면 웅진 대통사의 창건 연도를 알 수 없게 되는데, 다행히 6세기 전반 성왕 때로 비정되는 대통명 기와가 발견됨으로써 대통사는 백제의 성왕이 지은 절이라는 것이 확인되었다. 대통사의 창건 목적이 양무제를 위한 것이 아니라면 다른 접근이 필요하다. 《법화경》에 따르면 전륜성왕의 아들로 대통이 있었는데 그가 출가하여 대통불이 되었다고 한다. 대통불에게는 16명의 아들이 있었는데 그들도 아버지를 따라 출가하여 모두 부처가 되었고 8방에 2명씩 배치되어 아버지 대통불의 나라를 지켰다고 한다. 웅진의 대통사는 전륜성왕으로 자처한 백제의 성왕이 새로 태어난 아들 창(위덕왕)을 위하여 세운 절일 가능성을 검토하였다. 더욱이 대통사는 아들 창을 위해서뿐만 아니라 부왕인 무령왕의 명복을 비는 왕실 원찰이기도 하였다. 대통사의 창건 연도에 대해서는 무령왕의 삼년상이 끝나고 아들 창이 태어난 525년으로 추정해 보았다. 대통불의 아들 16명 가운데 큰 아들은 지적智積이고 막내 아들은 석가모니인데, 사비시기에 큰 아들 지적은 사택지적砂宅智積으로, 막내아들 석가모니는 법왕法王으로 등장하고 있다. 따라서 《법화경》의 전륜성왕-대통불(위덕세존)-지적 · 석

가모니의 구도가 백제사에서는 성왕-위덕왕-사택지적 · 법왕의 구도
로 실현된 것이다. 이는 성왕계의 신성한 성족관념의 기반이 되었다.

겸익의 율 정비에 대해서는 당시 백제에서 활약한 중국의 예학자禮學
者 육후陸詡와 대비시켜 살펴보았다. 성왕 때는 백제의 통치제제가 완비
되는 시기이며 그 대표적인 관서가 22부사이다. 성왕 때 통치체제의 정
비는 유불儒佛의 《시경》과 《열반경》을 융합한 '천하의 일체중생이 모두
해탈을 이룬다(보천지하普天之下 일체중생一切衆生 개몽해탈皆蒙解脫).'는 말에
서 알 수 있듯이 조화와 균형을 이루었다. 그러나 성왕 때 후반에 이르
게 되면 불교계와 유교계의 갈등이 표면화되었다. 그 갈등은 백제 성왕
이 552년 일본에 불교를 전하면서 보낸 글에 나타나 있다. 글은 《금광명
최승왕경》인데, 경의 내용을 인용하면서 불경에는 '성문聲聞 · 독각獨覺
은 이 불경을 이해할 수 없다.'는 부분을 '주공周公 · 공자孔子는 이 불경
을 이해할 수 없다.'라고 바꾸어 놓고 있다. 이는 552년 백제에서 유불
갈등이 있었으며, 이로 말미암아 육후는 중국으로 귀국하게 되었다. 이
러한 유불의 갈등은 위덕왕 때 초기 기로耆老들의 반발과 건방지신建邦
之神을 믿으라는 충고로 이어졌다.

사비시기 불교에 대해서는 사택지적비와 익산을 중심으로 살펴보았
다. 사택지적비는 현재 남아 있는 백제의 유일한 비석으로 종래 도교적
입장에서 해석되었다. 이 책에서는 사택지적이 《법화경》의 전륜성왕대
통불지적의 계보에 따른 법화신앙자였음을 밝혔다. 성왕 때 사비천도
의 후견세력으로 등장한 사(택)씨는 사비시기 대표적인 귀족으로 성장
했으며 대성팔족大姓八族의 모두冒頭를 차지할 정도였다. 사택씨는 위
덕왕 때 초기 성왕의 관산성 패전으로 말미암아 기로들의 반대가 빗발
치는 가운데도 왕실의 입장에 선 것으로 생각된다. 사택지적의 아버지

로 추정되는 인물은 주로 위덕왕 때 활약한 것으로 생각되는데, 그가
아들의 이름을 대통불의 아들인 지적으로 지은 것은 대통불을 자처한
위덕왕을 염두에 둔 것이었다.

지적은 여러 경전에서 동방 아촉불의 전신前身, 불법을 잘 설하는 각
의보살의 전신, 다보불의 협시보살 등으로 등장한다. 지적은 백제의 동
방을 지키는 아촉불이면서 불법을 설하는 법사이기도 하였다. 사택지
적비의 내용 중 보탑寶塔은 다보탑을 의미하는데, 이를 통해 지적은 다
보탑 속의 다보여래를 협시하는 지적보살로도 자처하였음을 알 수 있
다. 사택지적은 무왕 때 주로 활약했지만 의자왕 때 초반 정변에 휘말
리다가 652년 정계를 떠나게 되었다. 이는 사비시기를 지탱해 온 사씨
의 실권失權과 줄곧 우세를 유지하던 불교계의 타격으로 볼 수 있다.

무왕과 익산의 관계에 대해서는 신도神都경영의 측면에서 검토하였
다. 익산에 대한 경영은 웅진천도 이후 동성왕 때 사비천도의 일환으
로 비롯되었다. 한성함락에 대한 역사적 경험으로 말미암아 새 도읍
에 대한 안전판적인 구실을 할 배후도시의 필요성이 제기되었고, 익산
이 그 후보지가 되었다. 그 후 익산에 대한 경영은 사비천도를 추진하
던 동성왕이 살해당한 뒤 무령왕 때까지는 소강상태를 보이다가, 사비
천도 이후 성왕·위덕왕 때 다시 시작되었다. 이어서 혜왕·법왕이 모
두 단명하였고, 그 다음 즉위한 무왕은 왕실의 안정과 자신의 정당성
을 확보하기 위하여 익산을 신도로 경영하였다. 한때 마한의 중심지기
도 했던 익산은 고조선의 신시神市, 마한의 소도蘇塗 전통을 이은 도시
로서 무왕 때에는 불신佛神의 도시인 신도로 경영되었다.

무왕은 익산에 미륵사를 창건하여 백제의 새로운 이상향의 도시를
세워 불안한 정국을 안정시키고자 하였다. 무왕은 자신을 미륵과 전륜

성왕에 대입하여 통치기반을 확고히 하였다. 석가모니불을 자처한 아버지 법왕이 이루지 못한 꿈을 미륵의 출현으로 이루고자 한 것이다. 익산의 미륵사가 도솔천의 이상세계라면 제석사는 도리천의 이상세계이다. 제석은 수미산 정상 도리천에 거하면서 휘하에 사천왕을 거느리고 지상세계를 다스리는 천신이다. 6도는 지옥地獄·아귀餓鬼·축생畜生·수라修羅·인人·천天으로 천에는 수미산의 사천왕천과 도리천 등이 있다. 우리가 살고 있는 人의 세계는 남염부제로 수미산 아래에 위치하고 있다. 제석사와 인근 거리에 있는 왕궁평에는 무왕이 세웠다는 왕궁이 있는데, 이 왕궁은 人을 다스릴 인왕人王이 거주하는 곳이기도 하다. 인왕이 나라를 정법으로 잘 다스리면 제석은 마치 아비가 아들을 보호하듯 그를 외호해 준다고 한다. 신도 익산의 미륵사는 도솔천의 이상세계, 제석사는 도리천 수미산의 이상세계, 왕궁은 인의 세계가 펼쳐진 불교적 우주관을 반영한 불국토佛國土였다. 이를 기반으로 백제의 무왕은 왕권을 강화시키고 통치체제를 안정시킴으로써 일시적인 천도를 단행할 수 있었다.

　백제 멸망기 백제 유민의 불교는 계유명아미타삼존불비상을 통해서 살펴보았다. 불비상의 조성시기에 대해서는 불비상의 조성 연도와 명문에 보이는 사찰의 조성 연도를 별개로 보았다. 종래의 연구는 모두 673년으로 보아 왔는데, 사찰의 조성 연도는 673년으로, 불비상의 조성 연도는 674년으로 보았다. 불비상에 따르면 백제 유민은 크게 신라 관등을 소지한 무리, 백제 관등을 소지한 무리, 승려 무리로 나눌 수 있다. 이들은 모두 현실적으로는 통일된 신라의 국왕·대신을 위해 아미타불에게 빌었을 것이나, 내면적으로는 멸망한 백제의 국왕·대신 및 자신과 칠세부모들의 명복도 빌었을 것으로 생각된다. 이로써 현실적으로는 여러 다른 처지에 놓여 있었으나, 정신적으로는 아미타신앙으로 하나가 되었던 유민들의 모습을 들여다 볼 수 있었다.

백제불교사를 불교신앙적 측면에서 단계적으로 정리하면 다음과 같다. 격의불교단계-법화신앙단계-미륵신앙단계-아미타신앙단계이다. 격의불교단계는 주로 한성시기에 해당되며, 유교·도교의 입장에서 불교를 해석한 초기 단계로 볼 수 있다. 법화신앙단계는《법화경》의 전륜성왕-대통불-석가모니불·지적의 계보를 백제사에 실현시킨 단계로 성왕-위덕왕-법왕 시기에 해당된다. 미륵신앙단계는 석가불로 자처한 법왕이 단명으로 죽자 이를 미륵으로 전환한 단계이며, 무왕-의자왕 시기에 해당된다. 그리고 아미타신앙은 백제 멸망을 전후해서 유행하였다.

이상 백제불교사에 대한 지금까지의 논의를 정리해 보았다. 이 책의 목적은 백제의 전全 시기를 불교사의 입장에서 재해석해 보고자 한 것이었다. 한성시기·웅진시기·사비시기의 특징적인 불교 주제를 잡아 이것들을 유기적으로 연결하고자 하였다. 불교사는 역사와 불교철학, 역사와 불교사상, 불교철학과 정치, 불교사상과 정치의 만남이다. 불교의 철학과 사상을 불교 경전을 통해서 살펴보고 이를 백제 역사에 접목하고자 하였다.

그러나 부족한 자료를 바탕으로 논의를 전개시키다 보니 억측과 비약이 다소 있었다. 그리고 역사는 총체적인 학문인데 불교라는 관점에만 치우쳐 숲을 보지 못한 느낌이 든다. 더욱이 내법좌평內法佐平의 경우에는 관등·관직 체제의 정비 과정을 중국과 일본을 참조하여 심도 있게 살펴보고, 법法과 예禮의 사상사적 전개 과정을 규명했어야 했는데 그렇게 하지 못하였다. 또한 고고학적 · 미술사적 성과를 충분히 반영하지 못한 채 불교사상적 측면에서도 깊이 있는 논의가 이루어지지 못하였다. 더욱이 백제에서 활약하다 신라로 건너가 국로國老가 된 경흥憬興에 대한 사상적 · 철학적 검토도 충분히 언급하지 못하였다. 경흥은 백제 승려 가운데 저술을 남기고 있는 유일한 인물이기에 더욱 아쉬움이 남는다. 이상의 미진한 문제에 대해서는 차후의 과제로 남겨 두고자 한다.

참 고 문 헌

1. 사료

-국내-

《三國史記》,《海東高僧傳》,《三國遺事》,《三國史節要》,

《新增東國輿地勝覽》,《大東地志》,《忠淸道邑誌》,《朝鮮寺刹史料》,

《東國李相國集》,《三峯集》,《陽村集》,《韓國金石全文》,《海東繹史》,

《韓國佛敎全書》(東國大學校佛典刊行委員會).

-중국-

《三國志》,《晉書》,《宋書》,《梁書》,《陳書》,《魏書》,《周書》,《南史》,

《北史》,《舊唐書》,《新唐書》,《資治通鑑》,《通典》,《詩經》,《論語》,

《道德經》,《莊子》,《莊子疏》,《淮南子》,《三才圖會》,《音論》.

-일본-

《日本書紀》,《古事記》,《六朝古逸觀世音應驗記》,〈元興寺伽藍緣起〉.

-대장경-

《高僧法顯傳》,《廣弘明集》,《金光明經》,《金光明最勝王經》,《起世因本經》,

《洛陽伽藍記》,《大樓炭經》,《大方等無想經》,《大宋僧史略》,《大哀經》,
《摩何僧祇律》,《彌勒下生經》,《法華經》,《法華經傳記》,《法華靈驗傳》,
《北山錄》,《佛本行集經》,《佛名經》,《佛祖歷代通載》,《佛祖統紀》,《四分律》,
《薩曇分陀利經》,《續高僧傳》,《宋高僧傳》,《梁高僧傳》,《如幻三昧經》,
《涅槃經》,《涅槃經遊意》,《長阿含經》,《正法華經》,《添品妙法蓮華經》,
《合部金光明經》,《華嚴經》.

2. 참고 논저

강영경, 〈한국 고대의 市와 井에 관한 일연구〉,《원우논총》 2, 숙명여대대학원원우회, 1984.

강우방, 〈태안마애삼존불〉,《한국불교조각의 흐름》, 대원사, 1995.

강인구, 〈중국묘제가 무령왕릉에 미친 영향〉,《백제연구》 10, 충남대백제연구소, 1979.

강인구,《백제고분연구》, 일지사, 1977.

_____, 〈석탈해와 토함산, 그리고 석굴암〉,《정신문화연구》 82, 한국학중앙연구원, 2001.

강종원,《4세기 백제사 연구》, 서경, 2002.

강희정,《관음과 미륵의 도상학》, 학연문화사, 2006.

고익진,《한국고대불교사상사》, 동국대학교출판부, 1989.

곽동석, 〈신라불비상의 연구〉, 한국정신문화연구원석사학위논문, 1985.

국립공주박물관,《정지산》, 1999.

국립부여문화재연구소·국립공주박물관,《무령왕릉과 동아세아문화》, 무령왕릉발굴30주년기념국제학술대회발표문, 2001.

국립부여문화재연구소, 《사비도성과 백제의 성곽》, 국립문화재연구소개소10 주년기념학술대회발표요지문, 2000.

권덕영, 《한중외교사연구》, 일조각, 1997.

권오영, 〈고대 한국의 상장의례〉, 《한국고대사연구》 20, 한국고대사학회, 2000.

_____, 〈상장제를 중심으로 한 무령왕릉과 남조묘의 비교〉, 《백제문화》 31, 공주대학교 백제문화연구소, 2002.

_____, 《무령왕릉》, 돌베개, 2005.

길기태, 〈백제의 사천왕신앙〉, 《백제연구》 39, 충남대학교 백제연구소, 2004.

_____, 〈백제 사비기의 불교정책과 도승〉, 《백제연구》 41, 충남대학교 백제 연구소, 2005.

_____, 《백제 사비시대의 불교신앙 연구》, 서경, 2006.

길기태, 〈미륵사 창건의 신앙적 성격〉, 《한국사상사학》 30, 한국사상사학회, 2008.

김기섭, 《백제와 근초고왕》, 학연문화사, 2000.

_____, 〈5세기 무렵 백제 도왜인의 활동과 문화 전파〉, 《왜 5왕 문제와 한일 관계》(한일관계사연구논집편찬위원회 편), 경인문화사, 2005.

김길식, 〈백제 시조 구태묘와 능산리사지 : 仇台廟에서 廟寺로〉, 《한국고고학 보》 69, 한국고고학회, 2008.

김동화, 《삼국시대의 불교사상》, 민족문화사, 1987.

_____, 〈백제시대의 불교사상〉, 《아세아연구》 5, 고려대학교 아세아문제연 구소, 1962.

김두진, 〈백제의 미륵신앙과 계율〉, 《백제연구총서》 3, 충남대학교 백제연구소, 1993.

_____, 〈신라 진평왕대의 석가불신앙〉, 《한국학논총》 10, 국민대학교 한국학연구소한문학연구실, 1988.

_____, 《한국고대의 건국신화와 제의》, 일조각, 1999.

_____, 《신라화엄사상사연구》, 서울대학교출판부, 2002, 271쪽

_____, 〈삼국유사의 사료적 성격〉, 《역주 삼국유사》 5, 이회문화사, 2003.

김리나, 〈삼국시대의 봉지보주형 보살입상 연구 ; 백제와 일본의 상을 중심으로〉, 《미술자료》 37, 국립중앙박물관, 1985.

_____, 《한국고대불교조각사연구》, 일조각, 1989.

김복순, 〈신라하대 화엄의 1례—오대산사적을 중심으로—〉, 《사총》 33, 고려대학교 역사연구소, 1988.

김복순, 《한국고대불교사연구》, 민족사, 2002.

김삼룡, 〈미륵사창건에 대한 미륵신앙적배경〉, 《마한백제문화》 창간호, 원광대학교 마한 · 백제문화연구소, 1975.

_____, 〈백제의 익산천도와 그 문화의 성격〉, 《마한백제문화》 2, 원광대학교 마한 · 백제문화연구소, 1977.

김상현, 〈신라 중고기 업설의 수용과 의의〉, 《한국고대사연구》 4, 한국고대사학회, 1991.

_____, 〈백제 위덕왕의 부왕을 위한 추복과 몽전관음〉, 《한국고대사연구》 15, 한국고대사학회, 1999.

_____, 〈사천왕사의 창건과 의의〉, 《신라의사상과문화》, 일지사, 1999.

_____, 〈미륵사 창건과 그 배경〉, 《사비도읍기의 백제》(백제문화사대계 연구총서5), 충청남도역사문화연구원, 2007.

김선민, 〈양한 이후 황제단상제의 확립과 관인삼년복상의 입율〉, 《동양사학연구》98, 동양사학회, 2007.

김수태, 〈백제 위덕왕대 부여 능산리 사원의 창건〉, 《백제문화》27, 공주대학교 백제문화연구소, 1998.

_____, 〈신라 문무왕대의 대복속민정책 : 백제 유민에 대한 관등수여를 중심으로〉, 《신라문화》16, 동국대학교 신라문화연구소, 1999.

_____, 〈백제 법왕대의 불교〉, 《선사와 고대》15, 한국고대학회, 2000.

_____, 〈백제 위덕왕의 정치와 외교〉, 《한국인물사연구》2, 한국인물사연구소, 2004.

김수태, 〈백제의 천도〉, 《한국고대사연구》36, 한국고대사학회, 2004.

_____, 〈의자왕의 친위정변 단행과 대외관계〉, 《사비도읍기의 백제》(백제문화사대계 연구총서5), 충청남도역사문화연구원, 2007.

_____, 〈백제의 사비천도와 불교〉, 《대구사학》95, 대구사학회, 2009.

김영미, 《신라불교사상사연구》, 민족사, 1994.

김영심, 〈한성시대 백제 좌평제의 전개〉, 《서울학연구》8, 서울시립대학교 서울학연구소, 1999.

김영태, 〈미륵사 창건 연기설화고〉, 《마한백제문화》창간호, 원광대학교 마한·백제문화연구소, 1975.

_____, 〈삼국시대의 법화수용과 그 신앙〉, 《한국천태사상연구》, 동국대학교출판부, 1983.

_____, 《백제불교사상연구》, 동국대학교출판부, 1985.

_____, 〈신라불교 천신고〉, 《신라불교연구》, 민족문화사, 1987.

_____, 《삼국시대불교신앙연구》, 불광출판부, 1990.

_____, 《불교사상사론》, 민족사, 1992.

김영태,《삼국신라시대불교금석문고증》, 민족사, 1992.

김영하, 〈백제・신라왕의 군사훈련과 통수〉,《태동고전연구》6, 한림대학교
태동고전연구소, 1990.

김일권, 〈백제의 역법제도와 간지역일 문제 고찰〉,《백제의 사회경제와 과학
기술》(백제문화사대계 연구총서11), 충청남도역사문화연구원, 2007.

김정배, 〈준왕 및 진국과 '삼한정통론'의 제문제 : 익산의 청동기 문화와 관련
하여〉,《한국사연구》13, 한국사연구회, 1976.

_____, 〈준왕 및 진국과 '삼한정통론'의 제문제 : 익산의 청동기 문화와 관련
하여〉,《한국고대의 국가기원과 형성》, 고려대학교출판부, 1987.

김정숙, 〈계유명아미타삼존사면석상〉,《역주 한국고대금석문》1(한국고대사
연구소 편), 가락국사적개발연구원, 1992.

김주성, 〈백제 사비시대 정치사 연구〉, 전남대학교박사학위논문, 1990.

_____, 〈연기지방 백제유민의 동향〉,《백제사비시대정치사연구》, 전남대학
교박사학위논문, 1991.

_____, 〈백제 무왕의 사찰건립과 권력강화〉,《한국고대사연구》6, 한국고대
사학회, 1992.

_____, 〈성왕의 한강유역 점령과 상실〉,《백제사상의전쟁》(충남대학교 백제
연구소편), 경인문화사, 2000.

_____, 〈연기 불상군 명문을 통해 본 연기지방 백제유민의 동향〉,《선사와
고대》15, 한국고대학회, 2000.

_____, 〈백제 무왕과 무왕의 불교정책〉,《마한백제문화》15, 원광대학교 마
한・백제문화연구소, 2001.

_____, 〈백제 사비시대의 익산〉,《한국고대사연구》21, 한국고대사학회,
2001.

김창석, 〈한국고대 市의 원형과 그 성격변화〉, 《한국사연구》 99 · 100, 한국
사연구회, 1997.

김창호, 〈계유명아미타삼존불비상의 명문〉, 《신라문화》 8, 동국대학교 신라
문화연구소, 1991.

김철준, 〈신라 상대사회의 Dual Organization〉, 《한국고대사회연구》, 서울
대학교출판부, 1990.

김춘실, 〈백제 7세기 불상과 중국 불상〉, 《선사와 고대》 15, 한국고대학회,
2000.

김현구 외, 《일본서기 한국관계기사연구3》, 일지사, 2003.

남동신, 〈자장의 불교사상과 불교치국책〉, 《한국사연구》 76, 한국사연구회,
1992.

_____, 〈원효의 대중교화와 사상체계〉, 서울대학교박사학위논문, 1995.

_____, 〈신라의 승정기구와 승정제도〉, 《한국고대사논총》 9, 2000.

남무희, 〈고구려후기 불교사상연구 : 의연의 지론종사상 수용을 중심으로〉,
《국사관논총》 95, 국사편찬위원회, 2001.

노용필, 〈신라시대 《효경》의 수용과 그 사회적 의의〉, 《이기백선생고희기념
한국사학논총(上)》, 일조각, 1994.

노중국, 〈해씨와 부여씨의 왕실교체와 초기백제의 성장〉, 《김철준박사화갑기
념논총》, 지식산업사, 1985.

_____, 《백제정치사연구》, 일조각, 1988.

_____, 〈통일기 신라의 백제고지지배〉, 《한국고대사연구》 1, 한국고대사학
회, 1988.

_____, 〈백제 무왕과 지명법사〉, 《한국사연구》 107, 한국사연구회, 1999.

_____, 〈신라와 백제의 교섭과 교류 : 6-7세기를 중심으로〉, 《신라문화》

17 · 18, 동국대학교 신라문화연구소, 2000.

노중국, 〈백제사상의 익산지역〉, 《익산쌍릉과 백제고분의 제문제》, 원광대학교 마한 · 백제문화연구소, 2000.

_____, 《백제부흥운동사》, 일조각, 2003.

_____, 〈백제사에 있어서의 익산의 위치〉, 《익산의 선사와 고대문화》, 원광대학교 마한 · 백제문화연구소, 2003.

마한 · 백제문화연구소 · 백제학회, 《대발견 사리장엄 미륵사의 재조명》(발표자료집), 2009.04.24.

문동석, 〈풍납토성 출토 '대부'명에 대하여〉, 《백제연구》 36, 충남대학교 백제연구소, 2002.

_____, 〈백제 노귀족의 불심, 사택지적비〉, 《고대로부터의 통신》, 푸른역사, 2004.

_____, 《백제지배세력연구》, 혜안, 2007.

문명대, 〈태안 백제마애삼존불상의 신연구〉, 《불교미술연구》 2, 1995.

_____, 〈백제 서산 마애삼존불상의 도상 해석〉, 《미술사학연구》 221 · 222, 한국미술사학회, 1999.

_____, 《관불과 고졸미》, 예경, 2003.

_____, 〈백제사방불의 기원과 예산 석주사방불상〉, 《한국의 불상조각》 1, 예경, 2003.

문화재관리국문화재연구소, 《미륵사유적발굴조사보고서》 Ⅰ(도판편), 고려서적주식회사, 1987.

문화재청 · 국립문화재연구소 · 전라북도, 《미륵사지석탑사리장엄》, 2009.1.18.

박순발, 《한성백제의 탄생》, 서경문화사, 2002.

＿＿＿, 〈사비도성과 익산 왕궁성〉《고대도성과 익산 왕궁성》, 원광대학교 마한·백제문화연구소, 2005.

박중환, 〈백제 금석문 연구〉, 전남대학교박사학위논문, 2007.

사찰문화연구원, 《전통사찰총서》7—광주 전남의 전통사찰 II, 1996.

서영대, 〈한국고대의 신관념의 사회적 의미〉, 서울대학교 박사학위논문, 1991.

＿＿＿, 〈사택지적비〉, 《역주 한국고대금석문》 1(한국고대사연구소 편), 가락국사적개발연구원, 1992.

＿＿＿, 〈덕흥리고분묵서명〉, 《역주 한국고대금석문》 1(한국고대사연구소 편), 가락국사적개발연구원, 1992.

＿＿＿, 〈단군신화의 의미와 기능〉, 《단군과 고조선사》, 사계절, 2000.

서울대학교박물관·동경대학문학부, 《해동성국발해》, 서울대학교박물관, 2003.

서윤길, 〈제석사상과 그 신앙의 고려적 전개〉, 《한국밀교사상사연구》, 불광출판부, 1994.

서정석, 《백제의 성곽》, 학연문화사, 2002.

성주탁, 〈백제승 도침의 사상적 배경과 부흥활동〉, 《역사와 담론》 19·20합집, 호서사학회, 1992.

＿＿＿, 《백제의 사상과 문화》, 서경, 2002.

성주탁·정구복, 〈지석의 형태와 내용〉, 《백제무령왕릉》, 충청남도·공주대학교 백제문화연구소, 1991.

송기호, 〈순장군공덕기〉, 《역주한국고대금석문》 1(한국고대사연구소 편), 가락국사적개발연구원, 1992.

송화섭, 〈마한의 소도연구〉, 원광대학교박사학위논문, 1991.

_____, 〈한국의 용신앙과 미륵신앙〉, 《한국문화와 역사 민속》, 신아출판사, 2003.

신광섭, 〈능산리사지 발굴조사와 가람의 특징〉, 《백제금동대향로와 고대동아세아》, 국립부여박물관, 2003.

신라사학회·국민대학교 한국학연구소, 《익산미륵사지 출토 유물에 대한 종합적 검토》(발표자료집), 2009.03.21.

신종원, 〈자장의 불교사상에 대한 재검토 : 신라불교 초기계율의 의의〉, 《한국사연구》 39, 한국사연구회, 1982.

_____, 〈삼국유사 〈郁面婢念佛西昇〉조 역해〉, 《신라문화》 5, 동국대학교 신라문화연구소, 1988.

_____, 《신라초기불교사연구》, 민족사, 1992.

_____, 《삼국유사 새로 읽기》 1, 일지사, 2004.

심경순, 〈6세기 전반 겸익의 구법활동과 그 의의〉, 이화여자대학교석사학위논문, 2001.

안계현, 〈백제불교에 관한 제문제〉, 《백제연구》 8, 충남대학교 백제연구소, 1977.

_____, 《한국불교사상사연구》, 동국대학교출판부, 1983.

_____, 〈원효의 미타정토왕생사상〉, 《신라정토사상사연구》, 현음사, 1987.

_____, 《한국불교상사연구》, 동국대학교출판부, 1990(재판).

안지원, 〈신라 진평왕대 제석신앙과 왕권〉, 《역사교육》 63, 역사교육연구회, 1997.

_____, 《고려의 국가 불교의례와 문화 : 연등·팔관회와 제석도량을 중심으로》, 서울대학교출판부, 2005.

양기석, 〈백제 전지왕대의 정치적 변혁〉, 《역사와 담론》 10, 호서사학회,

1982.

양기석, 〈백제전제왕권성립과정연구〉, 단국대학교 박사학위논문, 1990.

_____, 〈백제 성왕대의 정치개혁과 그 성격〉, 《한국고대사연구》 4, 한국고대사학회, 1991.

_____, 〈백제 위덕왕대의 대외관계〉, 《선사와 고대》 19, 한국고대학회, 2004.

_____, 〈위덕왕의 즉위와 집권세력의 변화〉, 《사비도읍기의 백제》(백제문화사대계연구총서5), 충청남도역사문화연구원, 2007.

_____, 〈백제 위덕왕대 왕흥사의 창건과 배경〉, 《문화사학》 31, 한국문화사학회, 2009.

오순제, 〈백제불교 초전지에 대한 연구—하남시 고골을 중심으로—〉, 《명지사론》 11 · 12합집, 명지사학회, 2000.

원광대학교 마한 · 백제문화연구소, 《고대도성과 익산 왕궁성》, 2005.

유원재, 〈익산 문화유적의 성격〉, 《마한백제문화》 14, 원광대학교 마한 · 백제문화연구소, 1999.

윤선태, 〈신라 중대말~하대초의 지방사회와 불교신앙결사〉, 《신라문화》 26, 동국대학교 신라문화연구소, 2005.

_____, 《목간이 들려주는 백제 이야기》, 주류성, 2007.

윤수희, 〈백제사비천도의 배경과 성격〉, 《삼국시대연구》 1, 학연문화사, 2001.

윤호진, 《무아윤회문제의연구》, 민족사, 1992.

이강래, 〈삼국유사에 있어서의 구삼국사론에 대한 비판적 검토〉, 《동방학지》 66, 연세대학교 국학연구원, 1990.

이근우, 〈《일본서기》에 인용된 백제삼서에 관한 연구〉, 한국정신문화연구원

박사학위논문, 1994.

이기동, 〈백제국의 정치이념에 대한 일고찰; 특히 '《주례》'주의적 정치이념과 관련하여〉, 《진단학보》 69, 진단학회, 1990.

＿＿＿, 《백제사연구》, 일조각, 1996.

이기백, 〈백제왕위계승고〉, 《역사학보》 11, 역사학회, 1959.

＿＿＿, 《신라사상사연구》, 일조각, 1986.

＿＿＿, 〈백제 불교 수용 연대의 검토〉, 《진단학보》 71·72합집, 진단학회, 1991.

＿＿＿, 《한국고대정치사회사연구》, 일조각, 1996.

＿＿＿, 〈삼국시대 불교수용의 실제 : 불교 '하사설' 비판〉, 《백제연구》 29호, 충남대학교 백제연구소, 1999.

이기백·이기동, 《한국사 강좌; 고대편》, 일조각, 1992(중판).

이남석·서정석, 《대통사지》, 공주대학교박물관·충청남도공주시, 2000.

이내옥, 〈미륵사와 서동설화〉, 《역사학보》 188, 역사학회, 2005.

이능화, 《조선불교통사》, 보련각, 1918.

이도학, 〈사비시대 백제의 사방계산과 호국사찰의 성립〉, 《백제연구》 20, 충남대학교 백제연구소, 1989.

＿＿＿, 〈한성 후기의 백제 왕권과 지배체제의 정비〉, 《백제논총》 2, 백제문화개발연구원, 1990.

＿＿＿, 〈백제 무왕대 익산 천도설의 재검토〉, 《경주사학》 22, 동국대학교사학회, 2003.

＿＿＿, 〈백제 의자왕대의 정치변동에 대한 검토〉, 《백제연구》 33, 공주대학교 백제문화연구소, 2004.

이도학, 〈미륵사지 서탑 사리봉안기의 분석〉, 《백산학보》 83, 백산학회,

2009.04.

이병도, 〈서동설화에 대한 신고찰〉, 《역사학보》창간호, 역사학회, 1952.

_____, 〈서동설화에 대한 신고찰〉, 《한국고대사연구》, 박영사, 1975.

_____, 〈백제 미륵사의 창건연대에 대하여〉, 《마한백제문화》창간호, 원광대학교 마한 · 백제문화연구소, 1975.

_____, 〈익산문화권의제문제〉, 《마한백제문화》 2, 원광대학교 마한 · 백제문화연구소, 1977.

_____, 《역주 삼국사기》下, 을유문화사, 1983.

이병호, 2001, 〈백제 사비도성의 운영과 계획〉, 서울대학교국사학과석사학위논문.

_____, 〈부여 능산리사지 가람배치의 변천과정〉, 《한국사연구》143, 한국사연구회, 2008.

이성구, 《중국고대의 주술적 사유와 제왕통치》, 일조각, 1997.

이은성, 〈무령왕릉의 지석과 원가역법〉, 《동방학지》 43, 연세대학교 국학연구원, 1984.

이정희, 〈6, 7세기 일본사에서 율령수용의 과정과 의미〉, 《한국고대사연구》 4, 한국고대사학회, 1991.

이종욱, 〈백제의 좌평〉, 《진단학보》 45, 진단학회, 1978.

이종태, 〈백제 시조구태묘의 성립과 계승〉, 《한국고대사연구》 13, 한국고대사학회, 1998.

이지관, 〈순흥 부석사 원융국사비〉, 《교감역주 역대고승비문 고려편 2》, 가산연구원, 1994.

이형구, 〈인천 계양산성 동문지내 집수정 출토 목간 보존처리 결과 보고〉, 선문대학교 고고연구소, 2005.

이홍직, 〈신발견의 백제단비〉, 《서울주간》, 1950.

이홍직, 〈백제인명고〉, 《서울대학교논문집》 1, 서울대학교, 1954.

＿＿＿, 《한국고대사의 연구》, 신구문화사, 1987(재판).

이희덕, 《한국고대 자연관과 왕도정치》, 혜안, 1999.

장경호, 〈백제 사찰 건축에 관한 연구〉, 홍익대학교건축학과박사학위논문, 1988.

장창은, 〈신라 상고기 고구려 관계와 정치세력 연구〉, 국민대학교박사학위논문, 2006.

장휘옥(역주), 《해동고승전》, 민족사, 1991.

정경희, 《한국고대사회문화연구》, 일지사, 1990.

정구복, 〈영일 냉수리비의 금석학적 고찰〉, 《한국고대사연구》 3, 한국고대사학회, 1990.

＿＿＿, 〈《삼국유사》에 인용된 국사와 삼국사〉, 《한국중세사학사》, 집문당, 1999.

정동준, 〈백제 정치제도사 연구〉, 성균관대학교사학과박사논문, 2008.

정병삼, 〈통일신라 관음신앙〉, 《한국사론》 8, 서울대학교인문대학국사학과, 1982.

＿＿＿, 《의상화엄사상연구》, 서울대학교출판부, 1998.

정선여, 《고구려불교사연구》, 서경문화사, 2007.

정선여, 〈고구려 승려 의연의 활동과 사상〉, 《한국고대사연구》 20, 한국고대사학회, 2000.

정운용, 〈관산성 전투와 집권세력의 변화〉, 《사비도읍기의 백제》(백제문화사대계연구총서5), 충청남도역사문화연구원, 2007.

정의행, 《한국불교통사》, 한마당, 1991.

정재윤, 〈웅진시대 백제정치사의 전개와 그 특성〉, 서강대학교 박사학위논문, 1999.

정종수, 〈조선초기 상장의례연구〉, 중앙대학교 박사학위논문, 1994.

조경철, 〈백제 불교의 수용과 전개〉, 연세대학교 사학과석사논문, 1996.

_____, 〈백제의 지배세력과 법화사상〉, 《한국사상사학》 12, 한국사상사학회, 1999.

_____, 〈백제 성왕대 유불정치이념—육후와 겸익을 중심으로—〉, 《한국사상사학》 15, 한국사상사학회, 2000.

_____, 〈백제 한성시대 불교수용과 정치세력의 변화〉, 《한국사상사학》 18, 한국사상사학회, 2002.

_____, 〈백제 성왕대 대통사 창건의 사상적 배경〉, 《국사관논총》 98, 국사편찬위원회, 2002.

_____, 〈한성백제시대의 불교문화〉, 《향토서울》 63, 서울특별시, 2003.

_____, 〈백제유민의 숨결, 계유명아미타삼존불비상〉, 《고대로부터의 통신》, 푸른역사, 2004.

_____, 〈백제 사택지적비에 나타난 불교신앙〉, 《역사와 현실》 52, 한국역사연구회, 2004.

조경철, 〈백제 한성시기 영광불법초전설의 비판적 검토〉, 《향토서울》 63, 서울특별시, 2005.

_____, 〈단군신화의 불교적 세계관〉, 《삼국유사 기이편의 연구》, 경인문화사, 2005.

_____, 〈백제불교사의 전개와 정치변동〉, 한국학중앙연구원박사논문, 2006.

_____, 〈동아시아 불교식 왕호비교〉, 《한국고대사연구》 43, 한국고대학

회, 2006.

_____, 〈백제 웅진 대통사와 대통신앙〉, 《백제문화》 36, 공주대학교 백제문화연구소, 2007.

_____, 〈광대토왕대 영락 연호와 불교〉, 《동북아역사논총》 20, 동북아역사재단, 2008.

_____, 〈백제 무왕대 신도 건설과 미륵사·제석사 창건〉, 《백제문화》 39, 공주대학교 백제문화연구소, 2008.

_____, 〈사상과 신앙〉, 《한성백제사5》, 서울시사편찬위원회, 2008.

_____, 〈신라의 여왕과 여성성불론〉, 《역사와 현실》 71, 한국역사연구회, 2009.

_____, 〈백제 왕실의 3년상—성왕과 무령왕을 중심으로—〉, 《동방학지》 145, 연세대학교 국학연구원, 2009.

_____, 〈백제 익산 미륵사 창건의 신앙적 배경 : 미륵신앙과 법화신앙을 중심으로〉, 《한국사상사학》 32, 한국사상사학회, 2009.

조법종, 〈백제 별칭 응준고〉, 《한국사연구》 66, 한국사연구회, 1989.

조원창, 〈공주지역사지연구〉, 《백제문화》 28, 공주대백제문화연구소, 1999.

_____, 〈백제 웅진기 부여 용정리 하층 사원의 성격〉, 《한국상고사학보》 42, 한국상고사학회, 2003.

_____, 《백제 건축기술의 대일전파》, 서경, 2004.

주보돈, 〈통일기 지방통치체제의 재편과 촌락구조의 변화〉, 《신라 지방통치체제의 정비과정과 촌락》, 신서원, 1998.

_____, 〈《일본서기》의 편찬 배경과 임나일본부설의 성립〉, 《한국고대사연구》 15, 한국고대사학회 편, 서경문화사, 1999.

_____, 〈신라의 한자화 정착과정과 불교수용〉, 《금석문과 신라사》, 지식산업

사, 2002.

차용걸, 〈백제도성과 주변국 도성과의 비교〉, 《백제도성의 변천과 연구상의 문제점》, 국립부여문화재연구소, 2002.

채상식, 《고려후기불교사연구》, 일조각, 1991.

채인환, 〈겸익의 구율과 백제불교의 계율관〉, 《동국사상》 16, 동국대학교, 1983.

_____, 〈백제불교 계율사상 연구〉, 《불교학보》 28, 동국대학교 불교문화연구원, 1991.

최몽룡 지음 · 심정보 엮음, 《백제사의 이해》, 학연문화사, 1993(재판).

최몽룡 지음 · 심정보 엮음, 《백제사의 이해》, 학연문화사, 1991.

최무장, 〈부소산성 추정 동문지 발굴 개보〉, 《백제연구》 11, 충남대학교 백제연구소, 1991.

최병헌, 〈불교사상과 신앙〉, 《한국사특강》, 서울대학교출판부, 1990.

최연식, 〈삼국시대 미륵신앙과 내세의식〉, 《문화의 수용과 전파》(강좌고대사 9), 가락국사적개발연구원, 2002.

하정용, 〈삼국유사의 편찬과 간행에 대한 연구〉, 고려대학교박사학위논문, 2002.

한국사상사학회, 《익산 미륵사지와 백제 불교》(발표자료집), 2009.02.14.

한글학회, 《한국땅이름큰사전(상)》, 1991.

한보식, 《한국연력대전》, 영남대학교출판부, 1987.

한영우, 《조선전기사학사연구》, 서울대학교출판부, 1981.

허흥식, 《한국중세불교사연구》, 일조각, 1994.

_____, 〈구월산 삼성당사적의 제의와 그 변화〉, 《단군학연구》 13, 단군학회, 1999.

_____, 〈고려의 왕릉과 사원과의 관계〉, 《고려시대연구》 1, 한국정신문화연구원, 2000.

허흥식, 〈명산과 대찰과 신당의 의존과 갈등 : 묘향산과 보현사와 단군굴의 사례〉, 《불교고고학》 1, 위덕대학교박물관, 2001.

_____, 〈세종시 산천단묘의 분포와 제의의 변화〉, 《(청계사학) 16 · 17(유산 강인구교수정년기념 동북아고문화논총), 한국학중앙연구원, 2002.

홍광표, 〈문화경관론적 측면에서 고찰한 백제불교 영광도래설〉, 《불교학보》 36, 동국대학교 불교문화연구원, 1999.

홍사준, 〈백제 사택지적비에 대하여〉, 《역사학보》 6, 역사학회, 1954.

홍승현, 〈중국 고대 예제 연구의 경향과 과제 : 특히 상복례를 중심으로〉, 《중국사연구》 36, 중국사학회, 2005.

홍윤식, 〈익산 미륵사 창건배경을 통해 본 백제문화의 성격〉, 《마한백제문화》 6, 원광대학교 마한 · 백제문화연구소, 1983.

_____, 〈백제무왕과 익산천도에 관한 역사적 사실〉, 《익산쌍릉과 백제고분의 제문제》, 원광대학교 마한 · 백제문화연구소, 2000.

황수영, 〈백제 사택지적비에 대하여〉, 《역사학보》 6, 역사학회, 1954.

_____, 〈백제사택지적비〉, 《금석유문(황수영 전집 4)》, 혜안, 1999.

_____, 〈충남연기석상조사개요〉, 《예술논문집》 3, 대한민국예술원, 1964.

_____, 《한국불상의 연구》, 삼화출판사, 1973.

_____, 〈백제 제석사지의 연구〉, 백제연구총서, 충남대학교 백제연구소, 1994.

_____, 〈나의 불교미술사 연구〉, 《한국사학사학보》 3, 한국사학사학회, 2001.

_____, 〈백제 제석사지의 연구〉, 《백제불교문화의 연구》(백제연구총서 제4

집), 서경문화사, 2000.

鎌田武雄 지음 · 장휘옥 옮김,《중국불교사》1 · 2 · 3, 장승, 1996.

_____,〈百濟佛敎の日本傳來〉,《마한백제문화》7, 원광대학교 마한 · 백
제문화연구소, 1984.

關晃 지음 · 홍순창 옮김,〈건방의 신'에 대하여〉,《한일관계연구소기요》8,
영남대학교 한일관계연구소, 1978.

近藤浩一,〈백제 시기의 효사상 수용과 그 의의〉,《백제연구》42, 충남대학교
백제연구소, 2005.

大谷光男,〈백제 무령왕 · 동왕비의 묘지에 보이는 역법에 대하여〉,《미술사
학연구》119, 한국미술사학회, 1973.

大谷光男,〈武寧王と日本の文化〉,《백제연구》8, 충남대학교 백제연구소,
1977.

石田一良 지음 · 홍순창 옮김,〈건방의 신, 상고일본인의 세계관과 정치이
념〉,《한일관계연구소기요》8, 영남대학교 한일관계연구소, 1978.

小玉大圓,〈求法僧謙益とその周邊(上 · 下)〉,《마한백제문화》8 · 10, 원광대
학교 마한 · 백제문화연구소, 1985 · 1987.

_____,《미륵사상의 본질과 전개》(문산김삼룡박사고희기념) ,《한국사상사
학》6, 서문문화사, 1994.

_____,〈百濟求法僧謙益とその周邊〉,《한국사상사학》6, 한국사상사학
회, 1994.

松原三郎 編,《동양미술사》, 예경(한글번역판), 1993.

楊衒之 지음 · 서윤희 옮김,《낙양가람기》, 눌와, 2004.

田村圓澄 지음 · 노성환 옮김,《고대 한국과 일본불교》, 울산대학교출판부,
1977.

_____, 〈백제불교전래고〉,《홍순창기념사학논총》, 형설출판사, 1977.

田村圓澄·윤환·문명대, 〈백제의 미륵신앙〉,《백제연구》21, 충남대학교 백제연구소, 1990.

佐藤密雄 지음·김호성 옮김,《초기불교교단과 계율》, 민족사, 1991.

淸水昭博, 〈백제 '대통사식' 수막새의 성립과 전개 : 중국 남조계 조와기술의 전파〉,《백제연구》38, 충남대학교 백제연구소, 2003.

平川彰 지음·박용길 옮김,《율장연구》, 토방, 1995.

_____ 지음·석혜능 옮김,《원시불교의 연구》, 민족사, 2003.

에티엔 라모트 지음·정의도 옮김,《간추린 인도불교사》, 시공사, 1997.

로버트 찰스 제너 지음·남수영 옮김,《힌두이즘》, 도서출판여래, 1996.

Marylin M. Rhie 지음·문명대 옮김, 〈천룡산 제21석굴과 당대비명의 연구〉,《불교미술》5, 1980.

輕部慈恩,《百濟美術》, 寶雲舍, 1946.

_____,《百濟遺蹟の硏究》, 吉川弘文館, 1971.

內田正南, 〈元嘉曆法による曆日の推算について〉,《朝鮮學報》65, 朝鮮學會, 1972.

藤井顯孝, 〈欽明朝の佛敎傳來の記事について〉,《史學雜誌》제46편 제8호, 1925.

藤澤一夫, 〈百濟 砂宅智積建堂塔記碑考〉,《アジア文化》8-3, 1972.

鈴木啓造, 〈皇帝卽菩薩と皇帝卽如來について〉,《佛敎史學》10-1, 1962.

末松保和, 〈新羅佛敎傳來傳說考〉,《新羅史の諸問題》, 東洋文庫, 1954.

毛利久, 〈三國彫刻と飛鳥彫刻〉,《百濟文化と飛鳥文化》, 吉川弘文館, 1978.

牧田諦亮,《六朝古逸觀世音應驗記硏究》, 平樂寺書店, 1970.

_____, 〈百濟益山遷都에 대한 文獻資料〉,《馬韓百濟文化》2, 1977.

武田幸男, 〈六世紀における朝鮮三國の國家體制〉,《朝鮮三國と倭國》—日本古代史講座 4, 學生社, 1980.

松林弘之, 〈朝鮮三國鼎立時代の佛教〉,《佛教史學》제14권 1호, 1968.

松原三郎, 〈金銅二仏竝坐像考〉,《中國佛教彫刻史研究》, 吉川弘文館, 1966.

_____,《中國佛教彫刻史研究》, 吉川弘文館, 1966.

云岡石窟文物保管所編,《雲岡石窟2》, 北京, 文物出版社, 1994.

長廣敏雄, 〈雲岡石窟初, 中期的特例大窟〉(雲岡石窟文物保管所),《雲岡石窟2》, 北京, 文物出版社, 1994.

田村圓澄, 〈漢譯佛教圈の佛教傳來〉,《古代朝鮮佛教と日本佛教》, 吉川弘文館, 1980.

_____, 〈星宿劫と星宿圖〉,《日本佛教史》4, 法藏館, 1983.

_____, 〈日本古代國家と宗教〉,《半迦像の道》, 學生社, 1983.

丁鼎,《《儀禮・喪服》考論》社會科學文獻出版社, 北京, 2003.

塚本善隆, 〈唐中期以來の長安の功德使〉,《東方學報》4, 1933.

_____,《支那佛教史研究》, 清水弘文堂, 1969(3판).

坂本太朗・家永三郎・井上光貞・大野晋,《日本書紀》—日本古典文學大系 67— 岩波書店, 1967.

黑田達也, 〈百濟の中央官制について一試論〉,《社會學'學研究》10, 1985.

Jonnathan W. Best, Diplomatic and Cultural Contacts Between Paekche and China, Harvard Journal of Asiatic Studis. Vol. 42, No. 2, 1982.

찾아보기

－ㅌ－

－ㅍ－

－ㅊ－

－ㅎ－